LAW & BUSINESS

法商圖書

查找财产线索

Asset Searches

姜何 祁平 / 著

法律出版社
LAW PRESS·CHINA
北京

图书在版编目(CIP)数据

查找财产线索 / 姜何, 祁平著. -- 北京 : 法律出版社, 2024(2024.9 重印)
ISBN 978-7-5197-9205-3

Ⅰ. ①查… Ⅱ. ①姜… ②祁… Ⅲ. ①财产权益纠纷－研究－中国 Ⅳ. ①D923.04

中国国家版本馆 CIP 数据核字(2024)第 107856 号

查找财产线索
CHAZHAO CAICHAN XIANSUO

姜 何 祁 平 著

责任编辑 赵明霞
装帧设计 汪奇峰

出版发行 法律出版社
编辑统筹 法商出版分社
责任校对 王晓萍
责任印制 胡晓雅
经　　销 新华书店

开本 710 毫米×1000 毫米 1/16
印张 18.75 **字数** 238 千
版本 2024 年 7 月第 1 版
印次 2024 年 9 月第 2 次印刷
印刷 北京盛通印刷股份有限公司

地址:北京市丰台区莲花池西里 7 号(100073)
网址:www.lawpress.com.cn
投稿邮箱:info@lawpress.com.cn
举报盗版邮箱:jbwq@lawpress.com.cn

销售电话:010-83938349
客服电话:010-83938350
咨询电话:010-63939796

书号:ISBN 978-7-5197-9205-3
定价:78.00 元
凡购买本社图书,如有印装错误,我社负责退换。电话:010-83938349

序

债权处理工作线索为王

姜 何

这几年身边发生的几件事

故事一

2016年8月20日，哈尔滨太平国际机场某商务舱下来了4位特殊的乘客，为首的女性在百度百科的介绍是：苏菲（化名）：中国生物医药基金领投人，百亿私募基金管理人。多年后老马回忆道，作为东北物流行业的龙头公司，也正有做点金融投资的想法，就凭这气场，能投！

为了这次会面，老马也已等待多时。老马是我认识多年的一位朋友，当时他是当地赫赫有名的一号人物，身家资产怎么也过10亿元。这位女士是他在中国某著名商学院认识的同学，加上其丈夫之前在一家生物医药公司的天使轮投资一战成名的背书，同时2016年又是中国私募基金兴起的一年，整个市场躁动的气氛浓郁，老马也不例外，这次会面不久就签了3000多万元投资苏菲的全球创业投资股权基金的协议。

时间来到2020年，老马的投资除了头一年有分红外，其他影也没见着，金球基金倒是投了几十家公司，眼见三年协议快到期了也没办法赎回资金。基金公司的管理人给了一个解决方案，让老马签一个协议，将基金份额转成基金管理公司在新三板上市的股权。

债权人变股东了！

这份协议随后就到了笔者的律所。经过仔细研究合同，经办律师发现这份合同有一系列漏洞，从事实上来讲已经属于基金管理人违约。从2020年开始，律所对这笔投资进行追索，截至2022年10月，全额拿回了本金。而这个基金的其他绝大多数有限合伙人（Limited Partner，LP）就没有这么幸运了，他们基本上没有请专业律师研究协议，只是依从基金管理人的安排，大多认可了基金投资协议转为股权投资协议，截至2023年8月本书写作过程中，从LP的角度大概直接账面浮亏70%以上。

这个故事能给读者一个什么思考呢？

第一，围绕律所和金球创业投资基金的投资款追讨的过程，我认为中国的基金管理人多数没有很强的法律意识，没有像西方发达国家的基金管理人一样经历过一个完整的由盛到衰的循环周期，“金融+法律”的复合思维方式不强，“钱募到我手上就是我的”，强调募集，漠视退出。

第二，我也多次反思，往往当一只基金在最光鲜的时候不计成本地募集资金，以我的经验，这时候基金管理人就已经在开始掩盖亏损的黑洞。投资协议中所有亮丽的条款、诱人的回报，就像是一个为掩盖黑洞经过精心粉饰过的艳丽纸板，投资人踩在纸板上，结果就是直接掉进黑洞。而投资人之所以偏偏想踩这么一脚，从天性上讲，是因为人性天生喜欢陌生且看上去美好的事物。

“高息”“高回报”“规模庞大”就是“陌生且美好”。

从“钜派投资”到“中植系”再到“恒大集团”，这些机构纷纷“暴雷”的根本原因，归根结底是其盈利模式不足以支持长期的过度加杠杆，对于一个金融机构或者是经营企业，读者要识别它的投资收益来源是什么。在后面的章节中，我会讲讲对冲性融资、投机性融资和旁氏融资的区别。投机性融资的意思就是你所有的投资回报都是基于不确定的因素，但在过去很多年里，国内大量的投资人往往更相信和追捧投机性融资，他们往往相信管理人豪华的办公室、出行商务舱、宴请必喝十五年茅台展示出来的“艳丽纸板”的创造者，而忽略确定投资收益的“证据”。而一旦基金触发违约以后，投资者就可以展开追偿“线索”。

第三，回到我们的这个故事上来，为什么我的朋友老马最后能在基金管理人违约的基础上追回投资款？一是当时他决定投资的时候，就咨询了笔者的律所，律所给他提了很多意见，在投资协议中签署了附加个人保证条款；二是在投资的时候，律所就提示老马注意收集基金管理人尽职免责证据和所有基金投资企业的财产线索，这些证据和线索对于律所后续利用代位权追讨，以及受基金委托向被投企业进行审计查账、沟通、谈判，通过各种违约事实的确认，帮助追回投资款起到了非常重要的作用。

故事二

这是一个发生在我自己身上的故事。2016 年 8 月 14 日，我当时在上海代表公司给一个洛阳的贸易企业借款，这个合同的最后一道手续应该是让企业实控人的妻子签字成为共同借款人。而企业实控人的妻子当时在洛阳，没有来上海，还有一个原因就是东方人的“面子”观念作怪，在对方一再表达需要资金尽快进货的急迫性的情况下，我最终没有补齐夫妻共借手续，只和借款企业签了借款合同，与企业实控人签了担保合同。就这一道手续的缺失，导致这笔2000多万元的借款至今仍在追讨中，给我自己的公司造成了巨大的损失。

这个事情给了我一个深刻的教训，也引起了我一系列的反思。

第一，追讨债务需要漫长的时间消耗。大多数情况下，对于债务催收所将要耗费的时间、精力不是普通人能承受得了的，不仅中国，几乎在所有的国家从诉讼程序到进入执行程序时间都非常漫长，但是可以改善的空间却非常有限。

第二，为了获得正义而需要付出的成本不菲。我切身经历的这个案子，至今通过各种司法程序我们已经追讨回来了不到500万元，但从聘请律师到诉讼到执行到再诉讼，我已经支付了70余万元，在未来还会继续发生各类律师费和诉讼费用。在经历了这一切身体验的过程后，我进而对于违约的预警、诉讼技巧、提前抓取财产线索，以及在执行阶段如何使用救济措施都有了更深刻的认识。

第三，找到合适的代理人是最高效地解决问题的关键。当时我这个案子就找了一个名气大的律所（现在对选择大所和专业所我也有了深刻的认识），现在回过头来总结，当时不慎重选择的律师给我的一系列建议都存在较大问题。案件开始阶段，债务人提出和解，本金分期支付，利息减免，我和公司其他管理人商量后同意接受这个方案，但当时承办律师坚持本息全额受偿，一下让和解谈判陷入了僵局。随着时间推移，债务人心态发生了变化，他的生意状况也发生了变化，后面诉讼虽然全胜，但进入执行阶段却困难重重。很多读者可能没意识到，进入诉讼程序其实也是给了债务人时间，债务人通常就有足够的时间去做相应的准备，比如腾挪资产、离婚，股权转让，这对债权人十分不利。

第四，坚持坚韧、多想一步。我认为，理论上讲没有任何一个执行案件是债权人或委托人花了足够的精力，各种查找财产线索方法全部使用到位后还完全没有追偿机会的。全国各地方法院现在有大量终本的案件，根据2022年全国法院司法统计公报数据，仅2022年以终结本次执行程序方式结案的就有3,598,169件，这么多的终结本次执行案件里面，相当多案件没有继续执行是债权人自己选择了放弃。

经验不足的代理人可能根据生效判决看财产线索，如果没有，就通知委托人到此为止。但一个有经验且负责任的代理律师，则会全面考虑各种方法和工具，开展财产线索的挖掘工作，比如查到一个公司有招标项目，这会不会说明这家公司还有生意在进行，还有到期债权可以执行。债权人和代理人从债务人做生意、谈业务的逻辑以及生活中的各种信息细节来查找财产线索，从这个角度讲，查找财产线索就像清晨推开卧室窗户，窗外广阔且新意无穷。

故事三

2018年10月长假回来第一周刚上班，我的合伙人陈全保（化名）去北京昌平看一个处置债权的底层资产—— 一套独栋叠拼。房主（债务人）当时不让他和随行伙伴进入屋内实勘现场，他们就想趴在围墙上对内部结构做个简单了解，结果债务人在院子里面养了条狗，因此他们也没办法细看。加上从地段上看这套房子流动性并不算好，陈全保本来有想放弃的意思了，但随着他们往旁边走发现了一个小库房里面堆满了木材，库房虽然上了锁，但从铁栅栏的门可以看到里面，这个库房也属于被抵押房产的一部分。他们当时同行的一位是拍卖机构的评估师，他说："这里面不是小叶紫檀的原材料嘛，光库房里的木料起码值房子价值的两倍。"

他们回去后马上向法院申请查封和冻结屋内资产，防止债务人转移木料。最后经过法院拍卖，这堆小叶紫檀的原材料拍出了760多万元人民币，而债务人向金融机构抵押的房产才值400多万元。

在不良资产的处置、债权的催收、大量的非诉和解谈判工作中，经办人的知识、见识、仔细作为关键能力分别占1/3，除了仔细，另外两项都需要时间和知识的积累，它不是一朝一夕的事。

一旦进入违约，线索为王

前面三个故事当中，有两个共性：一是参与者的认知非常重要，在商业活动中，绝大多数人的损失和绝大多数人的收获，都来自自己的认知范围，要想获得更大的收获和降低未来的损失，首要的就是扩大自己的认知范围。二是在财产类案件争议解决过程中，证据的完整和财产线索的把握，是债权人始终掌握主动权的关键点。任何商业活动业务中，作为合同的一方将成为可能的受损失者，在商业活动展开之前，就要首先考虑清楚该业务一旦触发了违约，可能的受损失者是否能够有足够的途径通过执行财产以保护自己的切身利益不受伤害。

接下来我想再结合自身在经营资产管理公司的经历，分享下我对特殊资产业务中关于金融类债权执行中通过财产线索的挖掘获得优势的一点感想。

2013年4月，我和几个朋友成立了一家资产管理公司，业务从资金管理向资产管理尝试性过渡。

2017年8月，公司正式进入京津冀金融债权违约市场开始经营活动，公司当时的主要计划是以参与购买商业银行不良资产包并展开处置工作作为主业。从 2017 年开始，公司就和北京市正皓律师事务所一起参与了平安银行、广发银行、兴业银行、民生银行等银行的金融债权资产包出让业务。当时公司股东给负责经营的合伙人提供了较为充足的投资资金，经营团队也意气风发信心满满地进入这个市场。但有一年多的时间里经营团队一笔债权也没有买受成功。一是基于经营团队的谨慎；二是基于当前的商业银行作业模式，经营团队认为违约的中小企业的线索资料极其缺失，债权受偿后，处置过程中再次挖掘财产线索的工作量将不能覆盖成本；三是经营团队对于处置过程的方案设计除了诉讼以外缺乏更多选择。

2018 年我们成立了法务科技部门，原因是我们的经营团队发现当时公司参与购买违约债权资产包很难成功的一个主要因素是当时整个资产管理行业对资产包的估值判断各方分歧和意见偏差巨大，缺乏关键字段数据的共识，也没有一个科技化的系统辅助。

从 2018 年开始，我们法务科技部门开发了一个 NPL 系统，主要目的是给银行零售部门标准债权做估值。估值就需要外部采买数据，随着我们数据采买越来越多，比如房屋价值变化数据、司法数据等，我们逐渐地系统发现，这些数据很多都和债务人的财产线索有密不可分的关系。到今天，我们发现这个系统可以做债权估值的服务仅仅聚集在为数不多的几十家资产管理公司上，但合法合规地利用公开信息挖掘整理债务人财产线索倒是成为广大金融机构的刚性需求。

目前，该科技系统在向金融机构提供法律服务的基础上，开始向越来越多的执业律师、当事人和一些地方法院提供执行案件的方案服务。

科技的投入一开始不明显，但是到了一定的阶段，会有意想不到的收获。这是一个很有意义的事，它能帮助当事人降低获得正义的成本。

资产管理公司一路走来，我们的经营团队发现浙江、江苏这些地方的金融债权违约处置业务做得很有特点。长三角地区很多做不良资产业务风生水起的机构领导人同时也是债务人或债权人，或者曾经是债务人或债权人，这种经验和我们很接近，有切身体验的经验，也有参与到行业中的实践机会，多次交流下来，发现有很多相同的经验与心得：

- 掌握财产线索是资产变成资金的有效手段。
- 数据和工具的使用，是未来资产管理行业生存的必备手段。
- 赚自己认知范围内的钱。
- 对可能性的投机机会持谨慎的态度。
- 先了解地区司法环境，再了解营商环境。

近年来，又有诸多创业机构进入到违约债权处置行业中，但是，我认为如果后续的市场参与者没有切身的体会，没有思想上的感悟，并不容易做好特殊资产管理业务。

这是一个依靠经验、依靠工具的行业，需要耐心，而不需要创意和激情。

感谢马越律师、李艳律师、吕双双律师、何正罡律师在繁忙的日常法律工作中参与本书的部分文字整理工作。

2023 年 10 月 19 日于北京

正义的成本

祁　平

第一个目标：让获得正义的成本更低

现在国内有部分债务人向职业债务人演化的倾向，他们熟练掌握债权人的心理，职业债务人面对非职业的债权人想的是怎么用时间把债权人拖垮，料定多数债权人在时间上等不起，钱在谁手上谁就掌握话语权，时间过去一切总会归于平静，这种演化在现在已经逐渐成为一个普遍现象。

从中国整个司法环境来看，诸多的政策、法律、法规上的不够完善，事实上对债务人的"恶意逃债"提供了可乘之机。债务人正越来越多地通过学习并把握政策和法条中的不完善或不够清晰的漏洞对抗债权人，现在这种现象正有逐渐蔓延的趋势。

2021 年开始，在全国各地甚至纷纷出现了一些专业减债机构，用系统的手段帮助债务人对抗以金融机构为主的债权人，使债权人追讨欠款的时间成本和财务成本越发高昂，现在反倒是债权人缺乏一个完整的知识体系对抗有所谓专业机构辅导的债务人群体。

在一些标的较小的案件当中，司法资源极其稀缺也是当前债权人普遍面临的一个问题，在一、二线城市，立案难、审判慢、执行更加难，以上这些因素的叠加，在很大程度上也增大了债权人解决争议的成本。

上述现状是我作为工作在一线的法律服务工作者致力于撰写本书的原因，同时我们也尝试“律所 + 科技”的服务模式，要达到的第一个目标就是：让获得正义的成本降低，让更多债权人的利益得到保障！

2019 年开始，我和科技部门的后台数据开发团队就开始尝试使用系统工具来挖掘被执行人财产线索，一开始该系统免费向各个律所、当事人以及地方法院提供支持，首年依据我们提供的案件线索促成的结束案件大约是 40 件；到 2021 年，通过我们提供相关线索促成的结束案件数量增加到了 570 多件，是 2019 年结案数量的十倍。总结这三年经验，我认为有以下五个要点：

第一，处置即推广。科技部门通过律师事务所给债权人提供的全程法律服务不仅透明而且还有互动细节，让债权人深度了解处置的过程和进度，在赢得债权人信任的同时也赢得债务人的尊重。以至于结束案件后，案件的当事人双方都积极给我们推荐更多潜在的委托人。

第二，扩大认知范围。过去传统的律师事务所可能只了解法律知识，不太花时间研究相关行业。对我们来说，比如做金融业务，我们就要特别去研究国家金融监督管理总局的近期监管规定，熟悉当下商业银行内部运作体系，了解商业银行最新的指标考核标准等；再如，对于建筑行业，我们专门邀请行业专家每周来进行行业知识辅导，比如对于供货商争议案件管理，一个商业住宅开发可能涉及 4000—5000 个不同的供应商，每个供应商提供的是不同的零部件，所以，律所的建筑行业专业委员会成员就需要对每个材料的指标、施工顺序、建筑标准、材料之间的组合、监理责任等各个细节都要充分了解，成为半个专家。

应对复杂的债权资产需要建立多个思路的处置方案体系。在所处的商业环境中，处置债权需要的已经不再是一种或者两种方案，而是应该有成体系的“处置工具箱”，这个工具箱里有各种不同的工具，需要锤子用锤子，需要榔头用榔头，或者多种工具组合使用。因为债权人现在面临的债务人违约的情况越发复杂了，不能只手拿铁锤，看什么都像钉子，执着于以诉讼解决问题的法律工作者将落后于时代的发展。

第三，协同可视。为什么要强调和客户的全过程无盲点沟通，是因为没有人比委托人更了解案件细节，委托人通常会根据案件进度的展示，随时向我们提供更新的情报和更多的相关资源信息。

以配合委托人尽快结案为目的，可视化是委托人和代理人之间协同的手段。我们的委托人很多是金融机构，批量案件执行过程中涉及的外部机构配合尤其重要，通过系统实现介入需要的第三方、第四方参与并同步配合作业，这点在以和解为目标的案件执行中发挥了重要作用。

第四，线索为王。我们一直坚持财产类执行案件线索为王的主导思想。处置执行团队自组建之初就不以赢得诉讼为工作目标，而是从接受委托开始的第一时间点，团队成员脑袋里紧绷的弦就是，考虑如何根据不同的资源获得更多的财产线索，管理并利用好这些线索，压缩结案时间。

能执行回款的关键要点就是合法合规地获得线索，但只有财产才是线索吗？行动轨迹、商务活动、人脉资源，诸如此类其实都是线索。因此线索在本书当中不仅仅指财产，它还包括各类活动和商务信息。

国内的基层法院目前有总标的额大约为 35 万亿元的终结本次执行的案件，这些案件都已经胜诉并拿到了生效法律文书，但却不能有效地继续执行下去，这就是过去债权人和代理人重诉讼、轻执行导致的一个必然结果。

第五，精通司法流程。做财产类执行案件和做诉讼案件有非常大的不同，包括债权人或者代理人向法院提出申请的内容和流程也非常不同，在执行过程中，律师和法院的配合关系也更加特殊。我们特别强调一点就是要努力达到“院律互动”的紧密效果，“院”指的是法院，“律”指的是律师事务所。律师一定要学会和法院法官有效配合，法院的人手少，法官的工作不太可能做到面面俱到，律师可以帮助法官做一些具体的工作，对加速执行回案款起到事倍功半的效果。

第二个目标：把代理执行案件做成法律服务产品

通过我们把法律、系统、大数据相结合形成一体化的服务，后台科技部门提供的相关线索促成的律所结案数量进一步增加。但随后律所的执行团队就碰到了“瓶颈”，法律服务是一种非标准化的服务，在这一类非标的服务中，怎么可以实现老律师的办案经验和年轻律师利用各种工具挖掘线索的能力相结合呢?

2021 年下半年开始，律师事务所通过和两家信托机构和一家外资商业银行的合作，执行团队进一步做了多种尝试，到今天为止形成了前台办案、中台分析、后台数据的法律服务模式。

第一，前期免费给大机构服务。通过免费给大金融机构包括商业银行、信托公司、公积金管理机构等提供专业化服务，让其体验执行团队的服务过程和其他传统法律服务机构的不同目标和作业模式。

第二，数据清洗、方案精准。在查找财产线索的过程中，一定会使用到大量数据，所以我们特别关注关键数据的清洗。通过数据清洗，一方面保证数据来源的合规性，另一方面让我们输出的执行方案精准、有效且容易操作。

第三，利用工具。未来的法律服务领域必然会向系统工具时代、数据时代进一步迈进，所以在当下，我们特别在意通过使用工具聚合围绕案件所有有用的公开数据，不论是通过我们自己开发的工具还是使用外部工具。当然，真正重要的是使用工具的人的认知，这里面包含个人的知识、经验、思维方式。

我们还尝试“人工智能”在法律服务中的使用。常人理解的人工智能更多地运用在教育、医疗、家居、商业零售、交通等多个方面，但事实上，在国内已经有律师开始使用 chatGPT 书写离婚起诉书、商业律师函等法律文书，本书中我们会介绍一个华裔女孩利用人工智能通过算法建立自己的对冲基金（垫资诉讼基金）运作模型的案例。

事实上，我们已经在 2023 年年初通过与百度的某研究部门进行探索性质的合作，在一个北京怀柔的一个破产案件中，通过数据分析、关键字段学习筛查出了 30 多个潜在的重整投资人，值得庆祝的是，在初步联络后，有其中一家在大连的公司于招募公告发出后支付了尽职调查保证金……

在我们实现第二个目标过程中也遇到了很多阻力。法院的各项程序耗时比较长，各地执法力度、司法环境、对法律法条适用的理解差异也非常大。再者，三年全球新冠疫情的管控工作对全国性的案件拓展和行业之间相互学习的影响也很大，法院这几年积累了较多执行案件有待尽快结案，客观上也降低了我们自己办理案件的效率。

第三个目标：让获得正义的效率更高一些

对终结本次执行案件的事实数据做分析，我们看到在法律服务行业一个很矛盾的现象。一方面大量的律师说缺乏案源、不知道怎么找案源；另一方面大量的案件终结本次执行，且被执行人财产线索明显存在可以挖掘的空间，但却没有较多数量的律师主动去承接这类法律服务。为什么律师不愿意参与到终结本次执行案件的承接呢？我想大概也就是这几方面的原因。

第一，很多律师自己去挖掘、分析财产线索的能力不够，做执行案件的未知收益可能不能覆盖律师付出劳动的成本，所以多数律师更愿意做委托后立即能拿到代理费的案件，比如离婚案件、常年法律顾问等。

第二，后台挖掘线索、中台出具处置方案、前台专注方案执行，这样的一个团队架构不是传统的合伙制律师事务所能够做到的，它需要一个公司制的律师事务所有专项预算的先行投入成本，但我个人坚持认为，能解决行业痛点的投入必定会有积极的回报。

2023 年 8 月，我们的科技公司和律师事务所共同受邀参加了一个全球性商业银行在香港召开的年度战略会议，并被授予了“外部最佳处置服务机构”金牌。三年来，我们用极其微小的诉讼代价，帮助该金融机构完成了已经核销的 17 笔贷款的回收，这个处置效率的高分成绩是在这家金融机构进入中国开展业务 30 年以来的首次，这个金牌也证明了我们坚持的理念的正确性。

在设立和完成三个目标短短的几年时间中，金融机构的运作模式、委托人的构成、法治环境包括运用在司法体系中的技术手段都发生了巨大的变化，但我们的初心从未发生变化，即让每一笔受委托的执行案件的案款都能由我们的处置团队在“穷尽一切手段后”帮助委托人实现应收尽收。

2023 年 8 月 17 日

目　录

第一章

怎样利用线索设计执行处置方案

思考了近一个月的时间，直到 2023 年 6 月中旬遇到一位自媒体的“网红教练”，和她一起探讨法律服务通过自媒体做推广的一些基本原则时，她说：“现在自媒体的用户在庞大的资讯和内容的海洋中，还能够花时间停留在一个视频号上完整地看完一个内容，你知道有什么要点和诀窍吗？我告诉你关键的几点：

“1. 不要告诉用户道理，用户想听你分享体验；

“2. 用最短的时间告诉用户你做了什么，而不是你的行业做了什么；

“3. 不要告诉用户可以通过百度查询到的知识；

“4. 如果你是法律服务工作者，请记住千万不要粘贴大段的法条和判例；

“5. 如果你和你的客户正好都有时间，那就多讲讲你怎么做到的。”

按照“网红教练”的指点，第一章的内容笔者就分享一下笔者的律所执行团队在几个典型领域中的实践经验，以及对法律服务行业略有启发的案例。

第一节　抵押类债权执行方案设计

“从诉讼到拍卖全流程法律服务方案？你们律所准备用这个标题提报你们的服务方案？别说提交上去首席风控会不会看，现在我这一关就过不去，要说诉讼和拍卖，我们公司现在已经入围的十几家律师事务就都能干，为什么还要再次招标请你们入围呢，不就是希望尽量在不起诉或在刚立案阶段发挥你们的优势，迅速给公司解决问题吗？”华旗（化名）信托公司的固定收益部总经理马总面露不悦，对上门提交服务方案的笔者和笔者的同事不客气地说道。

“要发挥你们的优势，市资产管理公司向我们推荐你们，主要的原因不就是三点嘛：第一，你们所有处置不良资产的经验；第二，基于你们所长期对宏观政策的把握，这么多年来和金融机构与司法机构打交道的经验，对机构日常流程的熟练程度够，懂监管，不给我们闯祸；以及关键的第三点，你们对金融机构的各类金融产品细节有了解。你们应该发挥你们的优势，这样吧，作为你们这次提交文件的主标题我看就直接叫作《以高效回款为目标的法律服务方案》。”马总又对笔者说道：“今年的考核自上而下，公司普惠条线所有人压力都很大，就拜托你们了！”

2021 年 10 月 9 日，笔者的律师事务所收到了华旗（化名）信托公司发来的第一批违约债权项目清单共计 82 笔，均有抵押，抵押物为北京的住宅和少部分的商业地产。在和信托公司固定收益部的马总初步沟通后，我们和公司迅速达成了 80 笔违约债权一揽子处置的合作协议。协议签署后隔了一天，笔者给马总发短信：“给我们八个月时间，对于还没有处置完毕的，公司可以继续委托给律所，也可以选择其他律所继续承办，我们可将之前的工作成果无偿移交。”马总回复很简洁：“行，尽快。”

在接下来的两个月，笔者和团队全力以赴，与全部债务人均安排了首轮见面谈判，虽然仅有一笔债权回款，但笔者的团队同时完成了其中 30 笔债权在法院的立案工作，加上与绝大多数债权人通过会谈达成的初步和解方案，笔者对于这一批次的债权回收率已经大概有了一定的把握。

果然，进入第四个月，即 2022 年春节后，债务人开始陆续还款，第四个月和第五个月还款债权笔数达到 47 笔。到第八个月笔者给马总的军令状期限为止，尚未结清的债权笔数还有 11 笔，笔者给马总打电话汇报剩下 11 笔尚未处置完成的债权其可以选择由其他律所继续代理，马总在电话中似乎如释重负地说道：“6 月 30 日上半年考核刚结束，领导和首席风控对这批债权的处置结果都很满意，加上代理期也没有到，这 11 笔债权你们继续努力，另外还有 30 多笔新增债权，部门正在打申请，一并委托给你们作处置。”

笔者听完，也如释重负，执行团队在这 240 多天来的努力工作，看来得到了相应的回报。

结合笔者对于有抵押物的债权的处置经验，笔者在这里和读者简要分享一下在服务金融机构时，比如信托、保险、商业银行、担保公司等，面对委托人以快速、高效为回款目标的要求，服务机构应该如何利用有限的线索信息进行执行方案设计，并在方案中通过增加关键线索信息以获得处置优势的心得和经验。

◆ 扩展到 50 个关键字段（50 个线索信息）

一般金融机构提供的违约债权处置信息包括 8 个基本关键字段，如借款人、借款金额、借款日期、最后还款日、利率、抵押人、抵押物地址、保证人。

在金融机构提供的信息基础上，笔者的执行团队中的方案小组会展开将字段填充、扩展形成50个基础关键字段信息（对于略微复杂的债权，方案小组也曾经有设计100多个关键字段的经验），这50个字段按相关性可以分成6组。

第一组字段：借款人信息

关键字段包括：经办机构、借款人（借款公司）、借款人身份信息（公司统一社会信用代码）、联系方式、借款人年龄（借款人为自然人时）、借款公司名称。

借款公司详情则又包括13个关键字段：注册资本金额、是否完成实缴、未实缴金额、参保人员人数、是否对外投资、对外投资公司名称、对外投资金额、是否有分公司、分公司名称、是否有中标信息、招标主体、中标金额、是否有专利/商标。

按照目前的全国性普惠小型微利企业贷款业务规则，贷款金额超过30万元，借款均要以公司经营为目的。但也有部分机构以个人名义借款，在借款时以个人名义还是以公司名义区别似乎不大，但在后续进行违约债权处置时两者会有很大不同。

首先，金融机构一般上限要求贷款到期日抵押人年龄不超过70岁，对于60—70岁的抵押人要求追加子女做共同借款人或者担保人。借款人为自然人时，受到借款人年龄限制，违约后就无法通过债务置换即到其他金融机构再次贷款并归还已违约借款的方案进行处置。

其次，少部分以个人名义借款的借款人实际并没有真实经营的公司，而是为了借款而临时加入某一家公司。在进行处置时，读者要重点看这家公司是否存续、借款人是否还在这家公司继续持股，这些因素会极大影响后续处置方案的设计。

而借款公司详情字段则包括了借款人相关公司主要的经营信息，通过这些信息可以进一步查找、挖掘、分析财产线索，设计处置方案。

第二组字段：借款信息

关键字段包括：借款本金、借款余额、借款日期、最后还款日、借款展期到期日、是否提前到期、利率、展期利率、罚息利率、主办经理。

对这些关键字段的整理需要非常仔细，因为借款人实际上是最清楚这笔借款情况的人，试想在和借款人谈判、沟通过程中出现以下几种情况：（1）不知道借款人还了部分本金；（2）机构和借款人签了展期协议，借款实际没到期；（3）借款还没有到期（利息已经逾期）时，被借款人质疑，却不能说出要求借款提前到期的理由（需要掌握借款人一个或多个违约的基础事实）。以上信息的确认是接下来处置团队生成有效处置方案的基础。

第三组字段：担保人信息

关键字段包括：抵押人、抵押人身份信息、抵押人联系方式、抵押物地址、保证人、保证人身份信息（公司统一社会信用代码）、保证人联系方式、保证方式和期间、家庭成员。

金融机构作为抵押权人，在抵押房产办理了抵押登记的情况下，当债务人不履行债务时，金融机构有权依法以该抵押财产折价或者以拍卖、变卖该财产的价款优先受偿。

目前典型的金融借款保证合同中，保证人的保证方式一般约定为连带责任保证，当债务人不履行债务时，银行作为债权人有权直接向保证人追偿。

“家庭成员”这个数据字段其实不仅限于此，还包括可能对该笔债权处置造成影响的其他人。如一笔借款可能存在实际借款人，抵押房产可能被占房人使用，或者抵押房产有高龄老人、残疾人不愿腾退房屋，这些人会极大影响债权处置进度、加大处置难度。

第四组字段：抵押房产信息（同时也是基础的财产线索）

关键字段包括：房屋类型、面积、市场成交估值、可贷金额、查封情况。

房屋类型和面积的不同，会影响金融机构对抵押房产的批贷金额。以某金融机构为例，建筑面积＜250平方米的住宅抵押率为70%，建筑面积≥250平方米的住宅抵押率则为65%，别墅的抵押率不超过60%，写字楼等商业类房产抵押率不超过50%，如立项是住宅实际为办公则抵押率降低5%—10%。

以北京市为例，通过北京市不动产登记领域网上办事服务平台，输入不动产坐落地址，可以查询到该房产有无查封登记情形。如果抵押房产已经被其他债权人向法院申请查封，金融机构就该抵押房产就失了先手。第一，丧失了作为抵押权人与抵押人协议处置抵押物的权利。第二，抵押权人的债权实现受制于进行首次查封法院的诉讼、处置进程。第三，抵押房产的处置过程必然涉及和首封债权人进行利益分配，增加处置成本。

第五组字段：借款人的司法信息

关键字段包括：是否失信、是否限高、历史被执行案件情况、历史被执行金额。

借款人如果是失信被执行人或者被采取限制消费措施，则无法在其他金融机构再次进行贷款，加大了处置难度。

而通过查询债务人的历史被执行案件信息，一方面，在抵押房产被其他债权人查封的情况下了解被保全金额，以便设计处置方案、后续和首封人谈判；另一方面，了解是否存在其他可能影响债权处置的利害关系人。

第六组字段：处置信息

关键字段包括：处置方案、沟通细节、进度。

这 3 个数据字段主要是用于和委托机构、各部门关键负责人进行互动，保证信息同步。

“处置方案”是指以尽量简洁的文字描述每笔债权的最优处置方案，“沟通细节”则是对债权处置过程的详细说明，“进度”主要是向委托机构及部门关键参与者告知目前的处置进程和下一步工作安排。

在做完第一步关键字段的整理工作以后，接下来需要马上考虑的并不是急于制作立案起诉材料，而是利用现有的线索以及证据材料等进行和解方案推动，而通过调解的方式是完成和解方案并达到快速回款最有效的法律手段之一。

◆ 两种调解方式

（一）立案调解

我国历来非常重视运用“调解”这一非正式司法制度化解纠纷，如 1982 年 3 月 8 日公布的《民事诉讼法（试行）》、1991 年 4 月 9 日公布的《民事诉讼法》均对调解有所规定，但其所指的均为法院在审理过程中的调解，即审判调解，并不包括立案调解。

进入 21 世纪以来，各地法院在总结审判调解工作的基础上探索出台了规范立案调解的相关规定。2007 年 1 月 5 日，时任最高人民法院常务副院长的曹建明在第七次全国民事审判工作会议上提出：“应当将司法调解贯穿于民事诉讼全过程。立案调解、庭前调解、审理过程中调解、判决送达前调解都是司法调解的重要组成部分，在各个阶段都应当贯彻‘能调则调，当判则判，调判结合，案结事了’的原则和要求，充分发挥调解具有的调处矛盾、定分止争的优势。在立案阶段对民事纠纷进行调解，要注意坚持高效、快捷的原则，防止案件在立案环节积压。立案调解的期限原则上最长不超过立案后20日。”

按照现行司法实践做法，下文将“立案调解”这一术语定义为当事人向人民法院起诉，法院立案后、审判之前由法院主导进行的调解。这里简要梳理下通过立案调解方式处置债权所需的时间和法律依据。

1. 法院调解

根据《民事诉讼法》第126条的规定，“符合起诉条件的，应当在七日内立案，并通知当事人；不符合起诉条件的，应当在七日内作出裁定书，不予受理；原告对裁定不服的，可以提起上诉”。

根据《最高人民法院关于人民法院民事调解工作若干问题的规定》第4条的规定，“在答辩期满前人民法院对案件进行调解，适用普通程序的案件在当事人同意调解之日起15天内，适用简易程序的案件在当事人同意调解之日起7天内未达成调解协议的，经各方当事人同意，可以继续调解。延长的调解期间不计入审限”。

2. 法院出具民事调解书

根据《民事诉讼法》第100条的规定，“调解达成协议，人民法院应当制作调解书。调解书应当写明诉讼请求、案件的事实和调解结果。调解书由审判人员、书记员署名，加盖人民法院印章，送达双方当事人。调解书经双方当事人签收后，即具有法律效力”。

3. 执行

根据《最高人民法院关于人民法院民事调解工作若干问题的规定》第15条第1款的规定，“调解书确定的担保条款条件或者承担民事责任的条件成就时，当事人申请执行的，人民法院应当依法执行”。

根据《民事诉讼法》第250条第1款的规定，“申请执行的期间为二年。申请执行时效的中止、中断，适用法律有关诉讼时效中止、中断的规定”。

根据《最高人民法院关于人民法院办理执行案件若干期限的规定》第1条第1款的规定，“被执行人有财产可供执行的案件，一般应当在立案之日起6个月内执结”。

（二）多元调解

为贯彻落实党的十八届四中全会精神，2015年5月1日起法院立案由立案审查制变为了立案登记制，普通民事纠纷当事人进入诉讼的成本降低，大量案件涌入法院。

一方面为了解决法院“案多人少”的矛盾，另一方面为了调和社会矛盾，近年来我国一直在探索建立多元化纠纷化解机制。近期全国各地的司法相关会议内容中经常提到的“诉源治理”“执源治理”也是在同样背景下提出。

以法院是否立案为界限，可将调解分为诉前调解、诉讼中调解两个部分。

诉前调解包括：（1）《民事诉讼法》第125条规定的“先行调解”；（2）《最高人民法院关于人民法院进一步深化多元化纠纷解决机制改革的意见》（以下简称《多元纠纷解决意见》）中提到的探索建立“调解前置”程序、健全立案前“委派调解”程序。

诉讼中调解包括：（1）前文所述立案调解；（2）《民事诉讼法》第136条第2项规定的开庭前调解即“庭前调解”；（3）《民事诉讼法》第145条规定的判决前调解；（4）前述《多元纠纷解决意见》中提到健全登记立案后或者在审理过程中的“委托调解”程序。

根据《多元纠纷解决意见》，按调解主体的不同，多元调解又可分为：（1）特邀调解组织调解，即人民调解、行政调解、商事调解、行业调解或者其他具有调解职能的组织调解；（2）特邀调解员调解，即吸纳人大代表、政协委员、人民陪审员、专家学者、律师、仲裁员、退休法律工作者等具备条件的个人担任特邀调解员；（3）法院专职调解员调解，即法院在诉讼服务中心等部门配备专职调解员进行调解。

图1－1、图1－2为“多元调解＋速裁”工作流程，以及多元调解阶段流程。

下面简要梳理通过多元调解中心调解处置债权所需时间和法律依据。

1. 多元调解中心调解

根据《北京法院关于民事案件繁简分流和诉调对接工作流程管理规定（试行）》第16条第2款的规定，“当事人选择行业性专业性特邀调解组织调解的，程序分流员应于当事人签署《立案调解申请书》之日起三日内将案件移交特邀调解组织”。

根据《多元纠纷解决意见》，“探索无异议调解方案认可机制……当事人在七日内未提出书面异议的，调解方案即视为双方自愿达成的调解协议；提出书面异议的，视为调解不成立。当事人申请司法确认调解协议的，应当依照有关规定予以确认”。

根据《北京法院关于民事案件繁简分流和诉调对接工作流程管理规定（试行）》第22条第1款的规定，“人民法院委派调解的案件，调解期限为三十日，但是双方当事人书面同意延长调解期限的，可以再延长三十日。委派调解的案件超过六十日调解未果的，案件由多元调解系统强制导出至立案系统进行立号分案，但确有特殊情况的除外”。

2. 司法确认

根据《民事诉讼法》第205条的规定：“经依法设立的调解组织调解达成调解协议，申请司法确认的，由双方当事人自调解协议生效之日起三十日内，共同向下列人民法院提出……”

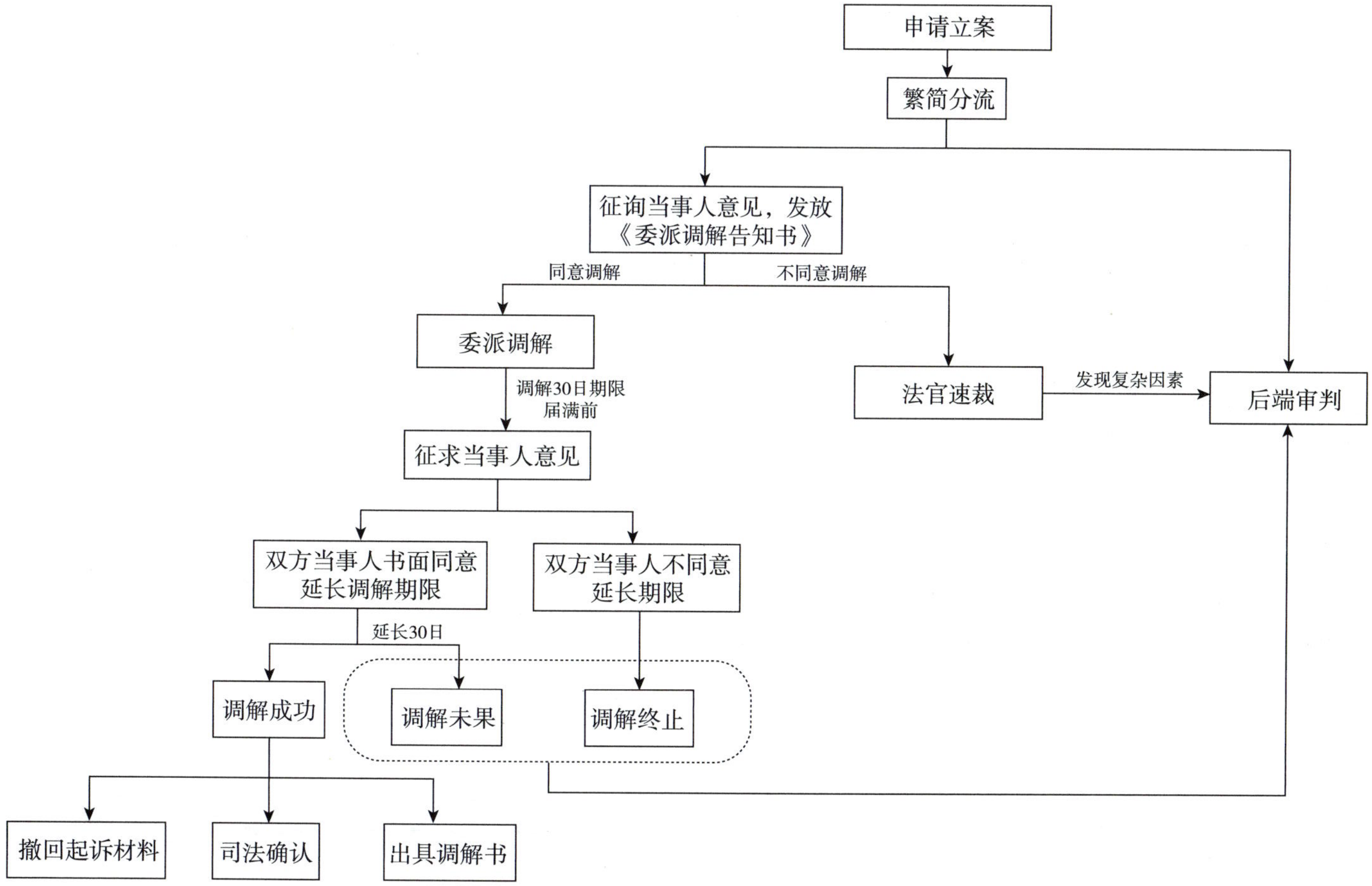

图 1-1　“多元调解+速裁”工作流程

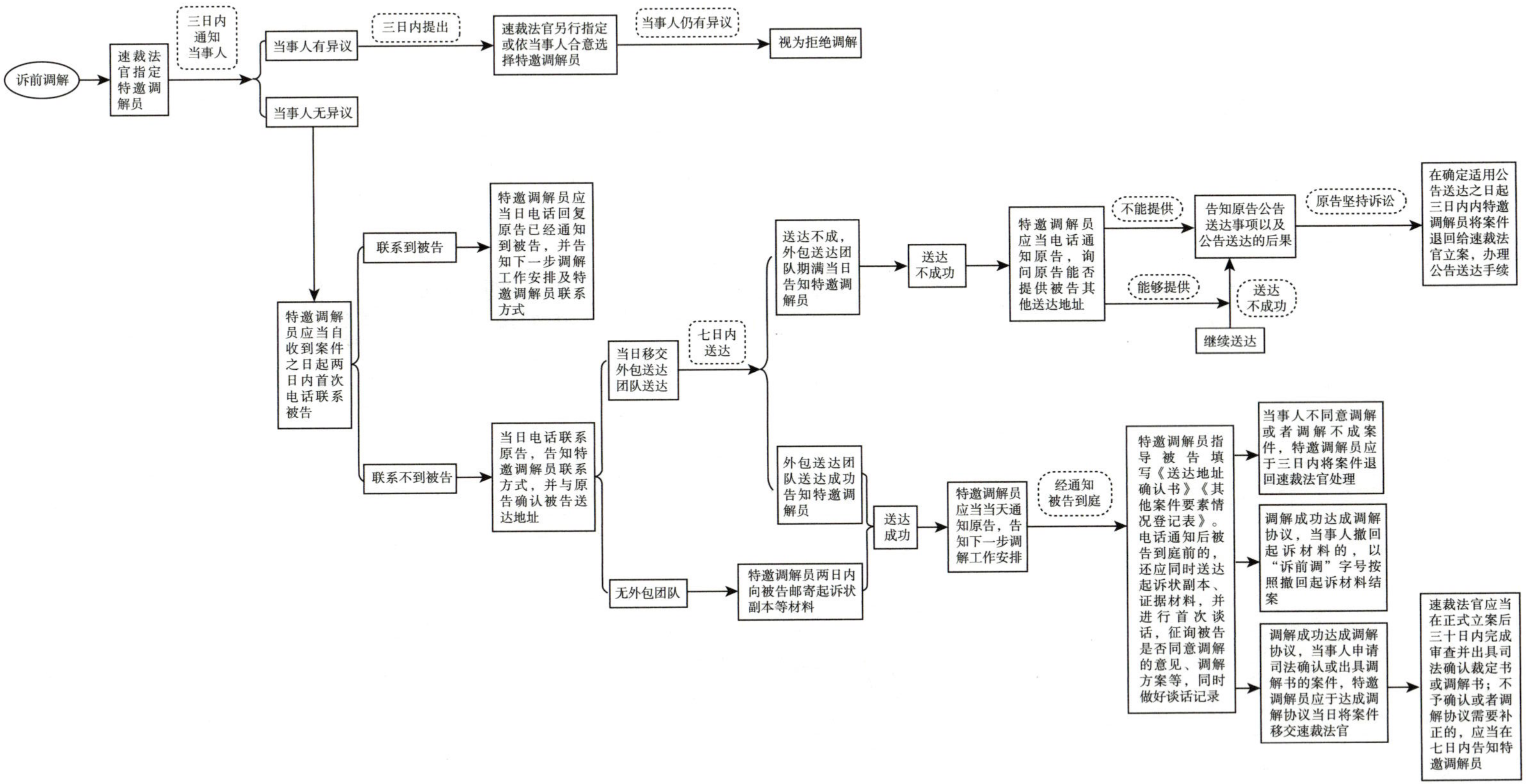

图 1-2　多元调解阶段流程

根据《最高人民法院关于人民调解协议司法确认程序的若干规定》第 4 条第 1 款的规定："人民法院收到当事人司法确认申请，应当在三日内决定是否受理……双方当事人同时到法院申请司法确认的，人民法院可以当即受理并作出是否确认的决定。"

3. 执行

根据《最高人民法院关于人民调解协议司法确认程序的若干规定》第 9 条的规定，"人民法院依法作出确认决定后，一方当事人拒绝履行或者未全部履行的，对方当事人可以向作出确认决定的人民法院申请强制执行"。

通过笔者长期的实践经验，相较诉讼审判流程的较长时间周期，通过调解解决金融机构的有抵押类贷款的逾期问题，通常可以在 3—8 个月内实现清收回款，有效控制金融机构不良率，优化金融机构的资产质量，还可以协助逾期客户信用修复，从而让法律服务也成为一种客户服务，更加容易让委托机构建立品牌美誉度。

笔者的团队在过去大量财产类案件中，多方面积极尝试多元调解的方式方法，对于加快和解速度极其有效，关键的一点是，让债务人在进入司法流程环节前，多了一个完整的与债权人展开协商的充裕时间。

有温度，才有速度。

◆ 六项互动方法

"我就喜欢你们细致入微的工作方法，上一家律师事务所在分配到案件之后，就有过两次交流，第一次是来我们业务部门调取客户底档材料，再见就是一审开庭的时候了，我就说，一不深度了解债权人，二不争取和债权人谈判，只是走流程能有好的效果吗？事实证明，上次委托给他们的七个案子，现在还没有进入法拍阶段，这样，他们也拿不到风险代理费呀！"

这是笔者去商业银行调取债务人底档并完善债务人信息的时候，银行支行长对之前委托的律所的外派律师的工作抱怨。

笔者从务实的角度来看，代理人要做好金融机构的批量债权处置案件，两个要点必须具备，一是熟悉律所正在服务的机构的产品和业务流程，虽然法律服务委托合同是总公司和律所签署的，但执行具体的业务一定是一线的业务经理，只有业务经理最了解他经手的债务人的详细情况，必须和业务经理建立高质量的沟通管道；二是充分了解债务人，对于金融机构而言，极少数情况下会是债务人恶意违约、债权人发生逾期及违约的情况，通常是贷款客户在某一个阶段流动性出现问题，或业务进展不如预期，抑或经营管理不当，导致财务状况失衡，在这些情况下，高质量并富有诚意的沟通是获得通过非诉方式解决争议的最有效办法。

依据侧重于通过非诉处置金融债权的法律服务的过往经验，笔者将和金融机构建立有效沟通并提高回收率的举措总结归纳为以下方式。

1. 在律所内部组建专项工作组

专项工作组需要不同角色身份的参与者。第一个角色要熟悉资产处置方案设计，第二个角色要熟悉法院、多元调解中心的工作流程，第三个角色要熟悉金融的各项考核指标、合规要求、内部流程，第四个角色要熟悉商务公关活动以便和金融机构的业务部门打交道。通过相互取长补短的工作小组组合形成完美的工作配合机制。在笔者组织的处置执行团队中因为人手不够，故而也鼓励团队成员一人担任多个角色。

2. 增加购买合规数据的预算

以债权人借款时以房屋抵押的抵押类贷款为例：作为处置机构的律师事务所就应该花钱购买与房屋相关的数据，比如增加司法拍卖房屋价格变动数据、北京二手房交易量数据，包括链家、我爱我家、麦田等头部机构的成交价格数据。通过采买数据的分析，处置团队可以对抵押物有一个较精准的“动态”估值，为后续评估处置方案提供依据。

3. 设置24小时法律服务咨询专线

为应对合作金融机构在日常工作中可能出现的与债务人相关的舆情风险、突发事件，被委托机构可以设置24小时的法律热线，以便随时响应机构的临时需求，笔者的处置团队服务热线提供的咨询内容包括金融机构委托和没有委托的全部案件的解答。

4. 开通处置可视化权限账号

处置可视化的重要性在前言已提过，在第三章“如何对被执行人精准画像”还有详细介绍，通过建设一个可视化平台的信息数据共享工具，实现金融机构、法律服务机构，其他第三方服务机构（如房屋经纪人、司法辅助拍卖机构等）相关职能机构相互同步处置进度，达到高效配合的效果。

5. 定期提供案件进展报告

从机构内部合规与监管要求，金融机构定期要形成内部报告，因此被委托机构应该主动向金融机构提供相关工作进展的详细汇报，包括与债权人的谈判细节、案件进展、外部协作机构的协作详情等。

当然，不仅是服务机构客户，对于单一委托案件的客户，定期的周报、月报也是极其重要的一个沟通工具。

6. 金融法律与危机化解能力培训

定期和金融机构一线业务部门内部进行交流研讨甚至是开展专题培训活动，绝对是非常有必要的业务互动手段，一方面是法律服务机构向金融机构学习金融机构的知识，另一方面也向金融机构分享处置中可能遇到的司法要点，进行专项培训，比如舆情风险、房屋价值变动、金融政策的变化等。

◆ 四种有效的执行方案

本节笔者重点介绍有抵押物的借款逾期处置方案设计，借款手续办理过程中债务人向金融机构抵押房产办理了抵押登记，金融机构作为抵押权人，当债务人不履行债务时，有权依法以该抵押财产折价拍卖、变卖该财产的价款优先受偿。

对这类有抵押物的违约债权，在进行处置时，笔者通常建议先通过“非诉”方案先行与债权人进行沟通，“非诉”方案最常见的主要有四种：债务重组、押品出售、债务置换、司法拍卖。

债务重组，即和债务人的其他债权人协商转让债权完成处置。

◆ 债务重组案例

（一）违约情况

债务人为董某某，借款本金余额 360 万元。抵押物为债务人和其配偶共同所有房屋，市场估价 1040 万元。债务人配偶涉嫌经济诈骗已被刑事拘留。抵押房产已被其他债权人 A 查封，其债权金额为 900 万元。

（二）沟通细节

笔者的执行团队最开始了解到债务人董某某是一个画家，但在后续沟通中了解到董某某早就不再通过画画谋生了，董某某从信托获得的贷款由其配偶违规进行了其他投资，导致投资款亏损，本金至今没有收回。

在多次电话联系不到董某某后，执行团队负责人李律师前去抵押房产地址找人，几次敲门没人应。后来找到邻居打听，说他妻子被抓了，董某某给吓得也不敢回家了。

后来李律师团队进一步通过借款人的邻居了解该抵押物已被其他债权人

A 查封，在没其他办法的情况下，李律师通过综合查询找到了这个查封债权人 A 某。A 某是董某某的朋友，他们之间的关系自然比董某某和金融机构之间密切得多。

通过 A 某，李律师团队在北京海淀区白石桥一带某个破旧的老楼里找到了债务人董某某。董某某表述，其实他当时并不是不想还钱、躲着金融机构，而是他妻子当时已经被抓进去了，很多的签字手续不好处理，但他愿意配合金融机构进行该笔债权的处置。

李律师团队通过整理该笔债权相关材料，认定案件的重点在于和第三方债权人谈判。在制订了处置方案和谈判思路后，李律师再次联系了债权人 A 某。李律师和 A 某协商，由他从华旗信托手中承接全部债权，把债务人蔡某某欠华旗信托的钱结清，而 A 某取得华旗信托的抵押权人身份后可以自行处置抵押房产，这样华旗信托和 A 某都能得到一个相对满意的方案。

A 某当场就同意了李律师的方案。李律师当时说服他的理由主要有 3 点：

第一，华旗信托作为抵押权人，不论该抵押房产怎么处置，是折价、拍卖还是变卖，华旗信托都享有优先受偿权。

第二，A 某的债权金额有 900 多万元，华旗信托债权本金 360 万元，A 某的债权金额比较大，如果抵押房产真的被拍卖掉，按照司法拍卖折价率，A 某可能拿不到债权的全款。

第三，A 某从华旗信托处受让债权后，就成为该笔债权的抵押权人，同时他又是抵押房产的首封人，这样他就完全享有了对抵押房产的处置权，可以持有该资产等待出售时机。

处置过程时间轴见图 1－3。

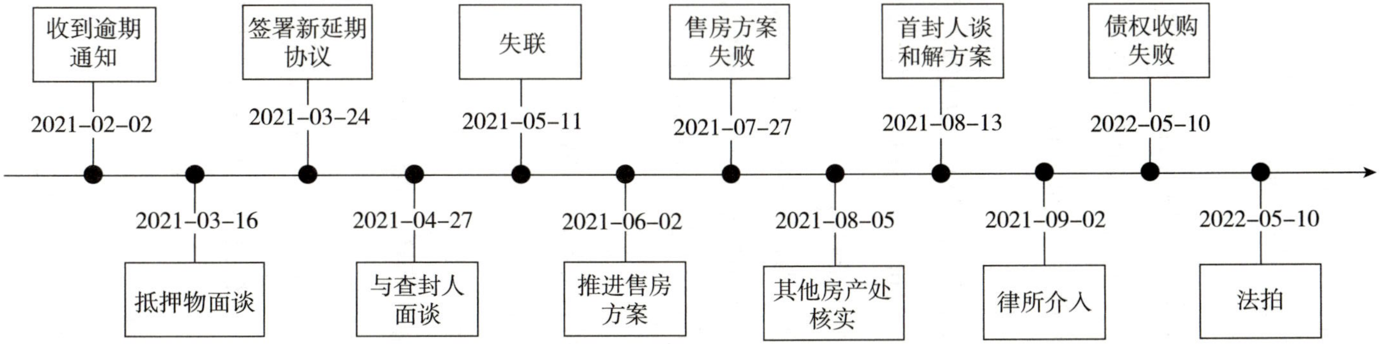

图 1-3　截图来自北京合淘科技公司执行可视化系统

（三）法律依据

《民法典》第394条第1款规定，“为担保债务的履行，债务人或者第三人不转移财产的占有，将该财产抵押给债权人的，债务人不履行到期债务或者发生当事人约定的实现抵押权的情形，债权人有权就该财产优先受偿”。

《民法典》第545条第1款规定：“债权人可以将债权的全部或者部分转让给第三人，但是有下列情形之一的除外……”

《民法典》第407条规定，“抵押权不得与债权分离而单独转让或者作为其他债权的担保。债权转让的，担保该债权的抵押权一并转让，但是法律另有规定或者当事人另有约定的除外”。

《民法典》第547条规定，“债权人转让债权的，受让人取得与债权有关的从权利，但是该从权利专属于债权人自身的除外。受让人取得从权利不因该从权利未办理转移登记手续或者未转移占有而受到影响”。

《民法典》第410条第1、2款规定，“债务人不履行到期债务或者发生当事人约定的实现抵押权的情形，抵押权人可以与抵押人协议以抵押财产折价或者以拍卖、变卖该抵押财产所得的价款优先受偿……抵押权人与抵押人未就抵押权实现方式达成协议的，抵押权人可以请求人民法院拍卖、变卖抵押财产”。

押品出售，即协助抵押人出售抵押房产，用以归还逾期借款。

◆ 抵押物出售案例

（一）违约情况

债务人为陈某，借款本金余额150万元。抵押物为陈某个人所有房屋，市场估价240万元。其配偶为连带保证人。抵押房屋被原房东占有居住。

（二）沟通细节

笔者律所执行团队的李律师在接受华旗信托的委托后一周内就同华旗信托的客户经理约了债务人陈某见面。会面当天，陈某带着他弟弟一同前来。在沟通过程中，陈某一直保持沉默，主要由弟弟陈某金发言。在谈话中，执行团队了解到陈某已经退休，退休前在某公交公司工作，实际上并不具备贷款还款能力。抵押物是尚女士通过买卖的方式过户给陈某的，但现在尚女士带着丈夫、孩子还住在抵押房产里，说是之前卖房卖便宜了，拒绝搬离。

这次会面之后，笔者和李律师团队总结了3个关键点：（1）华旗信托这笔借款可能存在名义借款人和实际借款人不一的情形，借款人陈某明显经济能力不足且看不出大额资金使用痕迹，而其弟弟陈某金能言善辩、社会气息浓厚。（2）陈某或陈某金与原房东有其他纠纷，该抵押房产无论是出售还是司法拍卖都面临占房、腾房问题。（3）借款人还款意愿不强的原因主要在占房人，该房产从原房东手中以180万元买入，现在市场估价240万元，但因为这套抵押房产被占导致既不能卖，也不能去其他金融机构贷款，借款人打算通过华旗信托走司法拍卖程序逼占房人腾退房屋。

这个案件的关键在于说服占房人，笔者的执行团队认为。

按照传统律师的做法，这个案件就得打一审、二审，等到进入执行阶段还要面临腾退占房人问题，而且占房人势必要提出执行异议，之后再打执行异议之诉。这样一个流程走下来，一两年都不一定能拍卖掉抵押房产。

华旗信托的客户经理曾多次前往抵押房产走访，但都被占房人拒之门外。律师事务所和信托公司签署委托协议后，李律师制定了初步处置方案和谈判策略后再次同客户经理来到抵押房产现场，通过准确称呼对方姓氏，加之李律师本人是位女性，在敲开门的第一时间就直接告诉尚女士说“我们是来化解矛盾，解决问题，而不是制造冲突的，同为人母，我理解您的心情，我们可以坦诚地聊一聊”，占房的尚女士随后打开了房门。

进门后李律师就看到桌上摆了一堆药品，林林总总包含治疗各种疾病的中西医药物，甚至不乏精神类药物。尚女士一开始态度不佳，有明显的胡搅蛮缠特征，一会儿说不认同该房产的交易过程，说房子是其前夫在没有她签字的情况下卖的；一会儿又说腾房可以，但要给她 50 万元。

李律师是一位优秀的倾听者。实际上当时执行团队对占房人尚女士和陈某之间的纠纷并不十分了解，李律师需要从占房人尚女士口中得到更多信息。

在得到以上信息后，站在尚女士的角度，李律师建议尚女士可以去起诉陈某金，胜诉后不仅可以要回来房子，何况 50 万元。尚女士又开始支支吾吾，说是没有证据什么的。实际上占房人一家早就各种了解打探了法律依据，知道自己诉讼的话胜算不大。

占房人的态度稍微温和了些，当时情况和李律师之前预计的也差不多，在占房人态度缓和后李律师提出，由占房人尚女士把抵押房产按照原来的 180 万元成交价再买回去，另外再补偿陈某部分差额。这样陈某可以把华旗信托的借款还清，尚女士可以解决当时卖房卖便宜了的问题。

与尚女士取得初步沟通成果后，我们再去和陈某、陈某金沟通。借款人同意卖房的方案，但表示价格要再协商下。这个方案能得到借款人同意，一方面是借款人想早日摆脱借款逾期、金融机构催收的问题；另一方面是不想和占房人尚女士再发生纠葛。

经过多轮协商，最终陈某和尚女士达成协议。

（三）处理办法

借款人将抵押房产卖给第三人尚女士。

（四）法律依据

根据《民事诉讼法》第 236 条第 1 句，“当事人、利害关系人认为执行行为违反法律规定的，可以向负责执行的人民法院提出书面异议”。

债务置换，即协助债务人在其他金融机构获得贷款以归还本机构逾期借款。

◆ 债务置换案例

（一）违约情况

借款人为 JM 公司，借款本金余额 395 万元。陈某某以其个人单独所有房屋作抵押，市场估值 710 万元。借款人公司法定代表人罗某某、罗某某的配偶、陈某某、陈某某的配偶为连带保证人。

（二）沟通细节

借款人 JM 公司背后的实际用款人就是其法定代表人罗某某。负责本案的还是李律师，李律师通过向华旗信托进行初步了解，罗某某的征信已经不再正常，再去其他金融机构重新获得贷款的可能性非常低。

这个案件比较特别的一个点是“抵贷不一”，就是借款人和抵押人不是同一个主体。这种情况下，就不能只运用法律知识进行问题的解决，假如用最单纯粗暴的方式解决问题，同案中有借款人、有抵押人，把这两个人作为共同被告去起诉并向下走司法程序也无可厚非，但执行团队要从经验、商业逻辑上进行思考，抵押人为什么愿意把自己的房屋拿来为借款人提供抵押？借款人和抵押人之间应该有某种千丝万缕的关系。比如具体抵押人可能是隐名股东，因为某些原因比如具体公职人员身份不方便持股。这些情况都不仅是使用法律知识能解决的，需要运用执行团队综合的经验和发散性思维。李律师就问自己的执行团队成员：“如果是你们，会不会给一个没有亲属关系的人作抵押？换位思考一下，就会有明确的思路。”

这样思考下来，李律师确定的处置思路就是尽快和抵押人谈判，抵押人的征信、还款能力、资产状况都良好，建议抵押人去其他金融机构贷款，把当前在华旗信托的违约借款结清。

（三）处理办法

建议征信、还款能力、资产状况都良好的抵押人在其他金融机构重新获得一笔贷款。

（四）法律依据

《民法典》第 394 条规定，为担保债务的履行，债务人或者第三人不转移财产的占有，将该财产抵押给债权人的，债务人不履行到期债务或者发生当事人约定的实现抵押权的情形，债权人有权就该财产优先受偿。

司法拍卖，即通过其他查封人走司法诉讼流程并通过司法拍卖出售抵押房产（并非从委托机构走司法流程推动拍卖）。

◆ 司法拍卖案例

（一）违约情况

借款人为关某某，借款本金余额 1250 万元。抵押物为借款人单独所有房屋，市场估价 2200 万元。抵押房产被 2 轮查封，2 笔债权金额合计 1500 万元。

（二）沟通细节

这个案件的抵押房产当时已经被多个债权人进行了两轮查封，但因为金融机构有优先受偿权，且抵押房产价值不足以清偿全部债务，截至笔者受华旗信托的委托对该笔债权进行处置时，首封债权人、轮候查封债权人并没有对抵押房产采取进一步执行措施、拍卖抵押房屋。

在这种情况下，李律师团队考虑的是如何尽快推动首封法院进行司法拍卖，因为这个案件存在多个债权人，进行债务重组的难度相当大。李律师当即决定去首封债权人所在地的法院联络，催促首封人和法官尽快拍卖，否则执行团队就要申请移送执行了。

首封法院进入发起拍卖程序后，李律师向法院提交了参与分配申请书，以华旗信托本息全额申报了债权。

同时，李律师还协助借款人申请了唯一住房补贴（法律没有温度，但律师应该有温度，即使在某一角色上作为委托人的代理人和对方当事人有对立的成分，但这并不妨碍作为社会角色的参与者利用自身具备的法律和相关知识为需要者提供帮助）。

（三）处理办法

通过推动拍卖向首封法院申请参与分配，本息全额受偿。

（四）法律依据

《最高人民法院关于人民法院执行工作若干问题的规定（试行）（2020年修正）》第56条第1款规定，对参与被执行人财产的具体分配，应当由首先查封、扣押或冻结的法院主持进行。

《最高人民法院关于首先查封法院与优先债权执行法院处分查封财产有关问题的批复》第1条规定，“……但已进入其他法院执行程序的债权对查封财产有顺位在先的担保物权、优先权（该债权以下简称优先债权），自首先查封之日起已超过60日，且首先查封法院就该查封财产尚未发布拍卖公告或者进入变卖程序的，优先债权执行法院可以要求将该查封财产移送执行”。

《最高人民法院关于适用〈中华人民共和国民事诉讼法〉的解释》第

506 条规定，“被执行人为公民或者其他组织，在执行程序开始后……对人民法院查封、扣押、冻结的财产有优先权、担保物权的债权人，可以直接申请参与分配，主张优先受偿权”。

第二节　信用类债权执行方案设计

◆ 法律服务新目标：执源治理

2023 年 6 月，笔者走访了北京丰正（化名）调解中心，原计划和调解中心的张老师进行一小时谈话，结果足足进行了四个小时，话题主要围绕国内司法资源严重不足与金融借贷案件快速增加的矛盾点展开，张老师坦诚地说：“在 2021 年，我中心接收的金融机构借贷类调解案件，主要是商业银行的执行调解案件，大概有 600 件，到 2022 年就激增到了 10,000 多件，2023 年 6 月，也就是您来我们这里的前几天刚做的统计，收案已经超过了 30,000 件，说实话，早就超过了中心处理案件的极限。”

“那中心怎么选择优先处理的案件类型呢?”笔者问道。

张老师回答说：“起码要保证三点，一是能联系到债务人；二是带着调解方案，比如说借款可以分期，罚息可以减免等；三是有债务人的财产线索，方便中心和债务人沟通时有主动权，另外也方便中心出的调解书去法院申请强制执行的时候，法院有可以执行的财产。”

“那调解成功率高吗?”笔者问道。

张老师回答说：“对于能带一个让步空间大一些的调解方案，加上能掌握一部分债务人财产线索的案件，中心的调解成功率大概在 30%，但如果不具备上诉条件，成功率就很低了，可能还不到 5%”。

“大型国有商业银行从各方面的角度考虑，都不太可能有太大的让步，所以不一定选择调解中心，但是股份制银行和地方性商业银行从成本以及内部考核要求等方方面面的考虑，可能会有调解方案上的调整空间，但即使是这样，调解成功率也不会有大幅度的提高。”张老师接着说。

“您认为推动债务人接受调解的关键因素是什么？”笔者继续问道。

“合法渠道获得的能覆盖债务本金和利息的财产线索，如果能做到这一点，调解成功率很有可能超过70%。”张老师微笑着说道。

通过一上午的交流，笔者和调解中心的张老师还对整个社会环境下执行案件的处置趋势达成了诸多共识：

第一，在过去几年失信被执行人大幅度增加的现实情况下，就决策层而言，注定要降低财产类案件的终结本次执行的比率，控制住失信被执行人的数量；

第二，律师事务所与调解中心以及法院将会有更多的协作和分工，将财产类执行案件处置中的各环节分解并尽可能在法院之外解决核心问题；

第三，调整对基层法院的考核，将“诉源治理”机制向“执源治理”机制转化。

笔者在这里先给本书读者简要介绍一下“诉源治理”和“执源治理”。

◆ 诉源治理

2019年，《最高人民法院关于深化人民法院司法体制综合配套改革的意见——人民法院第五个五年改革纲要（2019—2023）》中提出完善“诉源治理”机制，明确将其列为今后五年人民法院一项重要的改革任务。

“诉源治理”从字面理解，就是从诉讼的源头治理，控制、减少诉讼量。当前基层法院的案件太多，大量的各类民商事案件进入到司法审判流程中，法院处理能力远超负荷，所以基层法院非常看重民商事案件审判前能不能通过调解结案，以缓解基层法院的压力。

最高人民法院发文后，全国各地开始设立了多元调解中心。根据最高人民法院公布的数据，2019 年民事案件诉前调解成功共计 145.5 万件，2020 年该数据为 424 万件，2021 年为 610.68 万件，到了 2022 年则达到了 895 万件，以上数据均说明“诉源治理”取得了很大的发展。

◆ 执源治理

随着“诉源治理”机制初见成效，近年来的政策趋势开始升级到“执源治理”，原因是法院受理的执行案件量同样也在快速增加。即使经过调解的案件，部分当事人也没有履行义务，这种案件会根据调解书进入执行阶段。经过判决的案件，同样存在当事人不履行而进入执行的情况。但进入执行阶段后，大量的案件因为债务人没有财产执行进行不下去而被法院终本（终结本次执行程序）。根据 2022 年全国法院司法统计公报数据，2022 年首次执行结案案件共 8,706,091 件，其中以终结本次执行程序方式结案的有 3,598,169 件，终本率为 41.33%。

“执源治理”强调的是在案件进入执行阶段同样要重视调解工作，目的就是减轻法院在执行阶段的工作负荷压力、降低案件进入执行阶段后的终本率。

笔者问张老师：“作为调解中心，必然是和商业银行以及各类法院，尤其是互联网法院，以及诸多律师事务所广泛的接触，我自己作为法律服务工作者，和客户打交道很多，可能和同行业反而沟通交流有限，您觉得在庞大规模的执行案件，尤其是没有抵押的信用类案件中，哪一类律师事务所最受法院和银行欢迎，哪一类会比较让银行和法院非常排斥呢?”

张老师说：“先说法院和商业银行比较排斥的吧，主要就是代理律师不够专业，在明知司法资源短缺的情况下，在代理商业银行的案件中仅仅站在自己的角度把工作重点放在和法院沟通而不是和债务人联络沟通，为诉而诉，还常常让法院理解成为这是委托人的意见，增加了一些不必要的司法成本。”

“然后还是重点说说法院和委托人最喜欢的代理人特征吧，第一点肯定是认真，商业银行作为委托人的案子都和数字相关，利息、复利和罚息都有银行自己的计算方法，但这些数字每天都在发生变化，代理人不能每天都去问委托人要数字，真的就有一些心细的律师了解掌握银行的计算方法后，可以自己填写诉讼请求金额，很少出错，这类代理律师商业银行特别欢迎。”

“第二点，商业银行和法院都很欢迎的律师当然是专业性强的律师，这类代理律师可以主动帮银行帮法官做很多辅助性的工作，整理材料、收集判例、协助上门与债务人谈判等。”

“第三点是拉开代理人之间水平的距离的关键点：代理人是否有减少和不用司法资源就可以解决问题的能力，其实道理也很简单，如果都通过诉讼和执行法院，那我们调解中心也就没有存在的意义了，当然作为代理人的律师和我们调解中心略有差异，律师可以通过在个案中开具调查令、合法使用商业数据查找财产线索，组织外部资源进行协作，利用综合能力在执行案件中做深做细，这些经验和能力的利用是商业银行和法院尤其欢迎的。”

通过和张老师的深度交流，笔者再次确认近年来在商业银行批量案件的处置思路上，笔者的律师事务所基本走在正确的轨道上，另外一个重要的收获就是无论从务实的微观层面，还是扩展到贯彻落实能动司法理念，更好满足人民群众多元司法需求，推动执行案件源头预防、前端化解，“执源治理”已经是一个必然趋势。

◆ 信用类执行案件方案设计

上一节笔者介绍了处置有抵押物违约债权的一些经验，这两年随着部分普惠型小型微型企业信用类贷款的违约情形大幅度增加，笔者的律所受理的信用类违约债权的数量也同样快速增加，从数量上已经远远超过了有抵押的违约债权，因为其数量较大且单笔金额较小的特征，成了商业银行特殊资产处置部门的一个较为头疼的普遍性问题。

首先读者有必要了解小型和微型企业信用类贷款以及这类贷款在商业银行所对应的金融产品：自 2019 年起，中国人民银行将普惠金融定向降准小型和微型企业贷款考核标准由“单户授信小于500 万元”调整为“单户授信小于 1000 万元”。

在各项政策和银行业绩考核压力下，自 2020 年普惠型小型微型企业贷款增长迅速。根据中国人民银行金融消费权益保护局发布的《中国普惠金融指标分析报告（2020 年）》，截至 2020 年年末，普惠小微贷款余额 15. 1 万亿元，同比增长 30. 3%；2020 年，全国银行业金融机构累计发放普惠小微信用贷款 3. 9 万亿元。

普惠小微信用贷款突破了传统抵押物门槛，成为小微企业获得融资的重要渠道，包括税票贷、发票贷、专精特新贷等创新信用贷款产品。（注：“专精特新”中小企业是指具备专业化、精细化、特色化、新颖化等优势的中小企业）

不容忽视的是，信用风险从 2019 年开始陆续在小型微型企业中蔓延，虽然外部融资条件改善，但民企风险依然存在甚至高发。因为大部分小型微型企业违约不是外部问题，而是内部管理问题。在各级政府主导的企业纾困政策支持下，一方面该政策对改善小型微型企业外部融资环境，缓解小型微型企业流动性紧张起到了非常积极的作用；另一方面无形中也诱发了部分小型微型企业的道德风险问题，使民企自身偿债意愿减弱。

笔者在实践中遇到的债务人主要违约类型包括下列内容。

（1）经营不佳导致现金流紧张。包括两类：一是盈利恶化导致现金流紧张；二是经营性应收回款困难。此类违约较易甄别，且不是今年民企违约高发的主要原因。

（2）财务真实性存疑。较多出现的模式：一是企业同时拥有高存款高贷款现象，不符合逻辑；二是隐瞒关联关系，疑似虚增利润。

（3）关联方欠款占用资金。关联方通过其他应收款科目占用大量资金，影响企业流动性，严重削弱企业资金周转能力。

（4）激进投资。包括两类：一是激进的业务扩张；二是失败的多元化或转型。

（5）实际控制人风险。实际控制人风险往往是小型微型企业的特有风险，因为小型微型企业实际控制人对于企业经营及外部融资影响较大。

（6）担保及互保风险。一旦小型微型企业需要履行担保连带责任，巨额的对外担保金额会影响企业的资金储备，造成资金周转压力。

2022 年，某地方商业银行北京分行自 2018 年发放的普惠小微信用贷款（包括税票贷、发票贷、工薪贷、保单贷等产品）随着新冠疫情的防疫管控以及全球经济放缓等大环境因素，伴随上述经营问题的暴露，开始有部分小型微型企业陆续出现违约。

2021 年，商海商业银行（化名）以单户支付固定律师费的形式和北京万和（化名）律师事务所签订了 430 笔信用类案件的批量代理诉讼协议，经过一年多的诉讼周期，100% 的胜诉率毫无悬念，但胜诉后主动履行还款责任的债权人占比仅 25%，有 75% 共计大约 320 笔案件进入执行程序。北京万和律师事务所已经履行完毕代理义务，结束了代理工作，案件移交到该银行的特殊资产部门，特殊资产部门的华总通过一位该批案件中已经履行完还款义务的赵先生介绍，找到笔者的律师事务所，当天的会议内容笔者至今还记忆深刻。

晚上 7 点，笔者和两位执行律师准时来到华总提前订好的商海银行内部的会议室，简单地寒暄后，华总开始介绍："行里这一批案子基本都是信用类，没有抵押，已经进入执行阶段了，我们接触了多家律师事务所，对于这类批量执行的案件，且金额有大有小，他们都没有承接的意愿，我个人认为是执行类案件的收费模式以及批量案件需要团队的两个主要因素吧。"

"虽然这一批贷款，行里已经做了核销，但现在行里对我们的考核要求就是向核销要利润，因此这批贷款我们的回收目标是五成，而且这批案子中还有几笔是对公业务，金额较大，全行领导都很关注。"

"还有一点，现在行里费用卡得很紧，无论是前期单笔费用还是后续回收贷款的提成，行里能支付的标准也就是行业的平均标准可能还要下浮 5%，但我这个人就是快人快语，现在时间紧任务急，这批案子计入年度考核指标，所以 12 月 30 日前，我们希望能回收三成，今天我有个不情之请，就算我强卖吧，希望贵所能接下这批案子，因为我也没有时间再去甄别和寻找在执行领域有经验还有团队的律师事务所了。"

面对华总快人快语的"强卖"，笔者笑着回应道："费用打折，但法律服务质量不能打折。"

◆ 关键字段分析回款可能性

当晚，华总就发来了债权清单，银行给到笔者执行团队的案件信息非常简单，简单到令人惊讶，只有 3 个字段：信用贷类别、借款人名称、起诉受理时的案件编号。

通过将数据导入系统进行综合查询，再通过人工复核、数据清洗，以及最后逐条对债务人做了司法信息确认，项目筹备小组对这批案件生成了更详细的30多个关键字段信息。

经过一整天紧张的工作，依据项目筹备组掌握到的最简单的信息，经过初步评估，这批案件中有54%的案件回款可能性较大，有7%的案件可以确定损失，律师事务所再向商业银行申请调取剩余39%的案件客户底档信息，通过对这批客户底档材料的再次分析，判断这一批320笔执行案件的回款的比率大约能达到多少。该批次案件执行回款分析结论见图1－4。

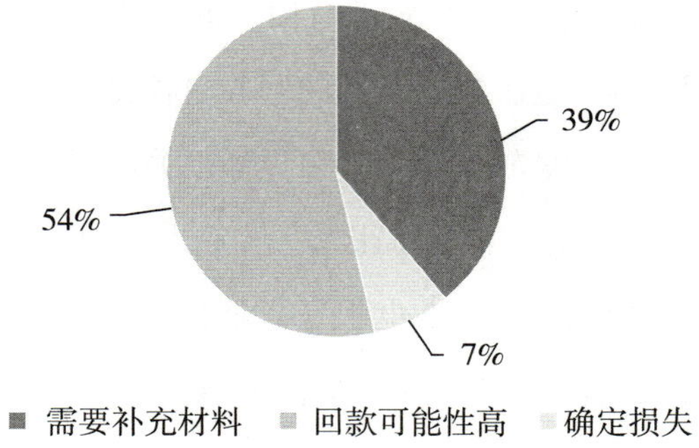

图1－4　该批次案件执行回款分析结论

笔者特别向读者强调，金融机构对债务人材料底档的调取是一个关键步骤，通过底档调取，可以查询到以下关键信息。

（一）通过查询借款合同可以了解到的信息

1. 查看借款人地址：然后通过走访、调查确认地址所在地房产是否为被执行人财产。

2. 查看借款人手机号：核实手机号是否为被执行人财产。

3. 查看借款用途：核实借款人是否按照合同约定使用贷款，改变借款用途的，属于骗取贷款的法定情形，为追究刑事责任准备证据。

（二）通过查询保证合同可以了解到的信息

查看保证人：查找保证人（被执行人）基本信息，包括手机号、地址、工作单位、婚姻状况等。

（三）通过查询被执行人开户许可证可以了解到的信息

查看被执行人开户行及银行账户：申请执行人可以冻结开户行的银行账户，并申请划扣。此外，代理人还可以开具调查令申请调取开户银行流水，查找财产线索。

（四）通过企业信用报告可以了解到的信息

1. 查看公司注册地址：通过实地走访或到物业公司调查确认注册地房产是否为被执行人财产。

2. 查看法定代表人基本信息，如联系电话、住址等。

（五）公司章程

1. 查看股东基本信息、查看注册资本及出资方式：分析股东是否存在抽逃出资或者到期未实缴出资情形。

2. 查看是否有股权转让信息及转让款是否已经支付。

（六）验资报告

查看缴纳出资凭证：调取缴纳出资之日起的银行流水，判断是否抽逃出资。

（七）审计报告

1. 查看资产负债表及附注，查找应收账款，即对外到期债权：针对应收账款，申请法院向次债务人发出《履行到期债务的通知》。

2. 查看利润表中的收入、利润情况，查看现金流量表中的现金流量情况，查看损益表中的收入、利润情况：调取被执行公司的税务信息，与资产负债表、现金流量表、利润表等进行对比，查看上述信息是否与税务信息存在出入，如有，追究被执行公司骗取贷款罪的刑事责任。

（八）个人信用报告

1. 查看借款人、保证人手机号、房产、工作单位等基本信息：申请冻结手机号，查封房产并拍卖；通过工作单位调查其工资、社保公积金等情况。

2. 贷款银行、还款状况等；贷款信息，按揭买房信息、买车的时间、贷款余额、还款情况等及为他人担保的信息等。

3. 其他信息：如养老金信息、信用卡信息等。

（九）其他材料

查看贷款底档中的其他材料，查找财产线索。根据财产线索性质，申请执行人可以采取查封、扣押、冻结等执行措施。

◆ 执行步骤分解

在正式接受委托后，笔者律所的执行团队开始对320个案件进行综合进度管理，在每个团队成员配合系统工具进行管理的基础上，依笔者的经验，执行团队的每个成员最高在后台查询支持下，可承担50件案件，这批案件的执行由两个五人团队重新组合成立了“正皓第三信用债权执行组”，在按照被执行人身份信息显示的居住地信息进行任务分配后，项目组向所里申请了一间会议室长期征用，开始进入执行操作步骤。

1. 统一调卷录卷：执行组成员先从商业银行获得底档材料，然后根据可能缺失的文件，再做二次查询计划。在实践中，笔者的团队发现被执行人（债务人）底档材料信息查询工作在各金融机构的管理有较大的不同，比如有抵押的小型微型企业贷款业务在商业银行的操作中，客户的抵押物材料均保留在支行，但借款合同原件则可能收归分行管理；然而在信托公司的操作中，基本借款人或被执行人的全部文件都在总公司统一查询，而信用类贷款在商业银行的业务，则分为线上部分办理和线下部分办理，线上办理的业务就需要去金融科技部或落地支行查询，线下办理部分可能要选择去分行查询。

笔者的经验是，无论面对任何委托人，执行团队都需要有独立设计好的材料清单，“数据颗粒度”越细，对执行的帮助就越大，办案团队主动向委托机构提供材料清单，是做执行案件可以降本提效的快速方法。

2. 智能尽调：在调取底档的基础上，选择关键字段通过系统（自主开发或外部采买）批量抓取数据信息，生成结论，这些数据主要包括原点、中国裁判文书网、法海等司法数据和抵押物价值的变化数据等（本书第三章有详细阐述）。

3. 电话沟通与发送律师函：在实践中，对于30万元以下小额执行案件，电话沟通的主要目的是普及法律知识，而对于100万元以上执行案件的被执行人而言，电话的主要目的是要求会面，电话成功与否的关键在于事先对被执行人了解熟悉的程度和心理学的运用，在电话无法联系或电话被拒听的情况下，最后才选择发送律师函。

4. 给被执行人画像：通过阅卷、尽调、电话初步沟通后可以对客户进行一个初步的画像，评估处置方案（关于客户画像第三章第一节有详细阐述）。

5. 促成线下面谈：形成初步方案、谈判策略后，与被执行人见面并进行深度沟通是最重要的环节。以笔者的经验，约被执行人见面虽然比较困难，但从见面那一刻开始，案件的进展常常一下变得柳暗花明（面谈的技巧也可详见后续章节）。

6. 提供优选方案：没有方案的谈判毫无意义，这是笔者的经验，和被执行人见面前，笔者要求执行团队所有的会面均需要准备两套方案和配合方案的费用清单明细。

7. 多元调解/司法诉讼：根据被执行人配合程度及个案情况，选择执行调解是优选方案，但对于已经掌握查明的财产线索，在调解方案不成功的前提下，执行团队也会以最快的速度进入下一个司法程序。

8. 强制执行：如果被执行人不履行司法确认的调解协议或生效法律文书，则可申请强制执行。

在整个步骤流程中，笔者一直认为促成线下面谈是相对比较重要的一个关键环节，这之前执行团队所做的一系列工作，都是为了和申请执行人见面并讨论方案所做的准备。

在这320笔债权处置的过程中，“正皓第三信用债权执行组”积累了大量的新的处置经验，也为律所的执行团队“处置数据库”积累了很多有效的数据，这里分享一个律所接受委托后处置的第一笔债权执行案例。

1. 违约情况

借款人李某，借款本金、利息、罚息、复利合计1,563,831.64元。

2. 客户画像

借款人李某，性别男，年龄45岁，北京CX科技有限公司股东，持股比例80%，婚姻状况为离异。执行团队分析其离婚有转移财产的嫌疑。

百度可查李某在创业初期参加各论坛发表演讲的相关内容，很多话题都涉及“快速扩张”“高薪吸引一流人才”等内容，执行团队就李某从事的行业平均利润率进行分析，发现该行业现金收入很难支撑企业快速发展需要付出的成本。

2022年1月，北京CX科技有限公司有一项最新的中标信息，采购人为某农村信用社联合社，中标金额923,500元。这说明李某公司有应收到期债权。

诉讼期间李某本人出庭应诉，称资金困难，无还款能力。这一点执行团队比较留意，通常很多无意愿偿还债务的借款人在诉讼期间均选择不出庭面对，李某的举动说明其对“诚信”还较为重视。

3. 处置措施

通过对客户画像的调查结果，执行团队认为对李某的追偿可从以下几个方面入手。

（1）向法院申请调查令，调查李某婚姻登记情况、调取银行流水明细、调取微信和支付宝账号流水明细。查询李某个人婚姻状况，如存在通过离婚恶意转移财产的情形，可以启动诉讼，撤销离婚财产协议。调取银行、微信、支付宝流水，可以看到李某资金流向，如有异常大额资金转出，可以启动其他救济措施。

（2）申请法院查询或申请调查令，查询北京 CX 科技有限公司通过中标可能存在的到期债权。债务人对次债务人享有到期债权的，债权人可以通过申请到期债权执行或者提起代位权诉讼两种途径主张权利。

（3）前往被执行人李某户口所在地看住所、走访街道，在被执行人住所地张贴公告，通过社会监督促使李某尽快履行还款义务。

（4）注重调解。李某能够出庭应诉，说明其比较配合金融机构处置，力争促成分期清偿欠款。

在确定执行方案后，执行团队通过银行客户经理约到了李某并在北京东城区一个共用众创空间的公用会议室见了面，执行团队开门见山说明了来意，并坦诚地介绍了接下来执行团队将计划采取的措施，李某在感受到了执行团队的善意后，放下了戒备，问执行团队负责人：基于现在这笔违约债权的实际情况，您有什么好的建议吗？

执行团队负责人说："李总您欠款金额并不算大，而且我们看您还有业务在延续，不如我建议您一个方案：我看您前年在深圳买了一个小单位的写字楼做办事处用，我们也发现您现在正在挂售这套物业，坦白说挂售价有点过高，您如果同意挂售价格再降 20 万元，应该很容易成交，成交后还银行的欠款尚有 30 万元缺口，但您找朋友借借，应该可以筹上，先让银行的复利和罚息停下来，降低成本，也让您和公司从失信公司名单上移除，您觉得呢?"

一个月后，李某到银行结清了全部本金和复利罚息。

笔者再分享一个这 320 笔案件中难度较大的一笔银行债权处置方案设计，因为该案标的额较大，后期还需要银行协助加盖各种公章和配合提交立案材料，因此笔者的执行团队提前给华总提交了处置方案，处置方案要点如下。

1. 公司名称

北京 A 经贸有限责任公司、北京 B 经贸有限责任公司。

2. 当期需偿还金额

2760 万元。

3. 经过查询获知公司现状

（1）北京 A 经贸有限责任公司的注册资本为 20,000 万元，尚余 19,000 万元未实缴，目前的参保人数为 26 人。公司实际控股人为 S 实业股份有限公司，持股比例为 100%。S 实业股份有限公司的实际控制人为李某某。

（2）北京 B 经贸有限责任公司注册资本为 10,000 万元，尚余 9500 万元未实缴，目前的参保人数为 18 人。公司实际控股人为 S 实业股份有限公司，持股比例为 100%。

4. 对外投资

两家公司。

5. 司法情况

北京 A 经贸有限责任公司被限制高消费。

北京 A 经贸有限责任公司执行案件 3 例，执行金额 7002. 5315 万元；终结本次执行案件 13 例，未履行金额 152. 7991 万元。

北京 B 经贸有限责任公司执行案件 1 例，执行金额 1. 1488 万元，终本执行案件 3 例，未履行金额 563. 0364 万元。

6. 通过挖掘获得的部分财产线索

北京 A 经贸有限责任公司、北京 B 经贸有限责任公司的财产线索主要涉及公司自身财产及担保人郑某个人的财产情况。虽然该公司及担保人正在被执行案件涉及的金额巨大，对外投资的公司股权绝大部分已被处置，对该公司和担保人申请恢复强制执行相当困难且执行结果很难得到保证，但是执行团队认为在本案中该公司和担保人名下可能存在土地产权和未结清的工程款。主要财产线索有以下几个方面。

S 实业股份有限公司作为北京 A 经贸有限责任公司的全资股东，投资 20, 000 万元，实缴了 1000 万元，剩余 19, 000 万元可追加执行；

S 实业股份有限公司作为北京 B 经贸有限责任公司的全资股东，投资 10, 000 万元，实缴了 500 万元，剩余 9500 万元可追加执行；

北京 A 经贸有限责任公司持有软件著作权，即某珠宝电商交易及服务平台系统；

李某某是 C 经贸有限责任公司的股东，持股 99%，该公司 19 家对外投资，经营状况较好，无限制高消费，仅有一个被执行案件，虽然股权已被冻结，但仍存在剩余可执行财产可能；

李某某是 S 实业股份有限公司的股东，持股 11. 72% （2475 万元），未被冻结。

7. 执行团队计划向法院申请的执行措施

（1）申请法院拍卖借款人持有的软件著作权；

（2）联系查封冻结李某某持有的C经贸有限责任公司4950万元股权的法院，并申请拍卖参与分配；

（3）申请冻结、拍卖李某某名下S实业股份有限公司的股权；

（4）申请法院调取或申请调查令，调取借款人、借款人分公司、借款人主要对外投资公司的银行账户、社保缴费账户、发放职工工资的银行账户信息，公司过往3年的交易流水；

（5）申请法院调取或申请调查令，调取公司实际控制人李某某的所有银行账户、微信和支付宝账户、公积金账户、社保账户、医保账户等账户信息及商业保险、金融理财产品等财产信息；

（6）申请法院调取或申请调查令，调取公司实际控制人李某某担任法定代表人、高管公司的工资、分红等发放情况及入账银行账户；

（7）申请法院调取或申请调查令，调取公司实际控制人李某某名下其他房产现状、配偶和未成年子女名下的房产、车辆信息。

8. 实地勘察

执行团队还前往了借款人办公地址、注册地，实地调查公司内部的信息，公司、股东或高管等人名下是否有公司配备的公车，公司内部是否有名贵的古董、字画等。

执行团队还申请了执行法官陪同前往李某某的现住址，了解其家庭情况，家里或者其他和其有关的住宅内部是否有名贵的字画、古董、名表等。

9. 执行团队计划使用的执行救济措施（本书后续章节会详细介绍救济措施）

（1）追加未足额出资的股东作为被执行人；

（2）通过查询借款人流水，挖掘是否有资金转移到个人名下的情形，如果有，可以启动诉讼，要求侵占人返还；

（3）查询李某某个人婚姻状况，如存在通过离婚恶意转移财产的情形，可以启动诉讼，撤销离婚财产协议；

（4）查询被执行人公司是否存在恶意转移财产的情形，如有可以启动诉讼；

（5）查询被执行人公司股东、高管、主要负责人是否存在损害公司债权人利益的行为，若有，可以提起诉讼请求侵权人承担赔偿责任。

该方案得到了华总的认可："总行说这笔债权行里从上至下全力配合，简化用印流程，每笔立案不再单独过会。"

2023 年 6 月，经过复杂的谈判和多个案件在多地同时立案，以及找到了李某某在 2019 年向其前妻转移财产的确凿证据，该案涉及的本金与利息全额回收已无悬念。

第三节　股权类债权执行方案设计

◆ 股权类投资退出案例

2015 年某生物科技公司董事长迎来了投资人某股权管理基金公司的调研团队，投资人调研结果显示该公司拥有成熟的研发团队从事临床药品的研发，与北京知名医院签署合作协议提供血液检测服务，公司另外一位股东在北京又有一定的人脉资源，基于上述调研，基金管理公司迅速决定采用增资扩股的形式对该公司投资 2000 万元，投资要求该公司 5 年内上市，但未要求原始股东承担回购义务。

2020 年 5 年期限到期后，生物科技公司除了每年给基金管理公司提供财务报表，从未召开过股东大会，也未向基金管理公司分配过利润，甚至到了期限后搬离原有的办公场所，导致基金管理公司无法了解和掌握该公司的真实经营状况。

由于未签署回购条款，基金管理公司无法对生物科技公司原始股东提出回购的要求或者诉讼，原始股东从开始陈述公司经营困难，到后期根本就不接基金管理公司管理人的电话，态度恶劣且嚣张，基金管理公司面对原始股东和该公司束手无策，做好了损失 2000 万元的无奈准备。

2021 年 3 月，笔者的律师事务所接受基金管理公司的委托，为这笔债权的回收提供法律服务。

经过执行团队分析和判断，找到了该案件的突破口，即基金管理公司具有生物科技公司的股东身份，利用该身份调查生物科技公司的财产线索，根据财产线索制定执行方案。

《公司法》第 57 条规定：股东有权查阅、复制公司章程、股东名册、股东会会议记录、董事会会议决议、监事会会议决议和财务会计报告。股东可以要求查阅公司会计账簿、会计凭证。股东要求查阅公司会计账簿的，应当向公司提出书面请求，说明目的。公司有合理根据认为股东查阅会计账簿有不正当目的，可能损害公司合法利益的，可以拒绝提供查阅，并应当自股东提出书面请求之日起 15 日内书面答复股东并说明理由。公司拒绝提供查阅的，股东可以请求人民法院要求公司提供查阅。

根据此条规定，代理律师起草了查询生物科技公司账目的函件让基金管理公司发送给了生物科技公司，而该公司对查询函不予回应。法律规定的期限届满后，基金管理公司立即以知情权为案由向法院提起诉讼，要求查询生物科技公司自 2015 年至今的账目明细。

由于生物科技公司另外一位原始股东有一定的社会影响力，迫于诉讼会对自己声誉有影响，生物科技公司同意向基金管理公司提供近5年的账目供查询。

代理律师建议基金管理公司聘用专业的审计人员对生物科技公司的账目进行了审计，从账目明细中找到了该公司一系列违法违规的线索：

1. 生物科技公司原始股东及实际控制人在收到基金管理公司投资款后将500万元汇入其配偶设立在陕西的一家公司，未见任何合同或者业务往来凭证；

2. 生物科技公司收到投资款后购买了800万元的设备，但是在第四年以82万元的价格卖给了某个人；

3. 2020年生物科技公司的高管新成立一家公司，经营范围和生物科技公司相同，该高管仍然在生物科技公司报销差旅费；

4. 实际控制人每年在美容医疗机构缴纳会费30万元，由生物科技公司报销；

5. 前几年生物科技公司实际控制人每月工资高达5万元，在生物科技公司没有现金流的情形下仍然形成公司的应付款。

种种证据显示生物科技公司收到投资款后并未将全部投资款用于公司的经营，存在利用职务便利侵占公司资金，违反公司章程低价出售公司资产，在外成立公司开展同业业务等违法违规的行为。在掌握上述证据后，代理律师和生物科技公司实际控制人进行了谈判，实际控制人虽然表面上对上述行为不认为是违法和违规，存在侥幸心理，但也表现出来畏惧，一再强调疫情导致公司无法经营，自己已经患有重度抑郁症，希望基金管理公司不要再追究她的责任。

由于基金管理公司和实际控制人都是同一家公司的股东，刑事案件对于股东之间的纠纷立案审核非常严格，实际控制人确实精神状况不好，故律师建议基金管理公司进行民事诉讼。根据《公司法》第22条的规定，公司的控股股东、实际控制人、董事、监事、高级管理人员不得利用关联关系损害公司利益。违反前款规定，给公司造成损失的，应当承担赔偿责任。依据此条法律规定，基金管理公司随后以股东损害公司利益责任纠纷起诉了生物科技公司的实控人、生物科技公司的另外一位股东、生物科技公司的高管及高管成立的新公司，该诉讼中的几个被告基于担忧自己的声誉和职业生涯受影响，开始对公司实际控制人施加了很大的压力，公司实际控制人被迫积极主动找代理律师谈和解方案。案件在开庭前，双方达成了和解，基金管理公司如愿收回了自己的投资款。

该案件能够在一年的时间内圆满完成执行回款，得益于对该公司财产线索的调查，尤其是通过财务审计中关键证据的挖掘并找到公司转移财产的线索，锁定该公司实际控制人违法违规的证据，这种执行方案对未设定回购条款的股权类投资形成的债权非常实用。

后期基金管理公司继续委托本律所对设定了回购义务的案件进行了代理，本律所采用直接对原始股东诉讼或者仲裁，同时启动财务审计的法律手段，对股权投资血本无归的疑难案件化解力度非常大，在基金行业获得了好评。

◆ 股权类基金退出遇到的困境

上述案例的股权投资基金管理人遇到的困境是目前我国大部分私募股权类投资基金面临的共同问题。据统计，截至2020年，我国共有管理规模超过4万亿元的各类股权投资基金，其中私募股权投资基金管理规模超过2.7万亿元，占比超过60%。在投资领域上，我国的股权投资基金涉及产业投资、投资并购等，特别是在科技创新领域，股权投资基金也扮演着重要的角色，促进了我国经济的转型升级和可持续发展。尽管我国股权基金发展势头强劲，但是目前面临的最大问题之一就是风险管理经验不足，在实际操作中，许多股权投资基金对风险管理存在疏漏，容易导致投资失误和亏损。

从私募股权基金的募集—投资—退出端来看，自2017年以来的募集规模较前几年有实质性下降，每年新备案的基金规模在6000亿元左右。同时，每年的投资规模在1.2万亿—1.5万亿元水平，远远大于资金募集量，其主要原因是2017年至2019年，行业的募集高峰阶段积累了超过3万亿元的未投出资金。而在退出端，虽然2019年数据未知，但整体不会超过2020年。数据显示，从2020年开始，退出端的规模开始增长，且超过了同期的基金募集规模，但仍然小于同期的投资规模。同时，全行业总退出规模为2.6万亿元，与10万亿元+的整体规模来比仍显不足。人民币市场的退出路径仍然有限，首次公开募股（initial public offering，IPO）为收益预期最高的途径，但是每年的退出数量和规模都有限，远不足以支撑每年万亿级别的投资市场。股权转让、并购等退出方式在人民币市场目前尚未形成规模，因此造成了大量的股权投资资产无法实现流动性的尴尬局面。

股权投资基金前端对风险管理存在疏漏，投后管理团队建设普遍缺乏专业性，在投后退出遇到被投企业出现违约情形时，管理人更是束手无策。

就拿上述债权人来说，在对被投企业进行尽职调查时，由于被投企业实控人和基金管理人相熟，所以管理人在尽职调查的时候对被投企业刚刚成立不久，股东没有科技创业背景，公司没有专利或者技术秘密等关键考察点都予以忽略，对被投企业的整体判断只是依据被投企业的原始股东的人脉背景、临时搭建的研发团队和准备开展业务的协议等，造成了投资协议签署的时候没有让原始股东承担回购义务，这让投资到期后的退出承担了巨大的风险。

同时股权投资基金管理人管理着10亿元左右规模的基金，但是投后管理团队不足5人，团队人员在投后管理方面无论在专业性和精细化方面都非常欠缺，导致投后5年内每年只是收到被投企业的财务报表就认为完成了贷后的检查，对被投企业的经营和财务变化没有第一时间了解和掌握。

投资到期后，债权人对被投企业出现违约行为表现出无奈和气愤，虽然知道被投企业有很多不规范的地方，但是没有协议或者证据主张自己的权利，债权人陷入被动地位。

基金管理公司的负责人甚至给笔者说："不还钱哪怕给我诉诉苦我们都能接受这笔亏损，没见过这么不讲道理的被投企业，5年到期直接拉黑管理人的电话微信玩消失!"

可以想象很多被投企业都抓住了基金管理人的心理，投后想收回投资款，不仅需要完备的证据材料，还需要投资基金人承担诉讼或者仲裁成本，且极有可能胜诉后无法执行到款项。股权投资基金普遍面临上述困境导致管理人越发对投后管理和退出不愿意增加更多的人员和资金，侧重于多投资项目，从其他收益弥补部分项目的投后亏损。

◆ 查找和掌握被投企业财产的重要性

依照笔者多年的从业经验及不断地学习，就如何能够解决股权投资基金投资款的回收难题，笔者认为投前和投后掌握被投企业的财产线索，出现违约能够找到被投企业转移财产的证据，是基金能够完成退出的关键。

（一）投前如何收集被投企业的财产线索

在对被投企业进行投前尽职调查的过程中，除了常规的工商登记、股权结构、团队构建、组织结构、财务审计报告等必要性的资料审查外，侧重对被投企业以下财产线索的收集，对项目的风险防范起到重要的作用。

1. 被投企业、实际控制人及其配偶对外投资的股权

被投企业在融资的初期，会尽可能地向投资人展示自己的羽毛和能力。面对被投企业的“表白”，投资人要尽可能地和被投企业实际控制人或股东多交流，多进行实地访谈。笔者曾陪同基金管理人对一家被投企业访谈时，了解到被投企业融资后的主要目的是想成为当地一家持有支付牌照的科技公司的股东，而科技公司的另外一个股东是当地国资委设立的平台公司，根据掌握的线索，投资人在投资协议中增加了担保条款，要求被投企业接受投资后，将被投企业持有科技公司的股权质押给投资人，提前锁定了被投企业有价值的股权，控制了被投企业有效的财产。

2. 被投企业、实际控制人及其配偶持有的不动产

股权投资基金偏好对科技企业的风险投资，科技企业往往在积累了一定资金和业务后，会自行购买产业或者经济开发区的土地作为办公和生产使用，投资人在出资时可以要求被投企业将土地或者厂房抵押给投资人，防范投资退出时出现的亏损风险；对于被投企业的实际控制人及其配偶可以要求承担回购或者担保义务，提前锁定实际控制人的个人资产，可以起到震慑实际控制人不能违规经营企业的作用。

3. 被投企业或者实际控制人持有的知识产权（包括专利、商标或者技术秘密等）

4. 被投企业的应收账款

被投企业的应收账款能查询到企业历年的经营痕迹，同时应收账款的回收期限也可以作为将来可被执行的财产线索。有的被投企业在经营过程中会出现投标项目，中标后往往结算需要几年的时间，关注应收账款的回收期限也是投资人前期尽职调查的重要工作内容。

5. 被投企业或者实际控制人的关联企业

被投企业需要融资时候的心态就是“士兵”努力成为“将军”的过程。被投企业经历过初创的艰难和不易，在资金和业绩方面有了成长和积累，发展壮大成为每个企业家的梦想和愿望。这个时期的企业往往会投资认为将来会获得收益的项目，同时围绕着核心企业会成立多个关联公司。

6. 被投企业团队高管名下的资产

被投企业股权结构是否稳定？管理团队和高管是否长期服务于被投企业？这些信息对考察被投企业的稳定性有很重要的意义。除了工商登记信息能显示企业股东变化内容，对企业实际控制人的家访也很重要，通过家访能够了解到实际控制人和其他股东的关系，甚至很多高管是实际控制人的亲属，并代持实际控制人或者被投企业的资产。

（二）投后管理关注被投企业哪些财产线索

1. 被投企业接受投资后购买的设备或其他资产

部分被投企业在拿到投资人资金的初期，会大量添置设备或者资产，这是为了让投资人看起来企业是把资金放在了经营和发展中。2019 年，某股权基金投资了一家生产汽车无人驾驶功能中某个仪器的科技公司，在基金发出 2000 万元的投资款后，笔者曾带领团队对被投企业做贷后回访，发现被投企业当月就购买了很多精密的仪器设备，购买了大量的电脑等电子设备，企业的解释是生产的需求。对于这些固定资产的增加，投资人在贷后检查的时候要用心记录在册，等待历年审计时可以核对企业的资产。

2. 被投企业对外出借的资金

以往来款的形式将企业资金出借给自己的关联方，是很多管理不规范的企业经常出现的财务问题，被投企业往往是被某个实际控制人控制，甚至上市公司会经常因为大股东有关联交易被问询。

2023 年 7 月 5 日，上市公司 ST 凯撒发出重整公告披露遇到的公司控股股东及其关联方占用资金问题，公告披露：资金占用问题尚未解决可能存在无法进入重整程序的风险。

截至本公告披露日，公司控股股东及其他关联方已累计归还公司占用资金金额 1624. 13 万元，控股股东及关联方目前正在积极制定解决具体措施，以期尽快通过资产、股票、现金清偿或债务重组、引入战略投资人，代上市公司清偿部分债务等方式清理非经营性占用资金，目前余额 76, 480. 29 万元。根据《国务院关于进一步提高上市公司质量的意见》（国发〔2020〕14 号），法院受理上市公司破产重整前未解决资金占用、违规担保等问题或提出切实解决方案的，将直接影响上市公司破产重整进程。因此，基于前述情况，公司能否进入正式重整程序存在重大不确定性，请投资者充分关注有关风险，理性决策、谨慎投资。

企业资金被控股股东及其关联方以借款、往来等方式占用，会导致企业重整或者清算遇到极大的障碍。笔者作为一家金融机构的代理人，全程参与凯撒旅游破产重整业务，如何处理上述问题目前还没有明确方案。

3. 被投企业新出现的订单合同

企业在经营过程中出现新增业务合同，是查询企业是否有发展前景的线索。新增业务合同的出现也意味着企业需要储备资金完成订单约定的任务。

2020 年，某知名股权投资基金投资了适合年轻人消费的 0 度酒汽水，和元气森林等快速消费品牌一样，侧重于多种口味适合年轻人在酒吧畅饮的饮品。在接受股权投资基金的投资后，企业迅速和各大院校签署合作协议，在各大院校设置自助销售机，对饮品进行大规模的销售。在贷后检查中，我们会提醒投资者将被投企业每年新增的连锁店形成的合同收集在册，可以起到关注被投企业是否健康成长的作用。

4. 被投企业新出现的应收账款

被投企业新出现的应收账款和新增业务订单一样在贷后检查中要给予重视。在与被投企业的访谈中，被投企业往往为了让投资人放心，会对企业近期和未来几年开展的业务做介绍，落实应收账款的真实性非常重要。某家企业进入破产阶段，当破产管理人给应收账款相对方发出询证函后，相对方答复早就将应收账款支付给了企业的关联方，且收款账号是企业实际控制人指定的。这就会使企业债权人失去了可供执行的财产。

5. 被投企业股东结构和高管人员的变动

企业的发展离不开稳定的团队，人员变动较多就需要注意企业的风险，尤其是企业股东结构的稳定性对企业的发展至关重要。在实践中，很多被投企业在接受投资后，股东之间产生矛盾导致诉讼，这对于企业来说意味着发展已经不可能，被股东之间的纠纷拖入解散清算都有可能，尤其是股东之间的纠纷矛盾众多，诉讼时间过长，对企业带来的打击非常大。

笔者曾在 2020 年代理过两个股东之间纠纷的案件。

案情简介：某文化公司只有两个股东，各占 50% 的持股比例，其中一位股东原本有自己的工作室，从事珠宝设计，因为另外一位股东擅长营销，两人就珠宝设计培训成立了公司。公司成立不久很快就有了收入，但是两人因为分配多少产生了矛盾，设计师起诉了另外一位股东，要求支付讲课费和工资，同时起诉要求解散公司。

法院判决：解散公司。理由是：公司成立两年来，由于两股东持股比例相同，无法形成决策；两年来没有召开股东会，且没有向股东分红；两股东之间已经有多起诉讼，合作的可能性已经不存在。

从上述案例可以得知，股东之间的纠纷是让企业加速“死亡”的关键。下面笔者重点讲讲被投企业违约后，股权投资基金管理人应该怎么办。

（三）被投企业违约后转移财产证据的收集

对被投企业可以依据《公司法》相关规定行使股东知情权诉讼，目的是对被投企业进行财务审计。

重点要关注下面内容。

1. 大额或者没有合同依据的对外借款和投资

发现被投企业在经营过程中出现大额的对外借款或投资，没有合同依据或者合同不真实，这是对被投企业追究违约责任的主要财产线索。

执行措施：（1）可以追究被投企业实际控制人或者高管的刑事责任，包括职务侵占或挪用资金；（2）可以追究被投企业实际控制人或者高管的民事责任，以股东或高管损害公司利益为由提起诉讼，要求他们承担赔偿责任。

法律依据

《刑法》第271条第1款规定的职务侵占罪是指公司、企业或者其他单位的工作人员，利用职务上的便利，将本单位财物非法占为己有。挪用资金罪，根据我国《刑法》第272条第1款和有关司法解释的规定，是指公司、企业或者其他单位的工作人员利用职务上的便利，挪用本单位资金归个人使用或者借贷给他人，数额较大、超过3个月未还的，或者虽未超过3个月，但数额较大、进行营利活动的，或者进行非法活动的行为。

《公司法》第21条规定，公司股东应当遵守法律、行政法规和公司章程，依法行使股东权利，不得滥用股东权利损害公司或者其他股东的利益。公司股东滥用股东权利给公司或者其他股东造成损失的，应当依法承担赔偿责任。

《公司法》第23条第1款规定，公司股东滥用公司法人独立地位和股东有限责任，逃避债务，严重损害公司债权人利益的，应当对公司债务承担连带责任。

2. 频繁的资金转入和转出

被投企业账目出现资金频繁转入和转出，说明企业存在和利害关系人的关联交易。

执行措施：（1）可以以涉嫌挪用资金罪追究被投企业实际控制人或者财务人员的刑事责任；（2）可以对企业实控人和关联公司提起诉讼，要求承担侵害公司利益的赔偿责任。

法律依据

挪用资金罪，根据我国《刑法》第272条第1款和有关司法解释的规定，是指公司、企业或者其他单位的工作人员利用职务上的便利，挪用本单位资金归个人使用或者借贷给他人，数额较大、超过3个月未还的，或者虽未超过3个月，但数额较大、进行营利活动的，或者进行非法活动的行为。

《公司法》第22条规定，公司的控股股东、实际控制人、董事、监事、高级管理人员不得利用关联关系损害公司利益。违反前款规定，给公司造成损失的，应当承担赔偿责任。

3. 低价出售或者高价购买设备或其他资产

被投企业在投资期限快到期的时候，往往会采取快速处理企业的固定资产达到变现目的，或者用极高的价格购买了不好变现的资产，使投资人收回现金变得异常困难。

执行措施：（1）追究公司实际控制人或高级管理人员损害公司利益的责任；（2）撤销被投企业签署的买卖设备合同，追究相关人员恶意串通的责任。

法律依据

《公司法》第22条规定，公司的控股股东、实际控制人、董事、监事、高级管理人员不得利用关联关系损害公司利益。违反前款规定，给公司造成损失的，应当承担赔偿责任。

《民法典》第539条规定，债务人以明显不合理的低价转让财产、以明显不合理的高价受让他人财产或者为他人的债务提供担保，影响债权人的债权实现，债务人的相对人知道或者应当知道该情形的，债权人可以请求人民法院撤销债务人的行为。

4. 交易对方是否和被投企业有关联性

查询被投企业的交易对手是否存在股权交叉、高管一致、财务混同等现象，如果存在上述情形，可以采取以下措施。

执行措施：（1）追究被投企业实控人和关联公司损害公司利益的责任；（2）撤销被投企业和关联公司之间的交易。

法律依据

《公司法》第22条规定，公司的控股股东、实际控制人、董事、监事、高级管理人员不得利用关联关系损害公司利益。违反前款规定，给公司造成损失的，应当承担赔偿责任。

《民法典》第538条规定，债务人以放弃其债权、放弃债权担保、无偿转让财产等方式无偿处分财产权益，或者恶意延长其到期债权的履行期限，影响债权人的债权实现的，债权人可以请求人民法院撤销债务人的行为。

5. 金额较大或者次数较多的报销凭证

被投企业的实际控制人在投资协议中会承诺对企业的管理尽职尽责，重大事件应当向股东会汇报。案例中，笔者经常发现被投企业利用各种明目在公司报销自己的费用，很多开销明显不正常，比如说公司团建，20多个人三天花费50多万元，总经理出差住宿吃饭费用极高，单次报销差旅费高达10万元，明显和企业的收入和业务不匹配。

执行措施：（1）追究被投企业实际控制人或者报销人员违规报销责任，退回款项；（2）追究被投企业或者高管不尽职尽责，给企业造成损失的责任。

法律依据

《公司法》第21条规定，公司股东应当遵守法律、行政法规和公司章程，依法行使股东权利，不得滥用股东权利损害公司或者其他股东的利益。公司股东滥用股东权利给公司或者其他股东造成损失的，应当依法承担赔偿责任。

《公司法》第23条第1款规定，公司股东滥用公司法人独立地位和股东有限责任，逃避债务，严重损害公司债权人利益的，应当对公司债务承担连带责任。

第四节　建设工程类债权执行方案设计

2017年冬天的某个清晨，笔者的律师事务所门口站了三位访客，其中一位负责人是湖北籍律师事务所合伙人王律师的老乡肖总。由于王律师持有建设工程师、监理工程师、一级工程造价师等专业证书，在某国有大型建筑公司法务部工作过，所以富有解决复杂的建设工程疑难案件纠纷的经验。同时，王律师在广州仲裁委员会担任建设工程施工合同争议解决的仲裁员，所以律师事务所设立了建筑工程专业委员会并代理了大量建设工程类案件，该当事人也是慕名而来。

案情原来是这样，肖总从湖北当地一家规模比较大的劳务建筑公司分包了部分工程，施工地点在西藏。工程内容是维修翻建当地的寺庙，工程完工了近一年，还有40%的工程款项未支付，劳务建筑公司的股东答复的理由是工程质量有问题，总包方没有给他们结算，所以不能支付款项给肖总。在西藏的工程已经投入使用了，在当地蹲守毫无作用，肖总又怕劳务建筑公司在湖北案件多，和法院关系熟悉，只好坐着火车舍近求远来到北京找律师。

工程款回不来，没有钱打官司，又担心被告的实力和资源将导致胜诉也拿不到钱，肖总的现状和顾虑是目前施工单位普遍存在的困境。尤其是建设工程类案件往往存在施工过程中经常会出现的增项和减项，都没有正式的合同或者确认单，导致发包方不给结算的时候施工单位自己都认为证据不足，难以收回所有款项，最后的结局就是妥协和等待。

经过仔细梳理和整理材料，王律师团队确定了代理思路，根据这个思路，在接下来对于该案可以采取的有效执行措施也做了确认。

在梳理该案件材料时，代理律师确实发现很多问题。

1. 工程施工两年期限中签署了两份合同；

2. 施工期限和工程量远远超过了合同金额；

3. 合同约定工程发包方收到工程总发包方的付款后才支付相关款项；

4. 增项和减项部分缺少确认单；

5. 工程量确认单上对方的签名不是合同指定的人员；

6. 两份合同的付款混合在一起，不能区分发包方的付款针对哪个合同；

7. 发包方在施工过程中，发函告知肖总的施工单位工程质量不合格，要求施工方返工。

建设工程施工方的被动情形在这个案件中几乎都存在。

建筑工程类的争议纠纷都是这么复杂。

笔者的律所中台方案设计团队经过研究和分析，制定了以下诉讼方案：

1. 两份合同需要分成两个案件进行立案，将增项和减项部分依据施工部位的不同，列入不同合同项下，确保不漏项；

2. 按照收到款项的时间先后顺序和付款人账户，将发包方的付款分别列入两个合同名下，除非对方有相反的证据证明款项是某个合同名下的，将来在诉讼中可以调整，如果对方没有证据又对付款金额确认，该项请求得到法院认可的可能性很大；

3. 对施工过程中出现的确认单上对方人员的身份进行核实，王律师团队让肖总提供了双方之间的微信、短信聊天记录、现场照片等，以防发包方对签字人员身份的否认；

4. 对发包方提出的工程质量问题，要求肖总提供重新返工的照片、购买材料的收据、人员工资的计时表……用来证明对不合格部分进行了重新施工并完工；

5. 提供施工单位退场的时间，当地对寺庙重新开张的新闻报道，用于证明建设工程已经投入使用，并移交给了业主方。

“立案的同时采取财产保全措施，冻结被告公司的银行账户和被告股东个人名下的财产！”王律师斩钉截铁地说。

具体方案是采取保全措施查封发包方用于和大甲方结算的账户；发包方的个人股东给肖总写过欠条，将股东个人以债务的加入方式列为被告，保全股东个人名下财产。该案后来的进展证明查找财产线索，果断采取诉讼保全被告名下的资产，对案件拿回款项起了重要的作用。

查找被告股东个人名下的财产确实费了周折。当时肖总提供了一条信息，怀疑被告的股东收到大甲方的钱后购买了房产，因为在去被告股东家里要账的时候，被告的妻子说，家里买了房子都没有钱去装修。根据这一信息王律师向法院申请了调查令，但是到了当地的房地产登记机关查询未发现被告名下的房产信息。回到律师事务所后，团队召集律师事务所专门查找财产线索的信息部门的同事商讨查找被告财产的办法。

“查到了！”

王律师激动地给肖总打了电话，被告果然签署了商品房买卖合同并且缴纳了900多万元的房款，但未办理产权登记。代理律师保全了被告在开发商处的房产，对被告的心态影响很大。

在后期的诉讼过程中，被告虽然以工程质量有问题，对增项部分不予认可，对确认单上面签字人员主体不认可等理由提出抗辩意见，但是由于承办律师严谨周密的庭前准备，对专业知识的掌握和法律的应用，庭前提出的诉讼主张明显有事实证据和法律依据，加上对被告公司账户和被告个人的保全措施，被告显然比之前被动了很多，主动与肖总达成了和解，并按照和解协议约定的时间向肖总支付了工程款。

上述案件是建设工程合同纠纷常见案例，2022年，虽然建筑行业总产值超过了30万亿元的庞大规模，但就算大型国央企的建筑单位也同样面临应收账款回收困难的现状。截至2022年9月的数据统计，中国109家上市建筑公司的应收账款规模排名中，前五家的应收账款规模总额已经达到8200多亿元：

第一名，中国建筑应收账款规模2227.5亿元。

第二名，中国铁建应收账款规模1886.8亿元。

第三名，中国中铁应收账款规模1516.1亿元。

第四名，中国电建应收账款规模1296.3亿元。

第五名，陕西建工应收账款规模1279.3亿元。

笔者预计截至2023年年底，全国建设工程应收账款总规模超过30万亿元，这一数字已经超过金融不良资产的总规模，如何有效缓解这一矛盾，一直是建筑企业和国家法律机关共同关注的一个重点问题。

◆ 建设工程合同纠纷的现状

2021 年是历史性的一年，《民法典》于2021 年1 月1 日起施行。在《民法典》合同编第十八章“建设工程合同”自第 788 条至第 808 条共计 21 条的规定对今后建设工程合同纠纷的解决提供了全面系统的指引，成为建设工程纠纷解决的基本法。

2021 年 1 月 1 日实施的《最高人民法院关于审理建设工程施工合同纠纷案件适用法律问题的解释（一)》（法释〔2020〕25 号)，与《民法典》第十八章建设工程合同的法律规定相互协调，构成了中国建设工程争议解决的基本法律制度。

以上法律制度的颁布，对建筑工程行业的合同争议解决明显起到了提速提效的作用。对于法律服务工作者而言，建设工程施工合同纠纷无论在仲裁还是诉讼领域都是法律服务机构重要的案件来源。

据北京仲裁委员会发布的《中国建设工程争议解决年度观察（2022)》，报道争议案件数量为 1158 件，占案件总数量的 14.97%。中国国际经济贸易仲裁委员会 2021 年建设工程合同争议案件数量为 459 件，占案件总数量的 11.27%。上海国际经济贸易仲裁委员会 2021 年建设工程合同争议案件数量为 191 件，占案件总数量的 10.90%。

根据中国裁判文书网统计数据，2021 年 1 月 1 日至 12 月 31 日，建设工程纠纷案件共计 197,345 件；2022 年 1 月 1 日至 12 月 31 日，建设工程纠纷案件共计 121,142 件。

近几年建设工程行业中工程总承包、PPP 合同、招标投标、工期、工程质量、工程价款等纠纷案件呈增长趋势，其中工期和工程造价纠纷问题尤其突出。近几年最高人民法院审理的建设工程合同纠纷案件中，工程价款支付和利息争议一直高居纠纷案件数量的前两位，合同效力、违约责任及损害赔偿和优先受偿权纠纷案件数量仅次于工程价款支付和利息争议。

对建设工程施工合同纠纷如何应对，是众多建筑领域企业非常关注的话题，笔者曾参加过多场专题交流会，主题是建设工程合同纠纷中如何发挥专家证人的作用，参会的人员大多是各大施工单位的法务人员，会议现场人头攒动，交流和提问非常热烈，说明建筑企业意识到无论是作为发包方还是承包方抑或参与建设工程的其他主体，都应该加强施工过程中的风险控制、规范项目获取、合同签订、总包管理、分包管理、施工过程管理（签证、索赔、工期、质量）、竣工验收、结算过程中的各项行为，加强建设工程各个阶段进行法律风险防控，防范工程建设全过程的各项风险点，全面建立建设工程某险控制体系。

周日，律师事务所的王律师坐在摄影灯下正在录制视频，准备将自己在建设工程领域争议解决的经验和知识分享给大家，笔者问做这个视频号有意义吗？

“25 万亿元的应付款项在建筑工程行业没有被实际支付，是什么概念呢，如果分配到 14 亿中国人口计算，每个人可以分得 178, 500 元，但应收单位却没有收到这些款项，设想一下，有多少像肖总这样的公司和个人因此陷入财务困境中，有多少农民工因此拿不到辛苦钱寄回老家给子女交学费，给父母买药看病。

“金融行业也有大约 20 万亿元不良资产规模，但金融行业的不良资产管理模式已经比较成熟，对于不同类别、周期的困境资产基本都有成熟的法律服务机构，处置服务商、资产管理公司参与处置工作。

"但建筑行业和金融行业不一样，法律意识比金融行业欠缺很多，如果能帮助其中的万分之一的规模解决问题，也有 2.5 亿元，你说有意义还是没有意义?"

要按照数字来看，还真是这么回事。2019 年，笔者的律师事务所的建筑工程行业专业委员会陆续从外部聘请了十多位行业专家，开始进一步深度研究和实践建筑工程类案件的执行回款方案……

◆ 建设工程类案件执行回款方法推荐

（一）工程款优先受偿权的使用

工程难做，工程价款难要。周围从事建筑行业工程承包的企业和个人都在这样呐喊。

"优先受偿权你们了解吗?"每当接触这个行业的客户，王律师建筑工程团队的成员都会条件反射地问这个问题。

建设工程优先受偿权是指承包人对于建设工程的价款就该工程折价或者拍卖的价款享有优先受偿的权利，优先于一般的债权。建筑企业或者施工方如何启动和使用优先受偿权，需要认真学习和掌握，使用得当可以达到迅速拿回工程款的目的。

法律依据 ◆

《民法典》第 807 条规定，发包人未按照约定支付价款的，承包人可以催告发包人在合理期限内支付价款。发包人逾期不支付的，除根据建设工程的性质不宜折价、拍卖外，承包人可以与发包人协议将该工程折价，也可以申请人民法院将该工程依法拍卖。建设工程的价款就该工程折价或者拍卖的价款优先受偿。

《最高人民法院关于适用〈中华人民共和国民事诉讼法〉的解释》第506条第2款规定，对人民法院查封、扣押、冻结的财产有优先权、担保物权的债权人，可以直接申请参与分配，主张优先受偿权。

◆ 行使优先受偿权遇到以下问题怎么办？

问题1. 债权金额不明确，承包人是否可以在执行程序中主张优先受偿权？

答：可以。

典型案例：最高人民法院（2019）最高法执监359号

最高人民法院在河北双维集团有限公司、刘某利民间借贷纠纷执行审查类执行裁定书中明确："当承包人在执行程序中提出享有建设工程优先受偿权的主张时，执行法院应予充分关注并先行审查，在拍卖、抵债或者分配程序中依法保护其合法权益。如果其尚未取得建设工程优先受偿权的执行依据，通过审查建设工程施工合同等证据仍无法确定优先受偿权范围的，可以告知承包人尽快通过诉讼程序取得优先受偿权的执行依据。"

同时，最高人民法院还在该案中明确，"若邯郸中院确实无法在执行程序中确定双维集团是否享有优先受偿权以及范围，至少在作出以物抵债裁定前，应先对双维集团的工程价款作出预留，待双维集团通过诉讼途径明确优先受偿权的范围后予以分配，而非不顾双维集团的优先受偿权，径直将执行标的抵债给申请执行人"。

问题2. 调解书中未纳入建设工程价款优先受偿权是否视为承包人放弃了该权利？如果后续发包人不履行调解书，承包人能否在向法院申请强制执行时一并要求确认建设工程价款优先受偿权？

答：可以。

不能视为承包人放弃了该权利，因为建筑价款优先受偿权是一种法定优先权，无须当事人另外予以明示。

建设工程价款优先权可以直接在执行程序中进行确认。

法律依据

最高人民法院在（2007）执他字第11号《关于对人民法院调解书中未写明建设工程款有优先受权应如何适用法律问题的请示的复函》中特别明确："建设工程款优先受偿权是一种法定优先权，无需当事人另外予以明示。"

典型案例：最高人民法院（2016）最高法民申1281号

中国银行股份有限公司江门分行、广东中人集团建设有限公司等执行分配方案异议之诉民事裁定书中法院认为："承包人向执行法院主张其对建设工程享有建设工程价款优先受偿权的，属于行使建设工程价款优先受偿权的合法方式。"

问题3. 有银行抵押权的，应该先还谁的钱？

答：建设工程价款优先权大于银行抵押权。

法律依据

《最高人民法院关于审理建设工程施工合同纠纷案件适用法律问题的解释（一）》（法释〔2020〕25号）第36条规定，承包人根据民法典第八百零七条规定享有的建设工程价款优先受偿权优于抵押权和其他债权。

问题4. 购房者向法院提出申请要求解封房产并办理过户，工程价款优先受偿权能阻止他们吗？

答：商品房消费者生存权大于建设工程价款优先受偿权。

近期来笔者所处的律师事务所咨询的客户都反映交了房款，但是房屋收不了房，开发商因为拖欠工程款、银行贷款等案件，已经被法院列为被执行人，在开发楼盘拉横幅、静坐都解决不了问题，相关人员的答复是需要走法律程序的，这就考验法律专业人士是否能够应用自己的专业知识，达到保障消费者的权益、稳定社会秩序的双赢效果。

那商品房消费者生存权是什么呢?

在（2023）京02执异1144号案中，法院认为：《最高人民法院关于人民法院办理执行异议和复议案件若干问题的规定》第28条对此作出了具体明确可执行的规定："金钱债权执行中，买受人对登记在被执行人名下的不动产提出异议，符合下列情形且其权利能够排除执行的，人民法院应予支持：（一）在人民法院查封之前已签订合法有效的书面买卖合同；（二）在人民法院查封之前已合法占有该不动产；（三）已支付全部价款，或者已按照合同约定支付部分价款且将剩余价款按照人民法院的要求交付执行；（四）非因买受人自身原因未办理过户登记。"

在（2021）最高法民终600号案中，对两者的受偿顺序也作出了相应的裁定。最高人民法院认为，相对于抵押权和金钱债权等权利，工程价款优先受偿权处于优先顺位，但劣后于商品房消费者生存权。

（二）"以房抵债"方式收回债权的应用

近期暴雷的恒大事件表明恒大已经资不抵债，意味着必定有债权人要遭受损失。那些抢先起诉、查封及执行的，可能就会"先到先得"；那些动作慢、没钱打官司的，甚至像恒大财富投资人之前那样起诉无门的，可能就将在接下来处于极端被动局面。

恒大集团的债务危机不仅对其自身造成了严重的影响，也对其合作伙伴和债权人造成了巨大的冲击。恒大集团欠下了数千亿元的债务，其中包括建筑商、供应商、银行、投资者等各方面的债权人。

在这里需要特别介绍恒大集团的债权人之一：江苏一家有名的建筑工程装修上市公司金螳螂，这家公司也是国内建筑装饰行业龙头，对恒大集团享有 85 亿元的债权，这家公司采取的自救措施对其他债权人也可以起到一点启发作用。

1. 使用常用手段——诉讼保全：维护权利

金螳螂是对恒大集团最早起诉的建筑装饰公司之一。通过诉讼保全，金螳螂有效地保护了自己的债权，并提高自己的议价能力。然而，诉讼保全也有其局限性和风险，因为被告方可能会申请破产重整或者转移资产。

2. 实施务实措施——以资抵债：换房还钱

除诉讼保全外，这家上市公司还与恒大集团达成了以资抵债的解决方案。通过以资抵债，债权人可以减少自己的应收账款，增加自己的资产规模，相对于血本无归的大部分债权人来讲，企业给自己留下了变现的机会。

笔者认为，在建筑工程领域发包人已经有很多诉讼案件且没有现金能够支付工程款的情形下，在执行阶段承包人能控制好风险，同意“以房抵债”也是能够收回债权的有效方法。

尤其重要的是在签订协议的过程中，施工企业需正确认识“以房抵工程款”协议的含义及性质，明确法院对这类协议的基本态度，方能最大化规避“以房抵工程款”的法律风险。

以房抵债可能会发生在施工过程中，本书主要对债务履行期限届满后，承包人和发包人之间形成的“以房抵工程款”协议给予介绍，并为建筑企业提出有效的建议。

怎么签署有效的“以房抵工程款”协议？笔者认为应当注意以下几个方面。

1. 防止无效

协议无效了还怎么主张自己的权利呀？这是债权人最关心的问题。

根据《全国法院民商事审判工作会议纪要》第 44 条的规定，当事人在债务履行期限届满后签订的以物抵债协议，抵债物未交付的，法院需着重审查该协议是否存在恶意串通损害第三人合法权益等情形，若不存在上述情况，也无其他无效事由的，那么对于债权人请求债务人交付抵债物的，人民法院依法予以支持。也就是说，工程竣工验收后，发包人不能按照合同约定及时支付工程款时，发包人与承包人就工程款的支付又单独签订了以房抵款的协议，这种情况下签订的以房抵工程款协议只要不存在恶意串通损害第三人利益等情况，就应为有效。

2. 审核房屋销售许可证

先看看房屋有没有销售许可证，笔者经常这样嘱咐要签协议的承包方。

协议若不满足最高人民法院公布的《最高人民法院关于审理商品房买卖合同纠纷案件适用法律若干问题的解释》第 2 条的规定，也即涉案的抵款房屋未取得预售许可证明的，也会被认定为无效。

3. 协议条款约定要明确

“律师您帮我看看我们要签署的协议有没有问题？”笔者经常遇到委托人提出这样的要求。

打开文件一看，只有几条内容，未写明具体的楼盘、地址、房号、价格以及面积大小等相关事宜，这种情形在协议履行过程中往往会因双方达不成一致而产生纠纷。

4. 保留旧债务

“给你房子就抵销了工程款，签不签啊？”

“签了协议就不能再来我公司要工程款了！”

是不是签署了“以房抵工程款”协议，原来的工程款就不能向发包人主张了？协议的签署一般会被认为构成新债清偿，只有在发包人与承包人明确约定消灭旧债务时才会构成债的更改。从这一角度考虑，施工企业在与发包人签订的“以房抵款”协议中应当避免出现能体现“旧债务，即发包人欠付的工程价款消灭”的条款，尽量在协议中明确协议成立后，旧债务并不因此消灭。

5. 6个月的优先受偿权需要保护

前面章节讲到优先受偿权的应用，在这里有个细节需要注意。

在确定交付房屋的最迟期限时，应当综合考虑工程价款优先受偿权的消灭时间。承包人的工程价款优先受偿权为6个月，自发包人应当给付工程款之日起起算。因此，承包人在与发包人约定“以房抵工程款”协议的履行期限时，应当尽量把发包人交付抵款房屋的最迟期限规定在工程价款优先受偿权的保护期限内，如此，发包人到期不交付房屋的，承包人还可以享有优先受偿权。

6. 不交房要追究违约责任

3年疫情对各行业的冲击非常大，人们手机里的推送文章中“保交楼”字眼出现的次数非常频繁。而“保楼交房”的新闻是最近经常出现在媒体报道中的。

2022年7月28日，中共中央政治局召开会议，分析研究当前经济形势，部署下半年经济工作。会议指出，要稳定房地产市场，坚持房子是用来住的、不是用来炒的定位，因城施策用足用好政策工具箱，支持刚性和改善性住房需求，压实地方政府责任，保交楼、稳民生。

2023年，“保交楼”仍是全社会和全行业关注的焦点。2022年下半年以来，多地政府因城施策推动“保交楼”，部分停工项目陆续复工；2022年年底中国人民银行、原银保监会、证监会等部门接连发布多项政策，支持房地产开发企业融资的“三支箭”落地，有力地推动了各地的“保交楼”工作。

正常购买的房屋都会出现不能交楼交房的风险，以房抵债的房产更是问题多多。

承包人能主动做的就是尽快办理过户手续。

发包人之所以要采取“以房抵工程款”的支付方式，最大的原因还是其无力支付欠付的工程价款，在此情况下，施工企业最好的退路就是取得抵款房屋的所有权，因此，在满足房屋过户条件的时候，应当尽快办理该抵款房屋的过户手续。

遵循上述步骤及要点，笔者在一起建设工程施工合同纠纷案件中促使作为承包人的代理人与发包方在执行阶段以“以房抵债”的方式达成执行和解，继续开展在过户交易方面的税务筹划服务工作。

在回款无望的情形下，用时间换空间，等待房屋可以出售时，即可变现收回债权。

（三）申请债务人破产

楼房盖好了，没给工程款；案件胜诉了，依然没有执行回案款……

进入执行阶段，法院给申请执行人出具了终结本次执行程序的裁定书，这就意味着被执行人已经没有可供执行的财产，作为享有工程款优先受偿权的债权人还可以做什么呢？

答案是可以申请被执行人破产。

《企业破产法》第7条第2款规定，债务人不能清偿到期债务，债权人可以向人民法院提出对债务人进行重整或者破产清算的申请。据此规定，只要债权人证明债务人有“不能清偿到期债务”的情形，债权人就可以申请债务人破产清算。

债权人申请债务人破产清算的，债权人应向法院提交破产申请书。债权人向法院提交的破产申请书，只需要债权人盖章和法定代表人或其代理人签字即可，而不需要债权人的权力机构股东会或董事会确认。债权人向法院提交的破产申请书，不仅需要载明债权人的基本情况，而且需要载明债务人的基本情况。此项债权人、债务人基本情况说明较为简单，通常只限于营业执照中记载的基本信息。为了保证法院管辖的适当，有关债务人住所地的信息必须准确。债权人向法院提交的破产申请书中所载明的申请目的，应是申请债务人破产清算和宣告破产。债权人向法院提交的破产申请书中所载明的事实和理由，应是债务人不能清偿对提交申请债权人的到期债务，并提交有关证据证明。

申请被执行人破产清算的目的，是在破产清算债权分配方案中享有优先受偿权，最大限度地收回债权。

（四）代位权诉讼

“为什么不起诉不结算的发包方?”面对脚手架租赁公司人员的质问，承包方无奈地说：“起诉了合作关系就破裂了，我们还指望着能干下一个工程。”面对这种情形，基层施工单位往往对承包方感到可怜又可气。

咨询过法律专业人士后，启动代位权诉讼可以解决承包方不愿意主动诉讼的难题，还能达到高效回款的目的。

法律依据

《民法典》第535条规定，因债务人怠于行使其债权或者与该债权有关的从权利，影响债权人的到期债权实现的，债权人可以向人民法院请求以自己的名义代位行使债务人对相对人的权利，但是该权利专属于债务人自身的除外。代位权的行使范围以债权人的到期债权为限。债权人行使代位权的必要费用，由债务人负担。相对人对债务人的抗辩，可以向债权人主张。

本书的其他章节有多处行使代位权的案例介绍，读者可以参看相关内容，这里就不再赘述。

本章小结

笔者常常和执行团队分享的一个主要经验就是，做好执行案件，一定要“知律知规”。什么是“知律知规”呢？

《现代汉语词典》（第7版）对“规律”“规则”“规矩”一词分别定义为：

【规律】［名］指事物之间的内在的本质联系。这种联系不断重复出现，在一定条件下经常起作用，并且决定着事物必然向着某种趋向发展，也叫法则。

【规则】［名］规定出来供大家共同遵守的制度或章程。

【规矩】［名］画圆形和方形的两种主具，借指一定的标准、法则或习惯。

但笔者将其演绎为：

规律，能懂国家的政策、方针，了解行业的监管措施，具备新规则新政策的解读能力；

规则，精通法律知识，熟练掌握法律条文的运用；

规矩，对该行业的标准或约定俗成的契约的娴熟掌握。

从宏观到具体、执行案件与终结本次案件恢复执行的参与者要始终在牢牢掌握上述规律、规则、规矩的框架下进行。

比如，笔者在商业银行的法律服务开展过程中，会要求执行团队成员随时注意国家金融监督管理总局对于银行业的监管措施，笔者留意到：

2023年上半年，国家金融监督管理总局、中国人民银行、国家外汇管理局（含总部及其派出机构）三大监管机构针对银行业金融机构及从业人员共下发罚单2286张，罚没金额共计约127,598万元。

2023年上半年，处罚最为集中的业务领域和管理领域分别为信贷业务及合规管理。

首先，信贷业务涉及罚单共计1316张，处罚金额达98,881万元，主要涉及“违规发放贷款、办理信贷业务”“贷后管理不到位”“信贷资金被挪用”“贷款‘三查’不尽职”等。处罚重点集中于贷后管理，共涉及823张罚单；其次为贷前管理，共涉及429张罚单；贷中环节共涉及255张罚单。“重贷轻管”是导致信贷业务成为处罚高发领域的主要原因之一。此外，“小微贷”“涉房贷”“涉农贷”出现高频违规，成为信贷业务监管处罚的重灾区。合规管理领域罚单近900张，涵盖反洗钱、员工行为及案件管理、消费者权益保护、网络与信息安全等重点合规事项。

根据上述公开文件信息，笔者建议执行团队在近期进行法律服务的过程中，要特别重点研究：

1. 办理债务人违约案件的关注点要特别注意贷款资金的去向；

2. 协助商业银行对“次级”和“可疑”类债务人辅助进行“动态风险”监管服务；

3. 总结“小微贷”“涉房贷”“涉农贷”等高频率债务人违约的共性，分析该类金融产品违约处置的优选和解方案；

4. 再次强调数据合规性，在对于债务人违约案件处理的过程中，所收集线索、信息、材料均标注来源地等。

以上就是基于“规律”对于执行团队办理案件设定的总目标。从行业上看，以房地产行业为例，从 2016 年 12 月 16 日中央经济工作会议明确了“房子是用来住的，不是用来炒的”的定位开始，2018 年 3 月 5 日、2020 年 5 月 22 日、2021 年、2022 年《政府工作报告》一直坚持这一定位。但笔者也注意到，2023 年 3 月 5 日《政府工作报告》未提“房住不炒”定位，这就可以解读为，新的政策方向将侧重于有效防范化解优质头部房地产企业风险，改善资产负债状况，防止无序扩张，促进房地产业平稳发展。

2022 年 11 月 11 日印发的《中国人民银行、中国银行保险监督管理委员会关于做好当前金融支持房地产市场平稳健康发展工作的通知》（以下简称金融 16 条），从保持房地产融资平稳有序、积极做好“保交楼”金融服务等六个方面提出 16 项具体措施。

2022 年 11 月 12 日，原中国银保监会、住房和城乡建设部、中国人民银行发布《关于商业银行出具保函置换预售监管资金有关工作的通知》，为支持优质房地产企业合理使用预售监管资金，防范化解房地产企业流动性风险，允许商业银行按市场化、法治化原则，在充分评估房地产企业信用风险、财务状况、声誉风险等的基础上进行自主决策，与优质房地产企业开展保函置换预售监管资金业务。

2023 年 7 月 10 日发布的《中国人民银行、国家金融监督管理总局关于延长金融支持房地产市场平稳健康发展有关政策期限的通知》，决定将金融 16 条有关政策有适用期限的，将适用期限统一延长至 2024 年 12 月 31 日。本次政策延期涉及金融 16 条中两项内容变更：

第 4 条变更为，对于房地产企业开发贷款、信托贷款等存量融资，在保证债权安全的前提下，鼓励金融机构与房地产企业基于商业性原则自主协商，积极通过存量贷款展期、调整还款安排等方式予以支持，促进项目完工交付。2024 年 12 月 31 日前到期的，可以允许超出原规定多展期 1 年，可不调整贷款分类，报送征信系统的贷款分类与之保持一致。

第 8 条变更为，对于商业银行按照金融 16 条要求，2024 年 12 月 31 日前向专项借款支持项目发放的配套融资，在贷款期限内不下调风险分类；对债务新老划断后的承贷主体按照合格借款主体管理。对于新发放的配套融资形成不良的，相关机构和人员已尽职的，可予免责。

上述政策的解读，对于执行案件的团队成员而言，无论是设计处置方案还是掌握债务人以及债权人的需要解决的痛点或需要填补的服务，抑或是和债务人以及债权人沟通，或者是对接外部协作资源，都有极大的指引作用。

关于“知规”，也就是精通法律知识，熟练掌握法律条文的运用，这对于以法律服务工作者为主要群体而言，属于老生常谈的话题，笔者就不再展开，仅在这里对于执行法院做出“终结本次执行”程序，对于申请执行人为了维护自身利益，不能被忽视的两个法律文件做一个强调。

依据《最高人民法院关于适用〈中华人民共和国民事诉讼法〉的解释》第 517 条第 1 款，经过财产调查未发现可供执行的财产，在申请执行人签字确认或者执行法院组成合议庭审查核实并经院长批准后，可以裁定终结本次执行程序。执行法院通过法院的系统查询，如果没有找到财产线索，很可能就进入终本程序，对于本书所讨论到的大量查询办法还没有使用的申请执行可能就面临失去执行机会的遗憾。

在这种情况下，申请执行人可以依据《人民法院办理执行案件“十个必须”》第 6 条，即必须严格把握无财产可供执行案件的结案标准，严禁未穷尽执行措施而以终结本次执行方式结案、应恢复执行而不及时恢复；向执行法官提出“未穷尽执行措施”中可能的更多措施（本书第四章内容）要求执行法官继续执行。

申请执行人还可以要求法官在进入终结本次执行程序前，要求法院向被申请执行人发出通知、要求被申请执行人申报财产、法院继续依法查找。

即使执行案件进入终结本次执行程序，符合下列条件的，申请执行人也可以向执行法院提出恢复执行的申请：

（1）申请执行人提供财产线索；（2）当事人、利害关系人申请变更、追加当事人；（3）终本5年内，执行法院每6个月查询一次被执行人的财产后符合恢复执行条件。

法律依据

最高人民法院印发《关于严格规范终结本次执行程序的规定（试行）》的通知（法〔2016〕373号）第9条规定，终结本次执行程序后，申请执行人发现被执行人有可供执行财产的，可以向执行法院申请恢复执行。申请恢复执行不受申请执行时效期间的限制。执行法院核查属实的，应当恢复执行。终结本次执行程序后的五年内，执行法院应当每六个月通过网络执行查控系统查询一次被执行人的财产，并将查询结果告知申请执行人。符合恢复执行条件的，执行法院应当及时恢复执行。

最高人民法院印发《关于严格规范终结本次执行程序的规定（试行）》的通知（法〔2016〕373号）第16条规定，终结本次执行程序后，当事人、利害关系人申请变更、追加执行当事人，符合法定情形的，人民法院应予支持。变更、追加被执行人后，申请执行人申请恢复执行的，人民法院应予支持。

最后关于“知矩”笔者的看法是，很少会有执行团队在各个行业都可以做到绝对的优秀，这是因为对于优秀的执行团队的成员而言，需要具备的知识结构分为三层：第一层是法律层面的知识，第二层是行政法规和监管措施层面的知识等，第三层则是行业中的规章、双方合同约定还有一些所谓的行规等层面的知识。

比如建筑行业，从法律层面，团队成员要具备《建筑法》、《民法典》、《招标投标法》、《土地管理法》、《城市规划法》（已失效）、《城市房地产管理法》、《环境保护法》和《环境影响评价法》等知识结构。

从行政法规上，团队成员还需要了解《建设工程质量管理条例》《建设工程安全生产管理条例》《建设工程勘察设计管理条例》《土地管理法实施条例》等内容。

具体到部门规章还有：《工程监理企业资质管理规定》、《注册监理工程师管理规定》、《建设工程监理范围和规模标准规定》、《建筑工程设计招标投标管理办法》、《房屋建筑和市政基础设施工程施工招标投标管理办法》、《评标委员会和评标方法暂行规定》、《建筑工程施工发包与承包计价管理办法》、《建筑工程施工许可管理办法》（已被修改）、《实施工程建设强制性标准监督规定》（已被修改）、《房屋建筑工程质量保修办法》、《房屋建筑工程和市政基础设施工程竣工验收备案管理暂行办法》（已被修改）、《建设工程施工现场管理规定》（已失效）、《建筑安全生产监督管理规定》（已失效）、《工程建设重大事故报告和调查程序规定》（已失效）和《城市建设档案管理规定》。

再回到金融行业，具体到以银行业为例，借款人在商业银行通过银行推出的某一款金融服务产品选择和商业银行的合作，每一款产品银行都会配套对应的借款合同，该合同就是商业银行和借款人之间的单独约定，每个约定内都包含了单独产品的特征，以及独特的运作模式和这个模式下的履约“规矩”。比如在某家商业银行官网可查的金融产品就有：贸易贷款、订单贷款、网络预付贷款、商户贷款、烟草贷款、供应链贷款、国际福费廷、出口押汇、出口订单融资贷款、出口商业发票融资、出口数据贷款、小微企业经营贷款、高新贷款、科创贷款、专精特新贷款、实体企业信用贷款、普惠小微信用贷款、反向保理贷款、流动资金贷款、投标贷款、票据贷款、信用证贷款、政府采购贷款、供货贷款、税票贷款……

因此，一个在金融行业具备“优秀”特征的法律服务工作者，基本上已经初步具备金融从业的专业知识储备，再叠加法律知识才能迈过所谓“优秀”的第一道门槛。

办案法则：在认知范围内找到突破点，进而形成立体方案，展开线索思路。

所谓“读懂一本书，精于一件事”，这句话尤其适合办理执行案件的专业法律服务工作者。很多一线城市大医院的专家之所以被广大医患所信赖，并非天赋异禀，从工作经验上看，一个专家每年能看数千份 CT 片子，他的大脑早就已经是一台有大数据分析能力的计算机，能够快速地统计分类病理特征并得出精准判断的结果。

附属操作 a：如果自己的认知有局限，提前设立行业专家库。

尤其在建筑、科技、国际商贸等专业性极强的领域，很难有某一位专业人士具备复杂的知识体系，建立行业专业库是团队获得领先优势的一个必备选项。

附属操作 b：证据、数据均需合规。

随着我国司法环境的不断向好，监管、追责、立法、司法、政府公开，各个执法部门间的制衡都在越来越多，所谓的“找关系”正在远离现在的办案思维，而守住底线则是一个法律服务工作者的基本职业素养。

第二章

怎样组织和利用所有资源优化执行处置

借款人通过金融机构的线上系统获得一笔20万元以下的小额贷款的时间平均需要两个小时；如果是200万元以上的小企业经营贷款，审核周期在7—30天时间可以完成；股权投资基金对一个企业的投资前尽职调查时间也大致在最长3个月内可以完成；而对于私人之间借款的出借方来说，决定是否出借的时间很可能不超过10分钟。

因金融借贷纠纷向人民法院起诉的，人民法院应当在法律规定的时间内结案，通常情况下结案需要6个月左右，快的可以在3个月内结案。但在实践中，一旦进入执行程序后，3—5年尚未拿到回款的债权人比比皆是，而对于一向以保守和严谨著称的商业银行，处置不良贷款的平均时间也接近18个月。

对于私募基金的违约，投资者的争议解决则更加漫长且艰难。

当盛行"3+2""5+2"模式的基金终于到了交割的日子，昔日的募资辉煌、投资壮丽之后，"退出"将成为众多投资人的集体难题。面对诸多有严重违规的被投资企业，通过司法程序解决争议并期望"强执退出"的时长很可能超过五六年。

2012年前后的"资本热潮"推动了国内从个人到民间金融机构，从商业银行到私募股权投资基金的全民投资狂潮，在非理性下市场下做出的任何非理性决定最后呈现的一定是非理性的结果。退出难的根源在于，前几年由

VC/PE行业大步向前，商业银行、个人投资者也跃跃欲试，然而，盛宴的高潮还未来到，全球经济衰退的寒风就迅速席卷而至。

而在此轮周期的清洗之下，曾经每天参加各种投资论坛的银行家、商业银行管理人、基金经理、股权投资人、私人资金出借者，不得不开始面对法官、仲裁员、律师和债务人。

本章将通过对债务人的分析、执行法院的工作介绍、对于解决争议的成本的阐述以及如何选择合适的代理人几个角度入手，尽可能通俗易懂地为读者厘清思路，以便为读者提供有益参考。

第一节　执行，从了解债务人开始

2023年夏天，笔者的律师事务所经过朋友介绍来了一位潜在的委托人程某（化名），其作为执行申请人身上有20多个申请执行案件，对比较重要的十几笔案件的被执行人现状做了简要的介绍。

案件一：被执行人马某，被执行标的140.4万元。马某有一家牛肉拉面公司，分别在大兴机场航站楼、清华大学校内、颐和园商业街和农业大学东校区北侧等有4家牛肉面馆店；2家直营店两家加盟店，涉案被起诉后马某对工商登记做了变更，自己不再担任法定代表人。

马某一系列的借贷纠纷案件基本上都发生在2019—2022年，马某目前被执行案件还有2件，共计金额232.31万元。

案件二：被执行人吴某，被执行标的140.4万元。吴某在三家公司分别有持股，其中一家投资公司注册资金1700万元，吴某持有78%股权，按照网上公开数据查询，吴某也是案件一马某的投资人。吴某也有几笔案件正在被债权人申请执行，目前被执行案件有1件，金额140.4万元，历史上有13笔被执行案件。

历史上的终结本次执行案件：6次共计515.27万元，终结本次执行案件中一共履行的金额为1,122,408元。

案件三：被执行人于某，执行标的370万元。于某持有两家公司股权，一家被冻结，另外一家没有被冻结。据程某介绍，于某有房子有车，在被起诉后都过户给了其配偶并办理了离婚手续。其北京的房产在王府井附近的金鱼胡同，日坛附近还有一套住房，目前于某有另外一个涉及通州土地买卖的案件已经败诉，涉及的赔偿金额有6000余万元。被债权人申请执行的案件当前有一件，历史上有8件。

案件四：被执行人彭某，执行标的100万元。彭某持有9家公司股权，大多未冻结，其中一家叫作北京某达教育科技有限公司，其当前还在做某大学总裁研修班培训，该研修班目前还在招生中。在网上可以查询到该公司2020年被海淀法院执行过71,594元。程某介绍，彭某投资了天津一家医疗公司，也是某著名基金的LP，而且程某本人还是彭某博士班的学员。彭某的被执行情况：当前没有被申请执行案件，历史上有2次被执行，金额大约为200万元。

案件五：被执行人惠某，执行标的100万元。惠某目前持有2家公司股权，也是案件四被执行人彭某博士班的学员。程某介绍，惠某当年向同学和周围朋友介绍他在内蒙古有树苗培育基地，数年后待幼苗长成其投资将有数十倍回报，并承诺投资人月息2分的高额回报。一年前，惠某已经被以非法吸收公众存款罪判刑13年，其描述的树苗培育基地经过证实从未存在过。网上可查的历史被终结本次执行案件共计5次，金额高达1亿多元。

案件六：被执行人孟某某，执行标的220万元。孟某某在一家公司担任法定代表人，还在另外七家公司担任股东，网上可查孟某某早期在东北经营酒厂，后在北京投资了一家糖尿病医院，医院的投资款中有金太阳财商俱乐部的会员的借款和股权投资款，案件五的被执行人惠某的融资也有很多转移到了孟某某处，孟某某承担了每月 2.5% 的利息，孟某某目前被执行案件共有一件即本案金额 125 万元。

案件七：被执行人鲍某，执行金额 245 万元。鲍某将借款用于在北京三元桥商圈和北京京广商圈购置了物业底商，因为被执行人夫妻已经移居日本，且没有公司，目前尚未查到有被执行案件和诉讼信息。

后面的一系列案件这里就不逐一叙述了。

看见一个人身上能有这么多申请执行案件，笔者不禁十分好奇，就问程某：“你不会是职业放贷人吧?”

“您看我像是放贷人吗? 说实话，这一系列案件的产生，就是因为我和这些被执行人都是金太阳财商俱乐部的学员，这个财商俱乐部像我这样的对外借款过千万的大有人在，有人融资也有人投资也有人既投资也融资，现在都是一地鸡毛，相互之间官司不断。”

之前笔者就听闻“金太阳”的发起人宣称美国知名银行家回国创业的牛某某通过财商教育课开展业务，大肆通过办培训，发展有经济实力的学员。然后，鼓动学员联合购买全国各地核心地段底商，大致感觉是个忽悠机构，听了程某的一番话，笔者禁不住好奇心，在网上通过金太阳学员的各种碎片式的痛诉还有论坛上的各种留言痕迹以及尚可查询到的金太阳之前的广告，大致拼出了金太阳的运作模式。

牛某某 2006 年从美国来中国创建了号称“中国财商教育第一品牌”的金太阳财商俱乐部，号称在全国拥有近 400 个招生网点，传播金太阳财商俱乐部的足迹遍布全国 39 个城市，开设免费体验课、金太阳财富商学院课、亿万富翁俱乐部三个层级的课程。

这个课程大的结果导向是：多办多刷信用卡、鼓励高息借贷、进行高风险投资、抵押资产再进行投资。据了解金太阳财商俱乐部学员的“财富自由之路”包括以下几个步骤：

第一步，金太阳讲究学员之间生命共享、财富共享，即便一无所有，也能在其他学员处拆借120万元首付，按揭买下一套400万元的豪宅。金太阳财商俱乐部的学员通过组团买房，以便从开发商处拿到折扣。

第二步，为了解决豪宅按揭难、贷款难的问题，俱乐部鼓励购房学员买一个经营期限较长的营业执照，然后租赁一个店面，假装做生意。然后，再与财富课程同组学员一起相互往各自的账户上打流水，只需3个月时间，各自账户上的流水均靓丽无比。

第三步，学员到银行办多张大额信用卡，然后还通过漂亮的流水表，通过经营性贷款、信用贷款、银行授信等一系列方式，从银行和小额贷款公司、担保公司、投资公司拿到多笔大额贷款。

第四步，学员拿到大额现金后先把拆借其他学员的120万元还上，手中还有上千万元资金。再凭借手中的这些资金重复上述手法，不断加杠杆……

依据金太阳课程安排，学员每个周末都要召开小组会，汇报自己办了多少张信用卡，买了什么豪宅，有没有购买豪车，资产有什么变化，而后把自己的经验分享给别人，让更多人参与其中……

金太阳财商俱乐部让学员从金融机构获得大量贷款，并让高级会员缴纳100万元的会员费（当然这笔钱很多会员也是通过贷款获得）盈利，另外一个目的是让他们投资金太阳财商俱乐部自己的项目！金太阳财商俱乐部在中国深圳成立了一个股权投资基金（深圳）股份公司，自称是中国首家民营的房地产信托投资基金，然后将自己在各个城市的分公司购买当地的物业底商以及写字楼等资产打包成 REITs 产品，再把 Pre－REITs 产品在上海股权托管交易平台挂牌。而学员要想购买这 Pre－REITs 产品，就需要购买各地分公司的股权（看来牛某某事先聘请了资深律师，完美的设计规避了非法集资的法律风险）。

按道理，证券类产品由中国证监会监管，但对于金太阳财商俱乐部发行的这个 Pre－REITs 产品，证监会办公厅相关负责人明确答复："目前该基金 Pre－REITs 产品并不在 REITs 试点名单中。"

金太阳财商俱乐部内部资料介绍，金太阳财商俱乐部持有的商业地产包括 5 家五星级酒店、10 栋 AA 级写字楼、5 个商业综合体和 10 栋服务式公寓和酒店式公寓，以上资产总价值约 90 亿元，但金太阳财商俱乐部发行的 Pre－REITs 产品数量却是 20 亿股份，每股约 4.05 元，针对学员已销售约 400 亿元。

换句话说，90 元的东西，金太阳财商俱乐部已经按照 400 元的价格卖给了学员们！

当然，这还要基于这 90 元的东西存在，后来的大量证据证明这些资产大多并不真实存在。

问题来了，对这些疑点重重的 Pre－REITs 产品为什么学员们会趋之若鹜地购买？按照程某的解释，学员们购买的原因很简单：金太阳财商俱乐部给他们鼓吹说有高收益！

根据金太阳财商俱乐部 2011 年的路演 PPT，介绍了 2008 年 5 月第一批投资发起人的两年期回报：首期投资 20 万元，经过两年成长，截至 2010 年 6 月，升值 49.76 万元，年投资收益率 74.4%。

金太阳财商俱乐部宣传自己的 Pre－REITs 产品的年收益率 100%，最低也有 40%，但是投资收益的绝大部分是以扩股形式逐年滚动，就是学员投资复利都还是要留在金太阳财商俱乐部这个大池子里，给到学员的只不过是个数字而已。

特别地，金太阳财商俱乐部的 Pre－REITs 产品不可交易、不可赎回，只能享受分红。

金太阳财商俱乐部的投资最高阶段是进入体系管理层，门槛是至少得购买 1000 万元的 Pre－REITs 产品！

金太阳财商俱乐部的高阶培训到目前为止已经开了 60 期左右，多位前学员表示，前 5 期的亿万富翁俱乐部学员共涉及 300 多个家庭，几乎每个家庭都有三四千万元的负债。

加入金太阳财商俱乐部后，会员通过不断加杠杆大量购入豪宅。2014 年之前随着房价一路狂飙，部分学员资产暴增的确让人羡慕不已，但当 2014 年下半年房价刚刚开始下跌，这些学员开始陷入资金黑洞，有的学员每月仅利息支出就要几百万元，但他们在金太阳财商俱乐部购买的几百万元 REITs 产品却无法变现。

结果就是一批高负债学员失联，而这些学员的很大一部分债务都是他们以 3 分的月息向其他学员拆借的，高负债学员一旦失联，将有无数的学员及学员背后的资金出借人被拉下水……

同时出现问题的是金融机构。

根据笔者调查，2018 年在西南某城市所管辖的小微网贷领域排名靠前的一家银行的逾期贷款中，至少三成由各类总裁培训班、财富培训班学员造成，而金太阳财商俱乐部学员的比例最大，数量高达几十亿元。

据程某介绍，金太阳财商俱乐部购买的物业资产实际上是买后就立即抵押给银行做过贷款了。金太阳财商俱乐部需要现金来维持和循环支付利息，于是，金太阳财商俱乐部学员成了他们的融资工具和贷款工具。

在金太阳财商教育平台中，处处都流淌着金钱流动的气息，在这个氛围中，学员不仅仅投资金太阳财商俱乐部，学员相互之间也投资和拆借，随着时间的推移，相互之间的违约逐渐爆发，出现本书开始的一幕也就不足为奇了。

笔者接下来再从两个角度解析“金太阳现象”的普遍性，一个是对个案的分析，另外一个是对近年来经济环境的变化的分析。通过分析，让读者了解债务人的违约特征，以及一批对财富充满梦想的“积极市场参与者”是如何一步一步走进“老赖”的行列的时代背景。

2017 年，我国登记的失信被执行人（老赖）大约是 5 万人。

2021 年，我国新增失信被执行人 134 万人。

2022 年，我国新增失信被执行人达到了 750 万人。

2023 年，我国新增失信被执行人达到了 2665 万人。

按照一个案件从审判到执行大约两年时间计算，近几年来主要财产类案件的集中爆发似乎都和全球的新冠疫情管控相关，但从笔者在法律业务中接触个案的积累到最终得出的数据统计来看，互联网金融过度放宽借款人的审核门槛，以及金融机构鼓励用户通过借款非理性消费是 100 万元以下违约案件的集中触发因素之一。

房地产行业的造富浪潮风起云涌让资本市场充满了投机的气息，过度狂热的地产投资为后来的大面积金融债权违约埋下了伏笔。在单笔违约金额超过 300 万元的案件中和房屋以及土地交易有紧密联系的案件近年来数量大增，因为介入了融资和投资导致财务陷入困境并最终进入失信被执行名单的机构和个人占了财产类争议案件非常大的比例。

因此，我们有必要对这个群体进行分析，以便读者在未来办理执行类案件过程中有策略、有步骤、有技巧、有方法地全面审视一个时代浪潮下具有普遍性的案件特征，以及在具体个案中有方向地寻找财产线索并在执行过程中因人而异地设计不同的执行措施。而笔者认为，美国经济学家海曼·明斯基著名的“明斯基时刻”理论对于我们理解和划分违约因素有很大帮助。

海曼·明斯基是出生于美国伊利诺伊州的经济学家，曾在华盛顿大学圣路易斯分校担任经济学教授，他的研究试图对金融危机的特征提供一种理解和解释。

海曼·明斯基认为，资本主义经济追逐利润的本性和金融资本家天生的短期行为导致了资本主义金融业的不稳定，它是无法根除的，只要存在商业周期，金融业的内在不稳定就必然演化为金融危机，并进一步将整体经济拉向大危机的深渊。在商业周期的上升阶段，内在危机会被经济增长所掩盖，但是一旦经济步入停滞甚至下降周期，矛盾便会迅速激化，高风险的金融主体就会以变卖资产来偿还债务，也就是后来的学者所总结的明斯基时刻。

明斯基时刻被划分为三个阶段。第一阶段，投资者负担少量负债，偿还其资本与利息支出均无问题，这一阶段称为对冲性融资。第二阶段，他们扩展其金融规模，以致只能负担利息支出，这一阶段称为投机性融资。第三阶段，即庞氏骗局，他们的债务水平要求不断上涨的价格水平才能安然度日，可以称为庞氏融资。

在市场变差初期的对冲阶段，借款人和贷款人都很谨慎，属于风险厌恶，贷款人只贷款给能够偿付本金和利息的借款人。这个阶段的利率较低且平稳。

在投机性借款阶段，市场的风险厌恶有所下降，即使对那些还不起本金的借款人，只要还得上利息，投机者也乐于借款，因为这些贷款主要用于购买股票、房产等正在升值的资产。

在庞氏融资阶段，贷款人的贷款实际是放给现金流已无力偿付本金和利息的借款人。贷款人指望借款人资产的继续升值足以覆盖债务，但这个借新还旧的游戏已经变成击鼓传花的骗局。

回顾程某这七个案件，被执行人马某，有一家牛肉拉面公司，分别在大兴机场航站楼等地，对于融资行为而言，只要每月的经营流水能覆盖借款利息，并能偿还部分本金，其融资行为就具有典型的对冲性融资的特点。而对于案件二的吴某，其对马某的借款，如果能每月对应相应的现金流回款并可以得到监管账户的管理，理论上其借款也算具有对冲性融资的特征。

对于这类小型企业的经营者最终进入失信被执行的处置方案设计，申请执行人首先应该关注这类经营者在过去的违约纠纷中的履约意愿，判断其对自我“诚信水准”的要求高低，如果其过去的履约意愿并不强，当前方案没有和解的可能性时，再进一步考虑执行其财产。对其可执行财产线索的寻找思路主要包括以下几点。

1. 在失信人得知将被执行前可能转移的资产；

2. 了解其婚姻状况，重点看其是否在执行判决前通过离婚分割财产；

3. 对其他关联企业的股权投资；

4. 原企业是否在经营但已经变更股东和法人；

5. 餐饮企业的四个商标及公司名下的一个著作权。

对于案件四的被执行人彭某，笔者发现他持有的公司股权有 9 家，其中一家经营某大学总裁班培训。程某介绍，这个培训班的课程中有基金募集的环节，加上彭某还投资了天津一家医疗公司，也是某具有知名度的基金的 LP，加上网上能查到的彭某过去被执行的案件金额，笔者判断其资金链条非常紧张，在有被执行案件的前提下，彭某还持续对外进行股权投资（投资行为为高风险投资，其本人希望通过获得高回报再退出）。另外，彭某个人的投资看上去很分散，相互之间的关联和逻辑性并不强，笔者大概率判断彭某个人的投资行为基本可归为投机性投资。笔者再深入和程某交流，得知彭某早期在金太阳财商俱乐部做会员的时候，不仅参与了金太阳财商俱乐部的REITs投资，还组织其他几个学员和亲朋好友共同购置了总面积超过4000平方米的底商和写字楼。据此笔者判断彭某身边还聚集了两类投资人，一类是有共同投资理念的金太阳财商俱乐部会员，这类人是看不上物业租金收益的，他们关注房屋升值带来的套利空间，属于典型的投机性投资；另一类彭某身边的亲朋好友，他们并不参与整个投资决策过程，而是选择借款给彭某，获得固定的资金占用费（通常就是利息），因为他们保守地相信，就算房子卖不出去，其投资（准确地说应该是对冲性借款）还有租金收益作为垫底。

按照现在北京的底商和写字楼的出租情况来看，通过物业经营获得租金收益的计划不可能乐观，上述部分亲朋好友也大概率变成了被动的投机性借款。

彭某的未来收益预期将主要取决于其资产是否能够大幅度增值，不动产投资容易受到大环境的影响，而股权投资则取决于参股公司经营者的业务能力以及公司的产品或市场服务。这两个因素均有相当大的变量，笔者建议程某应该提前对彭某的执行案件尽快采取措施。

主要执行措施包括：

1. 侧重代位诉讼，基于彭某可能有债权未收回；

2. 查封、轮候查封、冻结相关公司股权；

3. 冻结彭某在某基金中的基金份额；

4. 开调查令查询其婚姻状况，以防彭某转移婚内财产；

5. 听程某介绍，彭某还在通过另外一个身份证乘坐高铁，笔者也建议程某设法取证，争取通过报案获得更多主动。

笔者判断案件五的被执行人惠某被确定为庞氏融资的定性显然是正确的。（惠某已被公安机关以非法吸收公众存款罪判处了13年徒刑）

笔者分析，案件六的被执行人孟某某情况可能相对比较特殊一些。从生意的轨迹来看，早期孟某某的酒厂业务显然属于现金流业务，酒厂是否有融资不确定，只能通过这个信息判断孟某某有一定的经营能力，并试图通过经营获得成功，但后来孟某某通过借款和股权融资对一个完全陌生且尚无现金流产生的糖尿病医院投资可以界定属于激进的投机融资行为，如果按照程某所了解的惠某将其每月2.0%利息的融资再以每月2.5%的利息转贷给孟某某的情况来看，孟某某大概率已经进入庞氏融资阶段。

根据程某对孟某某投资的糖尿病医院的了解，医院的收入目前尚不能覆盖房租与人员工资，但就程某所了解的其他外部借款人对糖尿病医院实际控制人孟某某的借款数额，孟某某需要每月支付给这些借款人的利息已经超过了经营收入。

因此，笔者马上建议程某可以采取的处置措施包括：

1. 冻结东北酒厂的股权；

2. 尽快查明孟某某的财产状况；

3. 尽快查明孟某某的流水状况（包括微信钱包和支付宝账户）；

4. 开具调查令调查孟某某的婚姻状况；

5. 调查糖尿病医院的专利、商标等资产；

6. 调查糖尿病医院的设备购买情况等。

对于案件七的鲍某，笔者建议程某先和鲍某夫妻讨论和解方案，主要是以物抵账的可能性，因为综合分析案件七的鲍某的信息，笔者目前尚未查到其有被执行案件和诉讼信息。

但显然鲍某夫妻对物业底商以及写字楼近似于狂热的追捧可以看出，鲍某夫妻是金太阳财商俱乐部的投资模式和操作手法的坚定拥趸者。笔者不禁开始思考，牛某某是如何以一己之力，利用这个仅仅从理论上充满说服力的“以小博大造富模式”，将千万个家庭陷入财务危机，将千万个有着快速致富梦想的个人投资者在短短不到十年的时间中，推到“失信被执行人”的尴尬境地。

但通过这几个微观的个案，笔者不禁把目光放在金太阳财商俱乐部的运作模式中，参与者都刻意回避面对事实上的风险点，选择性无视这些风险因素，将自己和整个家庭的未来都全部压在自己陌生且无法控制局面发展变化的赌局上，笔者暂且将之称为“认知偏离现象”。从2006年起家的“金太阳财商俱乐部”，到之后的“E租宝”，再到“快鹿系”，再到后来的“中植系”“恒大系”，这种认知偏离现象不仅覆盖了大量个人投资者和创业者，还覆盖了国内三成以上的有牌照金融机构，以及八成的非持牌金融机构。

本节的主要目的是想通过程某先生的几个执行案件的深度思考，展开对一个群体进行分析，以便读者能理解近年全国法院新收首次执行案件数量逐年增加的一些社会因素。在2020年法院执行案件收案共计652万件，2021年执行案件收案达到772万件，2022年则超过900万件，这些数据的背后，是社会经济环境发生变化时，曾经持续成功的企业没有随着环境的变化而调整思维模式和行动模式的直接产物。

进一步仔细分析小额债务人群体规模扩大的原因，金融创新和全民创业固然是两个导致债务违约扩大的表象因素，金融创新让不合格的借款人可以相对比较容易地获得借款，全民创业则让没有投资经验和企业管理经验的年轻人透过借贷积极创业。但如果读者能从微观个案中对一个行业的兴衰起伏有所认知，对一个机构和个人从信心满满到最后成为失信被执行人的心路历程有一个判断和分析能力，这也将使作为执行申请人以及代理人的读者在选择执行方案和执行措施的过程中不仅能展示出法律严肃的一面，也能展示出人性中相互理解和包容的一面。

笔者在前文对违约造成的因素以及明斯基时刻划分的三阶段进行介绍的另外一个目的就是希望已经陷入争议纠纷的读者未来在投资和借款行为中，能够有能力判断潜在的风险以及有能力规避风险，或者在风险即将失控时，果断断臂求生，及时止损。

本节最后回到文章开头讨论程某的案例以及解决方案的话题上，无论造成债务人最终违约的因素是什么，对于错误都是债务人应当承担的基本责任，但实际情况中，在债务人进入执行程序之后，选择积极配合的毕竟是少数，这是人性使然，“执行难”不仅是法院的一个老大难问题，这是一个普遍的社会问题。

程某就向笔者说道：

“我这 20 多件执行案件，执行非常困难，除了个别人还了几万块钱利息以外，大多数的债务人在进入执行前就基本上已经转移了财产，有的债务人也配合，每次要求见面都见，但就是没钱还，还有的债务人就哭惨，动不动就选择极端行为来威胁，我找到执行法官，执行法官也很无奈，说需要能提供被申请人的财产线索才可以进入执行措施，如果没有财产线索，六个月后就将会终结本次执行了。”

接下来，程某还对自己进行了检讨：

“首先就是自己对法律知识的极度欠缺，在借款人违约后进入司法程序就想当然地掉以轻心了，以为赢了官司就能拿到钱，没想到司法流程如此复杂。其次因为自己的案子又比较多，对债权疏于管理，结果很多案件是越拖越久，随着时间的拉长，债务人也越来越对抗，越来越有避债经验，有的债务人甚至还变得很强势，因为知道拿他也没有办法，还有些案子中，因为和部分债务人还有可能的合作关系，也就把案子的推动搁置下来了，结果导致现在绝大多数案件进入执行程序后也很难推动强制执行，大多数案件现在已经被终本，现在看来，我自己思路还是有很大错误”。

截至2022年，中国有至少1500万件判决后因无法执行而终结本次执行的案件，涉案金额超过35万亿元。

这么庞大的数字形成的背后的其中一个主要原因，就是当案件进入执行阶段，执行措施和执行手段需要严格遵守一系列的相关法律法规。这里，笔者重点介绍一下执行手段中的强制执行和申请强制执行的一些普遍性问题，进而主动规避程某在案件推动过程中的错误判断。

强制执行的本质在于其强制性，由国家背书保障实施，以强制性作为保障，执行工作才能顺利进行。在我国《民事诉讼法》中，针对拒不履行的被执行人可以采取强制措施，这在一定条件下减少了被执行人故意转移、隐瞒、隐匿财产的情况出现，减少了申请执行人的损失，但我国相关法律法规及司法解释中并没有详细的规定，使各级人民法院在金融借款合同案件的执行过程中对强制措施模糊不清。

《民事诉讼法》等一些程序法涉及的执行条款亦较少，执行工作中适用起来比较困难。现行的执行条文比较笼统，缺乏可操作性，如被执行人的财产登记在配偶、子女名下时，没有规定如何采取措施；对协助执行方面没有具体细化的规定，很多协助单位既不拒绝协助，又不及时协助，执行人员和债权人都非常无奈。法律的空白多、漏洞多，导致实际执行工作中出现的许多新情况、新问题无法从现行法律规定中找到处理依据，很多方面都需要上级法院协调指导，一旦协调不到位，就非常难操作。

当前在执行案件的立法尚不够具体，各地法院在综合治理、协调管理上也缺乏统一，各部门的管理均只从自己的角度考虑而没有形成依法管理的习惯。以笔者在过去办案的实践经验来看，诸多法律空隙都可以给被执行人创造出时间来转移、抽逃甚至隐匿财产，对抗强制执行，因此很多执行案件常常错失执行时机，给执行申请人造成原本可以避免的损失。

在笔者 20 多年来的工作实践中还发现，在过去，各地方法院多数都重视审判工作，而忽视执行工作的重要性和困难性。不过这个现象从 2023 年开始在全国各地陆续有了一些改观。

还有一个因素也比较重要，就是国内当前的法律对被执行人的失信惩罚的力度小，“罚款”的强制措施收效甚微，“拒执罪”追究可操作性不强，追诉程序过于烦琐，效果不明显。大量“老赖”，通过他人的银行卡、支付宝、微信照样可以日常消费，对生活的影响并不大，加上由于缺乏全国统一的信用惩戒机制，诸多失信行为未纳入信用查询系统，信用记录未实现共享也是造成执行困难的主要原因之一。

让我们回到本节开始的故事。

最后和程某的会谈快要结束的时候，看到程某已经恢复了信心，律所参加会议的小何说：“程总您的这批案子这不是已经有初步的财产线索方案了吗？接下来我们会安排后台的数据分析同事再做一个深度线索挖掘计划。方向对了，剩下的，我们共同稳步前进。”

第二节　寻求法院的帮助

我们国家共计约 12. 7 万名员额法官，2022 年的数据是人均结案 242 件。但是具体到执行案件，北京、上海、广州、深圳一些案件集中的区域，执行法官的人均年结案量可能会达到800—900件。按照这个结案量来计算的话，每个案件的结案时间对于执行法官而言大约只有平均不到两小时的时间，经历了漫长的一审、二审、再审已经若干年过去，进入执行程序后，执行法官通过法院内部查询系统对被申请财产执行人的财产进行网络查询，或有部分财产可供执行，但也有极大比例的被申请财产执行人名下已经没有任何可执行财产，在这种情况下，执行申请人需要与执行法官进行良好的沟通交流，尽快提供更多财产线索，设计执行方案，以达到不让案件进入终本程序的目的是一个最重要的工作。

如何与执行法官进行有效的沟通值得花时间学习。

假如读者是一位律师，具有与执行法院以及执行法官较强的沟通能力能让你在同行中保持优势。

一、与执行法官的沟通方式

案件进入执行阶段，当事人和代理律师与执行法官之间的沟通和交流会非常密集，包括沟通方式、调动执行法院执行法官的积极性、借用法院的执行系统查询被告人财产，都需要当事人和代理律师拥有特别高的沟通技巧。在案件的审理过程中，卷宗往往很厚，和审判法官交流并不多；但到了执行阶段，卷宗变薄，和执行法官的交流则会非常密集。本节尽可能用最简洁的介绍，让当事人和代理律师在没有或缺少财产线索的基础上与法官和法院更好地打交道，尽可能调动法官的积极性，穷尽一切手段，携手推动执行案件有所进展，以笔者多年和执行法官打交道的经验做一个简单的总结，与执行法官沟通请牢记以下三个关键点：

1. 同理心、能共情

和执行法官做沟通的第一点就是要清楚法官的难处和不易，从同理心的角度和法官打交道，绝大多数法官真的很辛苦、而执行法官尤其辛苦，在法院，三四十岁的年轻法官一头白发的比比皆是。

1999 年年初开始，我国司法人员实行分类管理，政法编制人员划分为员额法官、司法辅助人员、司法行政人员三类，且对每一类别人员比例作了严格限制，如员额法官的比例不得突破现有政法编制人员的 39%。法官队伍数量上的精简，在人员素质上得到很大提升。

2015 年 5 月 1 日我国开始实施立案登记制，（立案登记制是指，法院对当事人的起诉不进行实质审查，仅仅对形式要件进行核对。除了规定不予登记立案的情形外，当事人提交的诉状一律接收，并出具书面凭证。起诉状和相关证据材料符合诉讼法规定条件的，当场登记立案）立案登记制导致法院的立案数量大幅度增加，之后几年案件数量持续增长给法官们带来了不小的压力。

从负责的角度讲，对于有可能的财产线索（或当事人提供了财产线索）的执行案件，执行法官需要上门进行核查，有的案件能找到当事人的，法官还需要带法警上门执行。但是拿北京举例，法官一跨省出差就需要 2—3 天，结合前面所说的每个法官分配的案件量，可能一个外调就将影响一批案件的结案推迟。

案件数量压力之外的另外一个压力就是法官的信访压力，有一些执行案件多年来被重复不断的信访，几乎每个星期一法院接待日当事人都会去法院，有的问题甚至根本不是法院要解决的东西，或者说他们在法律上根本不可能得到支持的诉求。笔者在北京某法院执行局就见过一个 70 多岁的老太太在我们前面排队，要找执行法官讨要公道，但事实上是她自己的儿子因为非法经营罪已经被判刑，他儿子的住房被执行，而这个房子是老太太的丈夫在世时已经订遗嘱留给了其子，本来这个案子已经结案，但现在老太太却要求与债权人参与分配，其实她自己是有单独住房的，法官助理说，这个老太太基本每周都来，背包里带着各种药，来了就是哭诉，法官也不能不接待，其他排队的几十个当事人也很心烦，因为她很有可能就导致后面排队的当事人（甚至是从外地连夜赶来的当事人）当天就无法与执行法官进行会谈了。

这种情况几乎在每个接待日都有发生，往往要消耗员额法官很多精力。

2. 识大体、重大局

和执行法官打交道的第二个要点就是要大致了解执行法官的工作考核指标，以及执行法官为了做好本职工作的优先排序，尽可能站在自己就是案件的承办人的角度去思考执行法官的时间管理和案件管理方法。近几年来，最高人民法院在抓审判质效方面下了相当大的功夫，其中几个最重要的指标就是结案率、均衡结案率、办案数、审限期、审结率、发审发改率、执结率等，审判质效如何直接与员额法官绩效工资相挂钩。这些审判质效的压力往往直接传导到每一个执行法官的身上，并且终身追责。一方面法院要求执行法官办案的质量要高，但另一方面执行法官一年能做多少案件，需要什么样的书记员、助理，法官通常自己说了并不能算，这也是执行法官在开展工作中存在的一个严重的困惑。

如果当事人能了解执行法官的诸多困难，在和执行法官打交道的过程中，能帮助配合执行法官做一些辅助性的工作，比如核对案款数字尽可能精确无误，帮助整理起草和案件执行相关部分的常用文书，提前协商沟通执行法官的出差执行时间，在执行过程中提供多种有效的执行方案供执行法官讨论，这都是和执行法官达成某种相互配合默契的要素。

3. 知进退、可回旋

和执行法官沟通还有最后一个关键点，那就是知道取舍，懂得退让。为了推动尽快结案，对于有财产线索并在执行程序中的案件，执行法官往往也会推动执行和解最终结案。比如我们遇到的一个案例，一家港资公司在执行内蒙古的煤矿企业案件中（执行标的1.9亿元），港资企业冻结了煤矿企业的47%股权并扣押了煤矿企业的一套全新的运输设备，当事双方最后水火不容，甚至还在港资企业代表派人前往煤矿企业调取文件的过程中差点发生肢体冲突。因为复杂的股权关系以及设备已经安装了一半等因素，提起拍卖非常困难，江苏无锡负责执行的一位执行法官非常地尽职尽责，在3个月的执行过程中，往返内蒙古、上海、江苏三地，与当事人沟通了25次，协调了7版和解方案，最后说服双方分别退让一步，以1.6亿元、分期24个月的条件达成执行和解。和解协议签署后次月煤矿企业恢复生产，基于后期战略发展的考虑，煤矿企业全体股东于3个月后额外出资，提前结清全部案款。整个案件过程中，执行法官带着方案从南方城市一个月内数次前往内蒙古讨论和解方案的执着和坚持让笔者记忆犹新。

这个案例和笔者经历的大量执行案件都使笔者总结出了一个有用的道理：执行申请人或代理人只要能见到对方当事人，通常都能有谈判的空间，如果能有其中一方提出预设方案，成功的概率则会快速增加，而懂得在调解的过程中接受执行法官提出的让步方案，或主动预设退让的心态和退让尺度，则会增加执行和解成功的概率，这也是调动执行法官推动积极性的一个关键点。

有时候，被执行人是迫于裁判压力，抱着得过且过的心态，在调解过程中随意达成调解协议，并不是真的想履行义务。或者签订调解协议时，被执行人履行义务的条件还是可能实现的，但后来随着时间推移，条件发生了变化，比如被执行人心态发生了变化，或原计划的资金来源没有如预期回收或者新增投资失败，降低了被执行人偿还债务的能力，无力再履行调解书确定的义务，这些因素会让案件重新回到法院的执行层面，增加执行压力。

这些变化的因素都需要执行申请人或代理人调整执行方案和执行预期，并和执行法官共同讨论可以推动结案的可行方案。

“知进退，可回旋”是执行申请人或代理人和法官对于案件结果进行沟通交流的一个原则。

读者了解了和法官如何沟通，以及调动执行法官和法院的积极性的几个基本原则，接下就需要具体了解在执行法院执行的过程中能做哪些具体的工作，以便执行申请人和代理律师在执行案件推动过程中有效地获得法院的协助，当然，最好的情况是执行申请人或代理律师与法官之间相互配合相互协作。

二、利用法院的系统进行财产线索查询

执行申请人向法院执行局提交完强制执行申请书的同时，如果执行申请人能掌握被执行人的财产线索，应一并向执行法院提交，提交法院并被受理后，法院会分配执行法官。读者看到这里，应该回到本节开始部分，再读一遍与法官进行沟通的注意要点，努力做到接下来与执行法官同频共振、默契配合。

执行法官分配到执行案件的第一件事就是做被执行申请人的财产线索查询，这个查询工作可以利用法院的“人民法院执行统一登录系统”在15分钟以内完成，也可以“穷尽一切手段”，利用内网外网、线上线下、实地走访耗时数月进行，适用何种方式取决于执行法官的工作量、执行法官的经验、执行申请人提供的财产线索数量和质量等各种因素。

通常，外界把执行法官通过法院的系统进行查询的工作称为“四查”，但也有部分宣传称为“五查”，其实随着法院系统不断地完善和升级，法院可以查询的范围还要更广泛一些，但基础的还是银行账户、住房、汽车、

股权。

执行法官通过“总对总”系统即最高人民法院建立的网络查控系统，通过与公安部、民政部、自然资源部、交通运输部、人民银行、国家金融监督管理总局等16家单位和3900多家银行业金融机构联网，在查询银行账户、住房、汽车、股权的基础上，还可以查询金融理财产品、船舶、证券、网络资金等16类25项信息，在一个比较大的范围内实现对被执行人主要财产线索和相关信息的有效覆盖。

除了“总对总”系统，执行法院还有一个“点对点”系统，即各省高级人民法院通过在辖区内建设三级联网的网络查控系统，实现对本省辖区身份和财产信息的有效查控。但在实际运用中，主要还是“总对总”能够发挥比较大的作用，两个系统都是集成嵌套在人民法院执行案件信息管理系统中的“网络查控”的构架当中。

两个系统的功能还在不断完善升级中，比如之前的“微信支付”“支付宝支付”有自己的网络资金管理系统，但现在“抖音”“拼多多”“快手”等又分别拥有自己的支付工具，加上陆续又有虚拟货币、游戏货币、积分等其他有价流通工具的出现，都预示着这个系统还需要延伸开发接口。

很多执行申请人认为案件到了执行法院，执行法官通过网络系统瞬间就能查扣被执行人的财产，这个想法是有误区的。在实践中，笔者发现，就拿银行存款来说，“总对总”系统并不能全部覆盖，即使已经覆盖的银行也并不够完善，比如说2022年的冬天，笔者带着法院开具的调查令去东北某一家地方商业银行总行查某一企业账户就查不到相关账户信息，但笔者通过走访发现，该企业是这家地方银行的股东，因此我们就再次申请了调查令去该银行的营业部申请查询，在营业部，笔者就查到了该企业在该银行的账户信息。

所以，执行申请人首先要知道法院查询系统能做什么和不能做什么，其次就是针对执行法官不能做或没有时间做的关键信息进行查询，由执行申请人的代理律师向法院申请开具调查令到有关部门查询。另外需要注意的一点是，申请执行人知道法院能做什么，被申请执行人同样也知道，这对于执行申请人来说，是一个巨大的挑战，获得正义不仅仅需要信心，还需要洞察和研究以及先行一步。

接下来，笔者对法院的“总对总”具体可查询内容做一个简单介绍。

1. 查银行账户余额，系统可以对被执行人在银行的有关账号进行查询，查询其是否有存款，对被执行人在银行账号有钱而拒不履行的，将可以对被执行人的银行账户予以冻结。在系统中，查控管理项下的“我的查询”目录项下分别包括可勾选的目录：商业银行、人民银行、网络银行、证券、银联消费记录（目前已经较少使用）、公安部—车辆、工商总局—企业信息，以上功能均需要执行申请人提醒法官务必全部勾选。“总对总”和“点对点”两个系统都有相应时间段的勾选，对被执行人在某一时间段的银行流水进行查询，此功能需要手动勾选，否则系统默认只反馈账户基本信息，即相应的开户行、余额信息等。

据相关部门的公开信息，明确全国性银行可查询范围包含下述21家：

北京银行、广发银行、交通银行、兴业银行、中国工商银行、中国民生银行、中国银行、渤海银行、恒丰银行、平安银行、招商银行、中国建设银行、中国农业发展银行、中国邮政储蓄银行、光大银行、华夏银行、浦发银行、浙商银行、中国进出口银行、中国农业银行、中信银行。

据《光明日报》2018年7月报道：随着“总对总”查控系统的不断完善，当前，查控范围已从当初的20家银行发展为3800多家银行，联网部门由商业银行扩展到公安部、交通部、民政部、国家金融监督管理总局、人民银行等16家单位。从仅能查询银行存款一类信息，发展到可以查询被执行人在全国范围内的存款、金融理财产品、船舶、车辆、证券、网络资金等16类25项信息，实现了对被执行人多种财产形式的“一网打尽”。

此外，最高人民法院通过对“总对总”查控系统进行升级改造，不仅可运用于新收的初执案件，对因被执行人确无可供执行财产而终结本次执行程序的案件，案件数据库后台会在结案后每隔6个月自动发起财产查询，并将所有反馈信息通过案件管理平台推送给承办人，方便执行法官及时掌握未审结案件中被执行人的财产动态。

另据《最高人民法院、中国银行业监督管理委员会关于进一步推进网络执行查控工作的通知》（法〔2018〕64号），各省、自治区、直辖市高级人民法院，解放军军事法院，新疆维吾尔自治区高级人民法院生产建设兵团分院；各银监局，各政策性银行、大型银行、股份银行，中国邮政储蓄银行，各省级农村信用联社：为全面落实《中共中央办公厅、国务院办公厅关于加快推进失信被执行人信用监督、警示和惩戒机制建设的意见》（中办发〔2016〕64号）、《最高人民法院、中国银行业监督管理委员会关于人民法院与银行业金融机构开展网络执行查控和联合信用惩戒工作的意见》（法〔2014〕266号）、《最高人民法院、中国银行业监督管理委员会关于联合下发〈人民法院、银行业金融机构网络执行查控工作规范〉的通知》（法〔2015〕321号），维护司法权威，防范金融风险，推动社会信用体系建设，最高人民法院、原中国银行业监督管理委员会决定进一步推进人民法院和银行业金融机构的网络执行查控及联合信用惩戒，现将有关事项通知如下。

（1）21家银行在2018年3月31日前上线银行存款网络冻结功能和网络扣划功能。

（2）有金融理财产品业务的19家银行在2018年3月31日前上线金融

理财产品网络冻结功能。

（3）21家银行以外的地方性银行业金融机构在2018年4月30日前上线银行存款网络冻结功能和网络扣划功能。

（4）21家银行以外的地方性银行业金融机构在2018年3月28日前完成与最高人民法院的金融理财产品查控功能测试（有无金融理财产品业务都需进行测试）；有金融理财产品业务的地方性银行业金融机构，在2018年5月31日前上线金融理财产品网络查询功能，在2018年6月30日前上线金融理财产品网络冻结功能。

通过以上报道和通知，读者大致可以了解“总对总”的查控系统目前应该可以覆盖3800家商业银行，地方商业银行的金融理财产品也可以被极大地覆盖，但是在几次非正式的场合，我们在和现任法官和已经离职转行做了律师的法官进行交流的过程中，对于“总对总”查控系统到底能快速有效地覆盖查询多少家银行似乎依然没有明确的数据。在实践中笔者了解到国内共有4073家银行机构，还有一定大比例的银行机构并不能被“总对总”查控系统所覆盖，对于非常有经验的执行申请人或其代理人而言，对被执行人所在区域的地方商业银行，特别是工商底档查询中可查到的企业在当地的开户银行，依然会选择申请开具调查令进行调取企业在银行的账户信息。

在实践中，笔者发现很多执行法官并不会主动勾选各地方商业银行，这就是为什么说前面一节我们会特别强调和执行法官的沟通和配合的重要性。比如，笔者主办的一个案子，申请被执行人在天眼查上的企业发票信息中的银行名字叫洛阳市市区孙旗屯农村信用合作社，对于这家银行的信息，当时在法院查询系统没有能够联网，执行申请人就需要通过律师向法院开具调查令查询。

目前有很多商业银行不接受调查令查询，所以当明确知道法院系统不能支持某些地方银行的查询并需要开具调查令进行查询的情况下，代理律师应该在开具调查令之前提前向这家银行打电话询问是否接受调查令的查询。

对于网络支付工具中存在的资金，“总对总”系统当前也可以查控支付宝、微信、京东等支付工具中的资金，并支持账户冻结。但是若需要调查交易明细，则需要由法院开具调查令再由律师去腾讯公司和财付通公司调取，操作细节在第四章有详细描述。

对于公司或机构账户，基于人民银行的数据，查询相对来说较为全面一些，但也只能说是相对，对于个人存款，因为联网银行数量不足，以及各家银行对数据的管理方式的不同，加上法院查询系统的工作量大等因素，所以查询质量并不是十分理想。

2. 查被执行人房产。执行法院可以对登记在被执行人名下的房产进行查询，如查询到，可对被执行人有履行义务而拒不履行义务的房产予以查封，限被执行人在规定的时间内履行义务，如不履行将予以拍卖。“总对总”查询房产是目前几个系统的对接中相对不太完善的一环，因为不动产登记中心和民政系统并没有打通，所以比如房产登记在债务人配偶名下的情况，法院系统就无法查询，还需要先到民政局进行查询。本书前言中提到的笔者和洛阳一家公司的欠款纠纷［执行案号（2022）京0108执恢909号，一审案号（2017）京0108民初14592号］，就是笔者先到洛阳市市民之家对马某的婚姻情况进行查档，发现对方为了恶意逃废债，在判决书发出前一个月进行了离婚，笔者随后再去不动产登记中心查询，发现其前妻名下存在婚内就购置的大量房产，在这个线索的推动下，笔者迅速展开债权人撤销权纠纷之诉。

房产查询还有一个重要的因素需要读者特别注意：在全国335个城市2853个县区共计3001个不动产登记中心中只能查本区县最多到本市的房产最终状态，所以针对房产一般只能查到户籍地或者经常居住地所在城市房产。

当然，随着时间的推移，系统联网的速度加快，异地查询的有效性问题可能截至本书出版已经得到解决，或即将得到解决。

3. 查被执行人车辆。执行法院可以对被执行人在全国范围内车辆管理所登记的车辆予以查询，对被执行人拒不履行义务而名下有车辆的将给予查封或扣押。在实践中，经常碰到的情况是，被查封的车辆，只要没被扣押和拍卖，被执行人还照样开着到处跑，与笔者讨论借款纠纷案件的执行当事人程某就说，对方当初借了200万元给被告，被告把车抵押在了自己名下，当事人先是把车开回了家，一停就是一年多，但是北京的停车费也特别贵，为了这辆车，每年还花几千块的停车费，然后就将车停到了一个公共区域，后来，被告通过定位系统找到车并把车直接开走了。程某说，开走就开走吧，现在车也没有之前那么值钱，押在这里还花停车费，还是寻找其他有价值且容易变现的财产线索吧。这都是过去笔者在实践过程中碰到的真实的案例和现状。

4. 查被执行人的债权股权。通过执行申请人的申请或被执行人提供，执行法院可以对被执行人的债权、股权或股票基金进行查询，查询属实将给予冻结。法院也可借助天眼查、企查查等第三方系统查询，但在实践过程中，笔者发现执行法官很多都没有时间做第三方系统的查询工作，因为实在是没有精力，这就需要执行申请人或代理律师自己主动进行查询。

笔者做过数据统计，对于一家有五家以上关联公司的被执行人，做一个细致的查询工作和得出进一步的分析结果，如果用人工来进行查询的话，大概要用50分钟以上的时间。而对于年结案数在300件以上的执行法官很难有这个时间。

接下来再对法院“点对点”网络查控系统查询范围做一个介绍：法院

“点对点”网络查控系统查询范围相对较小，仅针对省内或者本地查询，可默认查询9大类事项，具体包括：

省内的车辆信息；法院可查询各自当地房产；户籍信息；出入境情况；酒店住宿；工商信息；婚姻信息；银行账户信息；船舶信息。

“点对点”对于本地查询的房产信息可以进行查询，并且支持线上查封。“点对点”在有些地方法院也可以查询被执行申请人的公积金账户，但不能在线冻结和划扣。

“总对总”和“点对点”两大查控系统，除了对于分布广泛的地方商业银行无法完全覆盖以外，目前还有一个问题是只能查到当下时点的状态记录，而对于以往的历史交易很难查询，这就无法看到大额的资金往来情况和交易对手情况，失去了最重要的财产线索来源，而像房产汽车等一旦交易转让就失去了查询依据。

如果法院在两个查控系统中都没有查到可执行的财产，就会对被执行的案件做出终结本次执行程序的决定，只有等到下一次执行申请人提供有可供执行的财产线索，才会重新启动执行程序。而执行申请人要特别注意的是，重新启动执行程序并不是一件简单的事情，需要重新走流程和手续，这就是国内现在大概有35万亿元存量的终本案件的原因所在：一是法院联网的查控系统可以查到的财产线索有极大的局限性，二是执行申请人大多数对于查找财产线索没有任何方法和能力。本书第四章将重点介绍申请执行人在法院查询系统以外，如何利用公开大数据以及第三方系统工具，自助查询更多被执行人财产线索，让恶意逃废债者无处遁形，让执行案件的执行变得不再艰难。

在讨论完执行法院的查询系统之后，笔者再结合这几年大量和执行法院、执行申请人打交道的经验，发现有很多执行申请人去执行法院找执行法官，讨论执行财产争议成为执行法官信访接待日中占用时间最多的一个工作。在这里笔者把一些通过其他方法和执行法官联络的办法做一个汇总，方便申请执行人做一个基础的了解，很多问题就不一定要去执行法院当面咨询法官。

与执行法官取得联络往往特别困难，例如北京、上海、广州、深圳的执行法院的座机电话通常很难打通，不是占线就是执行法官外出办案导致无法接通，当无法通过法院公布的法官座机和法官个人的移动电话联络到执行法官时，拨打当地司法信息公益电话是第一选择，以北京为例，拨打 12368 是最快最有效的沟通方式。

“12368”是最高人民法院确定的、全国法院系统通用的司法信息公益服务号码，当事人、诉讼代理人在工作时间拨打“12368”，可以查询案件是否受理、合议庭组成人员、开庭时间、案件办理进度、办理结果等信息，也可以咨询诉讼程序性问题，还可以通过自助系统实现 24 小时案件信息的查询。查询内容包括：案卷是否已移送到中院、是否已在中院立案、案件进度、缴费情况等相关信息；还可协助联系法院工作人员，提供书记员及相关法官的办公电话，通过留言等方式向法院工作人员转达诉求。

对于繁忙的执行案件承办法官而言，难免会有对案件的管理松懈和事项遗忘等情况，当事人、诉讼代理人可以拨打“12368”进行投诉。以笔者的实践经验看，通过“12368”反映的投诉电话，基本 100% 可以得到明确的反馈，曾经笔者遇到过被执行人的代理律师以匿名电话的形式打电话辱骂当事人的情况，但辱骂过程中所提到的案件细节只有执行法官了解，笔者认为执行法官可能无意中在和被执行人沟通的过程中泄露了部分关键信息，笔者随后建议当事人拨打“12368”进行投诉，要求院领导在指定时间亲自回复并做出处理意见，院领导也在要求的时间内对投诉做出了亲自回复。这些实际情况都证明，中国的司法环境正变得越来越好。

与执行法院和执行法官进行沟通的另一个方式是使用手机小程序“人民法院在线服务”（原移动微法院）见图2－1，进行沟通，在执行案件中，人民法院在线服务同样发挥着重要作用，执行法官可以通过图片、视频、定位等方式，向执行申请人实时推送查封、扣押、司法拘留等14个节点信息；执行申请人也可向执行干警发送执行线索，还能视频连线执行现场，当事人与法院信息不对称的问题得到有效解决。除此之外，这个小程序还有很多非常有效的功能，读者可以自行进行尝试。

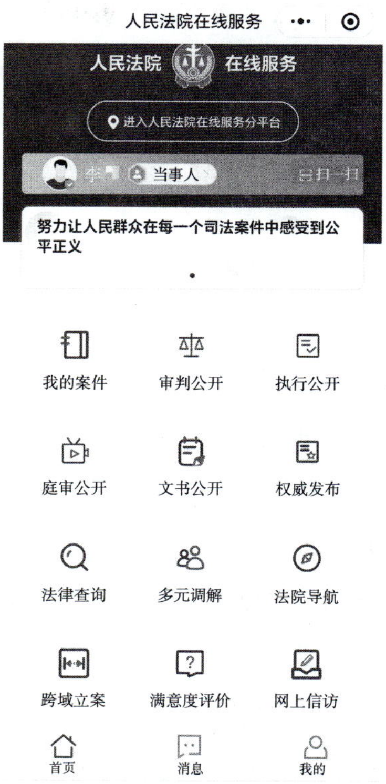

图2－1　人民法院在线服务首页

除了热线上以及和执行法官的沟通方式外，执行申请人和代理人还可以在每周的执行法官接待日去和法官进行面对面沟通。因为执行的思路不同，可能在案件的执行过程中，执行申请人和代理人与执行法官的思路偏差较大，这时候就需要执行申请人和代理人提出更多的有效救济措施以供执行法官综合判断并形成讨论。

对于接待日去和执行性法官见面的时间，笔者的经验是要不然就在早上提前半小时到达，要不然就在上午接近下班时间半小时左右到达，因为中间时间段人实在是太多了。

也有执行申请人或代理人试图联络执行法官进行贿赂，在这里笔者劝有这个想法的执行申请人或代理人彻底放弃，该提议不仅会失去执行法官的尊重，还很有可能因此承担刑事责任。

当然申请执行人或代理人也可以给法官邮寄证据材料和其他有助于案件执行的相关资料、提出意见与建议，寄件人切记使用中国邮政EMS服务，因为其他邮件的送达很有可能是法院的传达室，但中国邮政EMS服务可以直达执行法官的办公桌。

第三节　优化获得正义的成本

北京市正皓律师事务所代理了一起大理石石材供货合同纠纷案件。仲裁申请人是天津市禄华石材有限公司（化名）（以下简称禄华公司），申请的依据是：申请人与被申请人盖章的编号为220060的《材料采购合同—石材》第14.1部分约定：“任何争议或请求，提交北京仲裁委员会按其仲裁规则仲裁。”

事实与理由：

2022年7月1日，申请人禄华公司与被申请人泰唯（北京）建筑工程有限公司（化名）（以下简称泰唯公司）盖章签订《材料采购合同—石材》（编号：220060），约定申请人向被申请人的工程项目“山西潇河新城1号酒店”进行石材供货，合同总金额为550万元，后附石材单价分析表的金额为5,661,052元。之后申请人与被申请人还盖章签订了同一项目的“一号酒店石材增加项目补充协议”，后附金额为403,013.48元。

2022年6月20日至2022年10月15日间数份供货签收表。目前申请人禄华公司供货总计6,550,066.31元，泰唯公司支付款项3,617,018.07元，剩余2,933,048.24元未支付（含3%的质保金）。

在禄华公司多次向泰唯公司催要无果的情况下，禄华公司决定通过法律途径解决争议。在准备提交申请时，代理人同时向申请人提交了需要缴纳的仲裁费明细：仲裁员报酬 30,913.00 元 + 机构费用 17,540.00 元 = 48,453 元。一看要支付近 5 万元的仲裁费用，申请人代表略显迟疑，“要不，我再和对方谈谈，要实在不行，咱们再走程序？”

这两年很多建筑行业的核心企业为了增加和供货商之间发生违约后的诉讼成本，将争议的解决机构设定为仲裁委员会，试图通过申请人需要支付高昂的争议解决成本来压迫下游企业寻求不平等的和解条件。这是笔者近几年发现的一个普遍现象。

再来看另外一个案例，自从互联网金融（以下简称“P2P”企业）退潮以后，看似从市场上销声匿迹的“P2P”企业基本停止对外募集资金，工作重心转为向出借人催收到期借款，笔者所熟悉的几家头部“P2P”企业坏账都在 300 亿—600 亿元规模。这里笔者假设以一家 500 亿元规模坏账的“P2P”企业为例，再假设该企业的平均出借金额为 1 万元，那么涉及的客户数量大约为 500 万人。据笔者了解，部分“P2P”企业可以协调地方仲裁委出具仲裁裁决书，每份仲裁裁决书大约需要 500 元仲裁费，仅仲裁费一项大约就需要 25 亿元的支出，各位读者，你觉得哪家已经断掉了进水管的“P2P”企业能够承担如此高昂的仲裁成本？这还只是出仲裁裁决书的费用，并没有包括进入法院执行局之后的执行成本。所以笔者常常半开玩笑地和朋友说，当初找二十个身份证，基本上可以通过在“P2P”企业的借款在二线城市买一套房子，3 年诉讼时效超过之后，借款人便再无后顾之忧。在普惠金融、互联网金融、小额银行等概念最终被验证存在极大的问题之后，笔者个人觉得，除了资金出借人以外，运营平台某种意义上讲也是弱势群体。

如果读者感觉仲裁费或诉讼费高昂，那笔者再讲一个案例可能读者就会觉得付出解决争议的高昂成本就不再是一个问题了。2015 年成立的一家湖南互联网消费金融公司，在制作借款合同时，将争议的解决统一约定在长沙某区的法院，因为该互联网企业的注册地在该区，笔者估计该公司的负责人无法想到未来3年后的违约率会如此之高，当出现利息违约后，公司法律服务部门带着第一批大约8000多个小额批量全套材料去区里立案的时候，直接被劝回了，“在过去，全区全年的借贷纠纷案件也就5000多件，您一个月就带来超过我们全年的案件量，怎么审？怎么结案？”据笔者的了解，该企业至今已经累积了370多万笔小额逾期案件，除了极少部分立案成功之外，其庞大数量的案件至今无法立案。

因此，和仲裁成本高昂相比，因为之前的合同管辖权约定的失误导致不能立案追偿的数百亿损失已经不能简单地用成本来解释了。

最后再说个小插曲，笔者所处的律师事务所之前接受了一笔借款争议委托，当初因为出借人和借款人属于远亲关系，但居住地都在北京，基于借款人和出借人非常熟悉的缘故，出借人的女婿在网上找了一份借款合同模板校对无错别字后，双方填上借款金额和签名后就正常汇款履行合同，直到借款人违约后才发现网上下载的合同约定争议的解决管辖地是广州仲裁委员会，而当事人双方委托的律师事务所都在北京，却要去广州仲裁委员会申请仲裁，平添了额外的成本。

所以正在阅读本书的读者，你有考虑过你已经签署的各类合同如果发生违约，你将付出的解决争议的成本大概是多少吗？各位正在路上的中小创业者，在当你把全部精力聚焦在完成核心大客户的委托的服务过程中，有没有对这些“大客户”给出的“标准”合同进行研究，有没有采取自我保护的更多措施？还有接受客户委托的法律工作者，在制作一份合同时，有没有结合政策、商业模式、行业趋势综合考虑这份合同在未来出现争议时的合理性？

所以，对于解决争议可能支付的“成本”，笔者认为债权人可能需要更新观念。

在与执行申请人以及代理人讨论执行案件的“成本”的过程中，笔者发现绝大多数的执行申请人以及代理人都通常把“执行成本”聚焦于司法成本以及用一口价代理还是风险代理或者是半风险代理来思考获得执行回款的资金付出，这是无全局观及偏颇的认知，就长期关注执行案件的务实与操作中积累的经验而言，笔者认为一个执行案件的结果以“最终回款数量”来看的话，执行案件的“成本因素”以及优先排序包括：

（1）降低沉没成本；

（2）获得更多财产线索的成本；

（3）执行成本；

（4）支付律师费用的成本。

1. 降低沉没成本

沉没成本，是指以往发生的，但与当前决策无关的费用。从决策的角度看，以往发生的费用只是造成当前状态的某个因素，当前决策所要考虑的是未来可能发生的费用及所带来的收益，而不考虑以往发生的费用。

人们在决定是否去做一件事情的时候，不仅是看这件事对自己有没有好处，而且也看过去是不是已经在这件事情上有过投入。我们把这些已经发生不可收回的支出，如时间、金钱、精力等称为“沉没成本”。在经济学和商业决策制定过程中会用到“沉没成本”的概念，代指已经付出且不可收回的成本。笔者认为，沉没成本不仅仅可以运用于经济学和商业决策制定，在争议解决中同样非常适用。

站在代理人的角度，笔者在过去和数百位当事人讨论案件的过程中发现一个普遍的问题，就是相当数量的当事人对于案件的描述和希望达到的目标凌乱且分散，在诉讼过程中对于诉讼请求缺乏清晰的认识；在执行案件中，对于可执行财产的认知局限且偏执，导致无效的和解谈判、偏颇的诉讼请求以及对在低价值的财产的申请执行中增加了大量的沉没成本。

2021 年，笔者接触到一个与金融机构相关的案件，经过梳理发现房屋在抵押给金融机构前，众多的个人和机构参与了购房和抵押的过程，且时间跨度较大，最有挑战的情形是主要参与人员涉嫌刑事犯罪以及被羁押。在和当事人沟通的过程中，当事人将事情描述得极其复杂，作为金融机构的委托人，笔者当机立断打断了当事人的描述，直接拉过来一块黑板，按照关键时间在黑板上画出了时间轴，通过可视化的时间轴让当事人在每个时间点上做填空题，不到半个小时，就和当事人提炼出了几个关键要点，厘清了思路（如图 2 –2 所示）。

在事件的真相和要点被基本上掌握以后，笔者马上和委托人确定了进入司法程序的方案。

上述案件在笔者审查金融机构提供的相关材料，确定了案由是金融借款合同纠纷，被告确定为借款人（产权人），其配偶为保证人即共同被告后，立即完成法律文书，在合同约定的管辖地（金融机构注册地）法院进行立案诉讼。

针对借款人提出的自己从金融机构借的款项被其中参与购买和抵押房屋的人员骗走，自己是受害者，金融机构应向犯罪嫌疑人主张还款的抗辩意见，要准备好充分的法律依据。掌握案件是不是存在“先刑后民”的情形，需要向法院申请对刑事案件进行调查。

做好执行阶段产权人以无处居住为理由拒不腾房的预备方案，积极推进拍卖流程。

确定请求：要求借款人偿还借款本金、利息、罚息及原告实现债权的费用；要求保证人对第 1 项诉讼请求承担连带还款责任；对抵押物进行拍卖，并在拍卖中享有优先权。

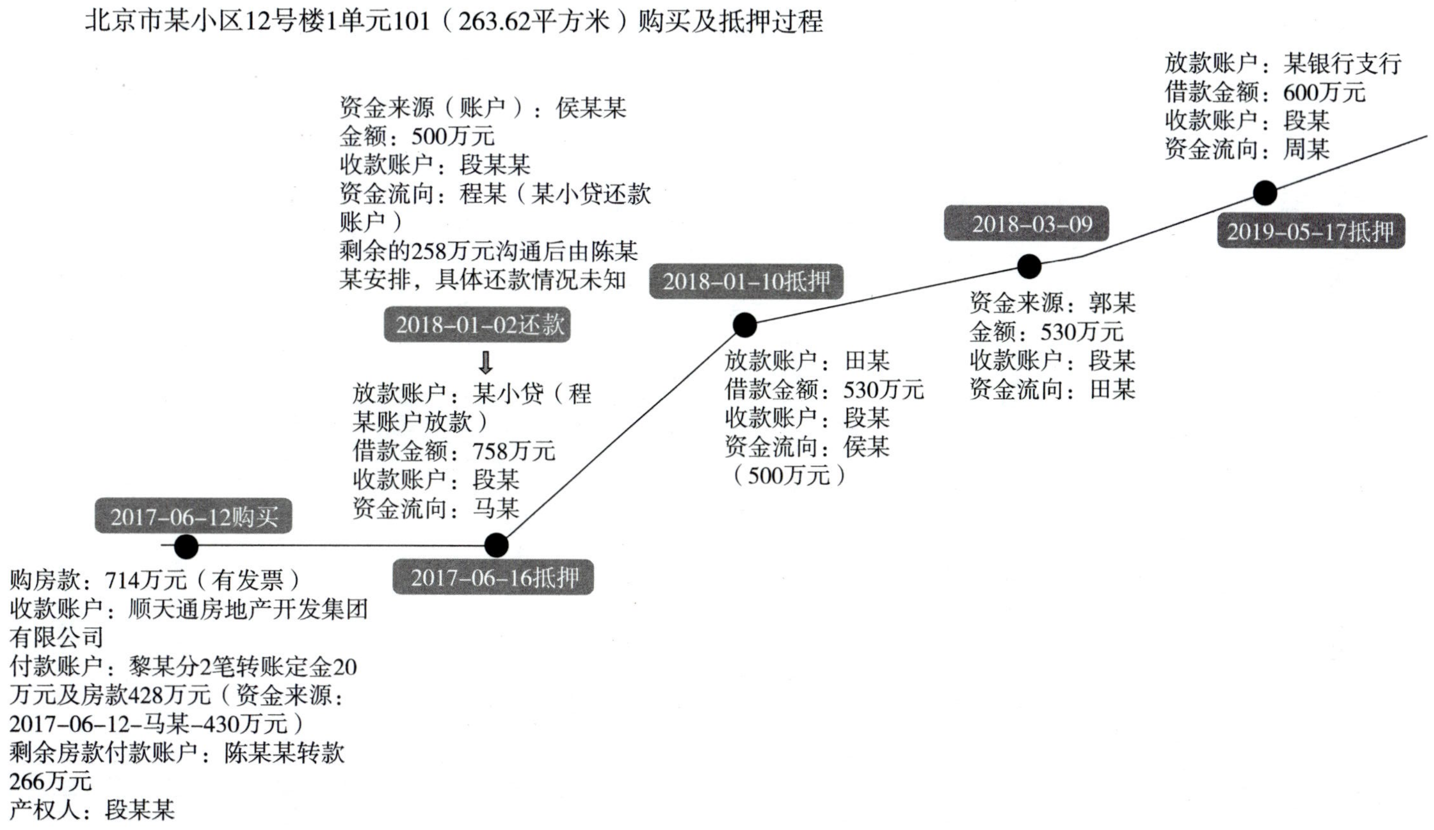

图2-2　初步梳理的事件经过

确定财产线索：本案的财产线索是借款人名下抵押的房屋，且房屋预计拍卖金额可以覆盖金融机构的债权；补充调查财产线索为借款人配偶名下的房产，防止借款人在执行阶段拒不腾房。

整个案件从了解细节到确定方案然后到进入之后的司法程序到最终结案回款，笔者和委托人全部加起来的讨论不超过两个小时，但基于线索和证据做出了正确的判断，整个处置过程非常高效，拳拳到肉，干脆利索地在不到100天的时间内拿回了全部贷款本金、利息和罚息。

笔者还有另外一个故事也希望能给读者一点启发。

2022年，笔者接触到一个案件，在长达5年的漫长追债过程中，债权人不仅没有拿到钱，同时由于债务人是某城市经济开发区管委会，前任领导已经更换，现任领导及部门负责人没人给出书面答复，也不回应债权人的追讨。甚至后来债权人都进不去管委会的大门，只能在门口岗亭打分管座机电话提出申诉，管委会最终给了电话通知："你们还是走法律途径吧。"

这个案件在委托笔者的律师事务所之前，债权人从外地到债务人所在地往返很多次，付出了往返差旅费、时间成本资源成本等，可以想象债权人的心理压力越来越大，情绪也越来越激动。更被动的是欠款违约都已经5年了，诉讼时效是个大问题，在这样的压力下，债权人也迟迟不敢向法院提起诉讼，就怕赔了欠款还赔了诉讼费、律师费、差旅费。

这个案件的主办律师经过团队共同讨论，出具的方案不仅只是从法律专业角度出发，还邀请了给政府机构担任法律顾问的专家对现有政府考核标准进行研讨。

主办律师最后出具的方案一针见血：让债权人在国务院政府网上写情况反映，将与债务人之间形成的合同及提供的服务附在材料后面。基于目前国家对行政机关的监督和管理力度越来越大，要求国务院对地方政府机构进行监督，督促债务人履行还款义务。

很快，开发区管委会指定了专人联系了债权人提出可以商谈，债权人在代理人的陪同下与债务人达成了调解协议，最终同意了管委会提出的分期支付欠款的书面承诺。

2. 获得更多财产线索的成本

在本章第二节，笔者谈到执行法院对于查找财产线索具有局限性，因此对于查找财产线索执行申请人或代理人将不得不花费大量的时间和精力，自己通过各种可能的方法查找被执行人的财产线索，但即便是这样，很多执行申请人或代理人对此项工作也毫无头绪。

当然，没有头绪是普遍现象，有头绪只能是长期训练的结果，对比股票交易的专业思维和散户思维，笔者很容易发现其思维模式和梳理财产线索的专业及非专业具有高度相似性。

专业的股票交易者和“散户”最大的区别在于，“散户”迷信消息，依靠消息（往往是所谓的专家意见）进行交易，专业的交易者会同时研究基本面和技术面，通过基本面挖掘热点、企业的基本资讯、资金的流入与流出、市盈率、净资产收益、营业收入、净利润、判断是否介入该股票的交易，而具体进场条件则通过 K 线图、成交量、MACD、KDJ、RSI 相对强弱指标进行判断，顶级的交易者还会通过指标的参数设置来获得更多交易领先优势。这是一套系统。且系统中全部数据来源都是免费的，虽然对于顶级的专业交易者而言，还会付费购买更多额外的软件与硬件的服务，比如购买光纤宽带提高下单速度，购买付费数据获得更多交易依据，购买付费行业报告等，但是这些费用也只是在已有的优势上增加一层保险。

获得财产线索的逻辑也是一样，通过公开数据查询自然人和法人机构的基础信息，再进一步，调查者也可以付费获取更多关键信息，比如企查查的付费会员则可以查到企业的工商信息、董监高信息、股东信息、法人信息、对外投资、股权结构、企业图谱、变更记录、企业年报、分支机构、融资历史、核心团队、企业业务、投资事件、竞品信息、法律诉讼、法院公告、失信人、被执行人、经营异常、行政处罚、严重违法、股权出质、动产抵押、欠税公告、招投标、债券信息、购地信息、招聘信息、产品信息、资质证书、税务评级、抽查检查、商标信息、网站备案专利、著作权等全部50多种数据维度。

如果对于几万元标的执行款，可能不需要如此兴师动众，但对于数百万元甚至数千万元的执行案件，一千多元的会员费用绝对是超值的投入。

在建立了系统工具的基础上，通过对于法条的理解、执行案件的熟悉程度，资深执行申请人或代理人还会支付更多合理的费用，获得更多财产线索以掌握绝对的执行优势，比如下列内容。

◆ 保全及担保费

保全及担保费主要指财产保全，财产保全担保也叫诉讼保全，是指财产保全的申请人在申请财产保全时向人民法院提供的担保，法院审理案件时，在作出判决前为防止当事人（被告）转移、隐匿、变卖财产，依职权对财产作出的保护措施，以保证将来判决生效后能得到顺利执行。根据《国家赔偿法》的相关规定，法院应对保全错误负赔偿责任。所以，提交财产保全申请时，法院一般会要求申请人提供相应的担保。

为了减少申请人的诉讼成本，建议财产保全可以使用法院认可的保险公司提供财产保全担保。

法律依据

《最高人民法院关于人民法院办理财产保全案件若干问题的规定》第6条规定，申请保全人或第三人为财产保全提供财产担保的，应当向人民法院出具担保书。担保书应当载明担保人、担保方式、担保范围、担保财产及其价值、担保责任承担等内容，并附相关证据材料。

第三人为财产保全提供保证担保的，应当向人民法院提交保证书。保证书应当载明保证人、保证方式、保证范围、保证责任承担等内容，并附相关证据材料。

对财产保全担保，人民法院经审查，认为违反民法典、公司法等有关法律禁止性规定的，应当责令申请保全人在指定期限内提供其他担保；逾期未提供的，裁定驳回申请。

“保全费”及“担保费”的区别：两者都是为了实现“财产保全”的目的而存在的，只是“保全费”的缴纳对象是法院，而“担保费”的缴纳对象是保险公司。

◆ 公证费

公证是公证机构根据自然人、法人或者其他组织的申请，依照法定程序对民事法律行为、有法律意义的事实和文书的真实性、合法性予以证明的活动。公证制度是国家司法制度的组成部分，是国家预防纠纷、维护法治、巩固法律秩序的一种司法手段。

法律依据

《公证程序规则》第14条规定，公证事项由当事人住所地、经常居住地、行为地或者事实发生地的公证机构受理。

涉及不动产的公证事项，由不动产所在地的公证机构受理；涉及不动产的委托、声明、赠与、遗嘱的公证事项，可以适用前款规定。

目前金融机构在对外发放贷款时，都要求与借款人及担保人形成的合同进行公证，借款人出现违约情形时，直接申请出具《强制执行证书》进入执行程序，省去了诉讼时间。

◆ 财务审计费

财务审计包括：检查资产负债表、损益表、现金流量表、合并报表等是否编报齐全；分析报表所反映的会计期间的财务状况、经营成果以及资金变动情况，然后与其他会计期间的分析进行对比；有关重大影响因素是否予以揭示，通过结合报表内容的审计，验证报表附注说明是否真实等工作。

财务审计可以揭露以及反映企业资产、负债和盈亏的真实情况，通过查处企业财务收支中各种违法违规问题。进入执行阶段通过向法院申请，对被执行人采取财务审计可以有效地抓取财产线索，为制定执行方案提供依据，可以加速执行回款。

◆ 鉴定费

鉴定费一般指司法鉴定费，是指司法鉴定机构依法接受委托，在诉讼活动中运用科学技术或专业知识对诉讼涉及的专门性问题，进行鉴别和判断并提供鉴定意见后，由司法鉴定机构向委托人收取服务费用的行为。司法鉴定费的收取依据是《司法鉴定收费管理办法》。

◆ 资产评估费

资产评估是专业机构和人员按照国家法律、法规以及资产评估准则，根据特定目的，遵循评估原则，依照相关程序，选择适当的价值类型，运用科学方法，按照规定的程序和标准，对资产价值进行分析评定、估算。

法律依据

《资产评估法》第2条规定，本法所称资产评估，是指评估机构及其评估专业人员根据委托对不动产、动产、无形资产、企业价值、资产损失或者其他经济权益进行评定、估算，并出具评估报告的专业服务行为。

在实践中，可能还会涉及查档费、勘验费等费用，读者可以根据实际情况再做了解。

推动执行案件的思考方式和证券、外汇、大宗商品交易有相通的逻辑：对于对手（证券交易的对手就是市场）了解越多，可供研究与挖掘的线索基础就越多（证券交易的线索就是入场机会），最终掌握的线索决定了处置执行方案的力度（在证券交易中则是每次交易机会投入的资金，也有人将之称为筹码），研究、挖线索和执行处置都是推动执行案件的真正成本，回款率的高低直接与这三个关键手段有直接的关系，而付给代理人的费用，笔者宁愿把它理解为聘请高级交易高手的费用，而不是通常当事人将之理解为的“成本”。

3. 执行成本

执行措施中，除了限制高消费、列入失信被执行人以及限制出入境、罚款等法院实行的惩戒措施外，包括追加被执行人、代位权诉讼、债权人撤销之诉、股东损害债权人利益之诉等救济措施（本书最后一章将有更多救济措施的详细介绍）基本都来源于执行申请人和代理人对于挖掘并掌握财产线索所付出成本而得到的应有回报。

执行回款真正影响回款比例和效率的成本在于实施救济措施过程中所必

须考虑的三个关键代价：

时间的代价；

和解的代价；

税费。

（1）时间的成本

毫无疑问，时间是最大的成本，在最近笔者参与的一个破产案件中，重整投资人给出的重整方案为：对于有财产担保的担保债权处置方案为现金20% + 留债 80%，留债期为 7 年，利率按照 5 年期 LPR 的 70% 计算，超出担保财产评估价值范围的按普通债权清偿。

对于金融机构而言，该笔债权有可能计入核销，也有可能做其他的表内调整方案，或者直接组包卖给资产管理公司，但对于一个自然人来讲，如果他今年已经 65 岁，他对这笔留债期为 7 年的债权将做何感想？

这些年来遇到的执行申请人的困惑，最大的无奈就来自对漫长的处置时间的不确定性，因此，优选短时间的可执行的方案一定是最佳选择。

上述提到的长达 5 年的开发区执行案件就是典型的案例，找对了方向比道路更重要，好的执行方案决定了案件的走向。

（2）和解的代价

反过来，当执行申请人掌握了被申请执行人足够的财产线索甚至是涉及刑事的证据，执行申请人的主动性会获得极大的提升。当然，在掌握的证据和线索涉及的金额可以覆盖全部案款且时间可控的前提下，基本也不用讨论和解，直接强制执行一定是最佳方案。

通常和解是在掌握财产线索但数额不足够覆盖执行案款或执行案款的时间不确定，以及被执行人还需要延续事业并重视社会声誉等前提下做出的单向或双向的妥协。

2020年，笔者接受了北京耀达公司（化名）的委托，准备走法律程序向上海爱华公司（化名）追讨2320万元的影视后期制作费用，在完成全部起诉书并签署代理协议后，笔者建议当事人和爱华公司的大股东及实际控制人见一面，爱华公司的章总如约来北京和我们会面，并坦诚地表示，公司小股东挪用公款对外投资无法收回，自己近期又陷入家庭继承纠纷中，之所以之前不能正常与耀达公司履约，实在是因为与公司股东以及家庭内部矛盾都没有能够达成一致，以他自己的能力而言，愿意对1800万元的债务承担无限连带担保责任，并将上诉债务分期两年还清。看到章总诚意满满，并通过谈话分析了细节的可行性，笔者当场给委托人打电话，沟通并达成了和解方案。这样，原本计划通过两年走司法流程还不确定能否完全妥善解决的方案，最终在不到72小时的时间里，完美地画上了阶段性的句号。

通过和解手段可能会大幅度降低代理人的代理费用收取，但以委托人权益得到了保障为导向，这是最佳选择。

只要争取能获得谈判的机会，往往执行申请人会有意想不到的收获。

通过和解手段解决争议也可能会降低执行申请人的回款预期，但相比较可能花费的时间而言，如果金额差距不够大，这也可能是最佳选择。

（3）税费

在执行案件中涉及以物抵债的情况，特别是不动产的物权转让将会涉及高额且复杂的税务，这是很多申请执行人和代理人没有考虑到的，本来想这笔债权资产转为物权资产，仅仅通过初步算账是划算的，但如果考虑进去税务的因素，可能就是一笔不太划算的方案。

以不动产过户为例，涉及税种首先主要包括增值税、土地增值税、所得税、契税，其次还包括城镇土地使用税、房产税、城市维护建设税、车船税、印花税，很多当事人说金融债权资产的转让有税收优惠政策，事实上也的确是有，但只针对四大资产管理公司受让的金融类违约资产，主要包括增值税、土地增值税、印花税三项。

除此之外的执行申请或受让该笔债权的民营资产管理公司，其税费缴纳视同房地产中的土地与二手房交易。

以债务人将该笔债权资产转让给以下法人机构的情况，其税收包括以下内容。

①有限责任公司：增值税+所得税，（其他类投资，不征收增值税）；

②契约型基金：增值税（投资收益×3%）；

③SPV（特殊目的机构/公司）：所得税（投资收益×20%）。

如果债务人将实物资产以抵债的形式转让给债权人，出让人（被申请执行人或债务人）需要缴纳：增值税、土地增值税、契税、所得税，受让人（或债权人执行申请人）则需要缴纳契税。

对于以房地产为例的司法拍卖资产而言，资产交易遵循当期二手房交易税收进行（各地高院有区域调节权限）对于债权人或执行申请人要特别留意拍卖平台发出的司法拍卖公告，比如：本次成交价等均不含买受人在竞价标的物交割时所发生的全部费用和税费，委托方与买受人双方在产权过户中产生的相关税费皆由买卖双方各自承担。

这些涉及税费的关键条款，将直接影响债权人的回款金额甚至回款时间。

笔者在过去的业务实践中，无论是站在申请执行人的立场还是站在债权资产的买受人的角度来看，在债权处置的每个阶段均能提供完备的“有效方案”是一家专业机构最终解决争议的核心竞争优势，以房地产债权资产为例，为了降低交易难度，笔者经常通过帮助申请执行人寻求买受人，进而有效地推动债权资产变现。实践中，笔者也常常也联合申请执行人为资产买受人提供税收筹划及交易结构设计的额外建议。

目前，笔者认为相对比较有效的税收筹划方案主要包括：减少、增加、结构和返还四种方式。

①减少："减少"收入并不是房价卖低，是减少房产转让收入，转换为其他收入。例如，笔者在接触的一个精装修房地产以物抵债过程中向出让方以及受让方共同提出建议，将服务转让协议、装修设计服务协议、家具设计定制服务协议单独签署，从而使房屋转让每平方米单价从 9 万元直接降到 7.2 万元，税务优化率达到 20%。

②增加：增加成本、提高法定扣除金额，在合理的范围内增加工程造价。

③结构：通过股权转让方式，出让项目公司股权，从而间接转让房产项目，仅需缴纳股权转让产生的所得税。

2019 年，北京一家信托机构给某开发商的贷款发生逾期，该业务是该信托机构负责人履职以来最大一笔的业务，也是集团重点关注的业务，在紧急关头，信托机构作为债权人赶紧召集债务人紧急商讨对策。

债权资产是位于北京望京地区的两栋建筑，分别是一栋酒店 A 和一栋办公楼 B，开发商先期开发完成酒店并投入运营。后在接下来的办公楼开发计划之初，就遭遇房产调控，后续的办公楼因为资金原因停工，经过紧急商讨，债务人决定出售酒店部分快速变现偿还借款本息。

由于该地块是开发商较早时间拿到的地块，拿地价相对便宜，所以如果选择直接出售酒店产权面临的税负非常高，买受人几乎没有收益，导致很难成交，同时两栋建筑属于同一个地块，同属于一个项目公司，所以无法以转让股权的形式转让该酒店。作为信托机构的代理人，笔者及项目组经过研究测算后，最终建议采取将公司拆分后转让股权的形式进行操作。

经过大约50天的各方密切配合，最终完成操作，在节约大笔税款的利好条件基础上，债务人通过引进一家机构投资人，在逾期80天之后，顺利偿付了信托机构的本金、利息以及复利和罚息。

④返还：利用财政税收返还等优惠政策，尽管房地产开发有着属地化的特质，但是依旧存在通过转移税收从而向其他当地政府争取更好的税收条件，同时，通过转让降低土地增值税的税率，从而实现税收筹划目标。

上海某豪宅项目就属于利用税收返还降低成本最终成交的一个典型，这个案例跨度的时间比较长，大概前后用了一年半，该笔债权前后易手达五次之多，之所以反复易手，主要的问题还是税务筹划一直没有确定的方案，最后一手的买受人马总来自江西，当时在一个研讨会上和笔者相识。先了解并分析项目的可行性后，马总找到上海一家顶级财务公司对项目的细节进行了论证，并全面实地调研后，最后决定快速介入。

该违约资产由于拿地时间较早，该项目完工后综合成本约为4万元/平方米，销售售价约11万元/平方米，按照之前的算法，增值额=11万-4万×（1+20%）=6.2万元，增值率=6.2÷4.8=129%，土地增值税2.38万元。

经过税收筹划后，江西公司的马总果断在上海某“偏远”区县设立空壳公司，以约6.5万元/平方米价格收购全部项目可售房产，转手再以11万元/平方米卖给买家（二手房方式）；同时因为争取到外区的税收到该“偏远”地区，政府给予地方部分税收40%返还的政策（当时土地增值税100%算地税）税负降低了30%。对于房地产的买卖而言，30%已经是一笔非常可观的金额。

占用了比较多的篇幅特地描述了税务成本，对于一生中可能仅仅遇到一两件财产执行案件的读者来说，执行财产是一个遥远且陌生的话题；对于很多代理人（以律师为主）而言，能遇到很多金额较大且涉及实物资产的案例也并不多见，但对于与资产管理公司常年有配合，同时专注争议解决的“最后一公里”“执行财产”的法律服务机构而言，降低沉没成本、获得更多财产线索的成本以及执行成本是需要优先考虑也是需要经常考虑的主要因素，更是必须考虑需要优化的成本。

4. 支付律师费用的成本

诉讼和聘请律师的成本排序在最后，即便如此，如何优化诉讼成本和合理的计划支付给律师的费用成本也值得讨论。

笔者有个姓万的朋友，在 2018 年以代持股协议的形式，向一位宋姓朋友支付了 900 万元，其中 450 万元算借款给宋姓朋友，另外 450 万元以每股 0.3 元的价格获得一家环境公司的股权，该股权由宋姓朋友代持。后宋姓朋友加入该环境公司并担任了首席执行官且约定高管持股满 3 年可解禁上市交易。2018 年年底该公司顺利上市，开盘价为 51 元人民币，到 2023 年 5 月，万总翻看台历，意识到该股票的解禁期早已超过，再看该股票当前价格为 30 元，比当初的买入价上涨了 10 倍，就电话要求宋姓朋友以 4500 元的当日成交价加上 450 万元借款，共计 4950 万元给予兑付，但宋姓朋友以种种理由不予承认该金额。不得已，这位万总准备找笔者的律师事务所通过法律途径解决。这时候问题来了，该笔诉讼请求的金额如果按照 4950 万元计算的话，诉讼费大约将支付 24.75 万元 + 4.18 万元共计 28.93 万元，这可不算一笔小数。

在和万总简单讨论后，笔者重新给了万总一个可供选择的建议：以 900 万元的本金及相关收益进行诉讼请求，这样诉讼费用就变成了 6.3 万元 + 1.1800 万元共计 7.48 万元。

有技巧的安排诉讼费和律师费的确可以节约诉讼成本。

笔者发现，在一些金额不大的案件中，由于当事人对于司法流程的陌生，对于诉讼请求目标不清晰，仅仅是为了诉讼而诉讼的事情很常见，所以对于可能发生的诉讼费用做一点简要介绍。

我们国家诉讼费用交纳的依据是2007年4月1日起开始施行的《诉讼费用交纳办法》。该办法颁布后诉讼费全面下调，比如财产案件收费比例的起点大幅降低，由4%下调为2.5%；但案件一审和二审都应当分别缴纳案件受理费，再审案件除以下两种情况外，则不用缴纳案件受理费：一是当事人有新的证据，足以推翻原判决、裁定，向人民法院申请再审；二是当事人对人民法院第一审判决或者裁定未提出上诉，第一审判决、裁定或者调解书发生法律效力后又申请再审。案件受理费原则上是财产类案件按照诉讼标的额的比例收取，收取方式见表2－1，这里不再过多叙述。

表2－1　财产类案件受理费计算标准

标的金额	1万元以下	1万—10万元	10万—20万元	20万—50万元	50万—100万元	100万—200万元	200万—500万元	500万—1000万元	1000万—2000万元	2000万元以上
计算方法	50元	2.5% - 200元	2% + 300元	1.5% + 1300元	1% + 3800元	0.9% + 4800元	0.8% + 6800元	0.7% + 11800元	0.6% + 21,800元	0.5% + 41,800元

注：适用简易程序审理的案件，以调解方式结案或者当事人申请撤诉的案件，减半交纳案件受理费。

从某种意义上讲，诉讼费带有制裁性质。因为诉讼是由于违反法律规定，不履行义务或侵害他人利益的一方引发的，由其负担诉讼费用实际上是对他的一种惩罚，因此，案件受理费一般由败诉方负担，但实践中一般情况下都是原告先行支付。

很多情况下，原告基于诉讼费用需要支付金额较高，加上对案件胜诉的不确定性心生抗拒，最终很可能选择放弃通过司法途径维护自身利益这一选项。

在数十年的法律服务工作中笔者发现，一切正义都能得到伸张仅仅是基于价值观的美好愿望，从东方到西方国家，在高昂的解决争议以及在争议解决过程中小企业面对大型企业的弱势等种种因素，导致诸多当事人的正义未必能够得到伸张。对于这一困惑，本书的后记“法律援助基金的兴起”会展开部分讨论。

笔者再来讨论一下关于律师费的支付原则。

在执行案件中，律师费按计时收费方式收费（200—3000 元/小时）基本不用考虑，计时收费不适合财产案件，特别是执行案件。

如果不考虑计时收费，那剩下只有三种选择，前期支付律师费、前期支付部分律师费的半风险代理以及前期不支付律师费的全风险代理。既然本书聚焦于讨论查找财产线索帮助执行回款，因此，本书也重点介绍执行回款为目标的内容而不是打赢官司为目标的诉讼技巧内容，以这个结果为导向，有能力解决争议或过程中有挖掘财产线索能力最终有回款能力的律师（或其他代理人，但本章节我们重点讨论律师）基本会选择半风险代理或全风险代理。

风险代理收费的定义是指律师事务所在接受委托时，只收取基础费用，其余服务报酬由律师事务所与委托人就委托事项应实现的目标、效果和支付律师服务费的时间、比例、条件等先行约定，达到约定条件的，按约定支付费用；不能实现约定的，不再支付任何费用。实行风险代理收费，律师事务所应当与委托人签订风险代理收费合同，约定双方应承担的风险责任、收费方式、收费数额或比例。

对于申请执行人来讲，考虑如何支付费用的衡量标准主要有：

（1）风险代理收费在裁判结果出现后支付，计算方法是明确的，金额是不明确的，与执行结果直接关联。

（2）标的额大、对案件把握程度高、信任程度是风险代理律师敢于挑战的三个标准。

（3）对于案件委托后，一方面，风险代理律师很快帮助促成和解的，申请执行人可能会心理不平衡，认为律师赚钱太容易；另一方面，耗时数年之久付出了大量精力却没有执行回款的，风险代理律师也可能心理不平衡。为了避免后期这两种心态的出现，代理人和委托人双方应该事先达成一致，风险代理本质上是一种对赌，是双方分别对能力以及可能性的不同判断。

（4）风险代理同样有弊端，主要就是解约成本高。对于采用风险代理收费方式的委托代理合同，代理人会增加保护条款，例如在代理人无过错的情况下，在代理期结束之前，委托人单方解约必须补偿前期律师费；或者即便案件的后期工作由其他律师继续完成，在案件完结后，代理人仍有权根据提前终止的委托代理合同向委托人主张后期律师费。以上情形会导致委托人一旦签署风险代理收费的委托代理合同，中途更换律师的成本将会很高。

（5）风险代理人的主要成本在于获得财产线索的费用，调查费用缺乏市场标准，但这个费用有可能会非常高。委托人和代理人均需要有相关的心理准备。

以上五点因素如果能够考虑清楚，基本上委托人和代理人之间就比较容易达成风险代理协议的费用共识。

最后笔者再粗浅地谈谈对《律师服务收费管理办法》的一点看法。

2006 年，国家发展和改革委员会颁布了《律师服务收费管理办法》（发改价格〔2006〕611 号）第 13 条规定，实行风险代理收费，律师事务所应当与委托人签订风险代理收费合同，约定双方应承担的风险责任、收费方式、收费数额或比例。实行风险代理收费，最高收费金额不得高于收费合同约定标的额的 30%。

2021 年司法部等部门对于律师服务收费意见做了修订，详见《关于进一步规范律师服务收费的意见》（司发通〔2021〕87 号）第 6 条，对风险代理律师服务费最高金额进一步细化：

标的额不足人民币 100 万元的部分，不得超过标的额的 18%；

标的额在人民币 100 万元以上不足 500 万元的部分，不得超过标的额的 15%；

标的额在人民币 500 万元以上不足 1000 万元的部分，不得超过标的额的 12%；

标的额在人民币 1000 万元以上不足 5000 万元的部分，不得超过标的额的 9%；

标的额在人民币 5000 万元以上的部分，不得超过标的额的 6%。

在实务操作中笔者发现《关于进一步规范律师服务收费的意见》会给执行案件和终本案件的风险代理律师带来不小的困惑，终本案件和执行案件的作业模式往往需要公司制律师事务所或类公司制律师事务所来完成，其工作成本很可能会高于合伙制律师事务所中作为合伙人进行案件代理的成本。

为了推动国内为数不多的专做执行案件的律师事务所的积极性，特别是对于陈年旧案，委托人往往也会考虑《关于进一步规范律师服务收费的意见》约束之外的激励方案，但无论使用何种激励方案，先找到适合的代理人才有可能进入正确的起步。

接下来我们将讨论如何评价和选择有经验的执行律师和专注执行的律师事务所。

第四节　与代理人的配合

本书前言讲的朋友老马参加投资的创业投资基金的故事并未完结，在解决老马的投资纠纷的过程中，创业投资基金的管理人苏菲（化名）全程与我们各种对抗，全程不配合，但最后经过了笔者所处的律所对苏菲及其管理的基金公司采取了启动诉讼程序、呈现关键线索证据、获得证人证言、取得代位权等各种方法后，基金管理人向老马全额支付了投资款的本息。在完成了这一堪称教科书级别的争议解决过程后，苏菲找到笔者说："你们对法律工具的运用，节奏的把握，坚忍不放弃的精神是我们基金的内部法务部门完全不具备的，这几年的经济大环境大家也清楚，说实话，我这里还有十几亿的到期投资没有实现退出，有的有回购条款，有的没有回购条款，要不然，这几个案子也一并委托你们吧。"

专业，能让敌人变成伙伴。

在笔者随后的对基金管理公司案件代理处置过程中，有一个案件的处置过程让人记忆深刻。

2013 年，苏菲的创业投资基金对成都柴火科技公司（化名）（以下简称柴火公司）完成了一笔 3700 万元人民币的投资，约定投资期限"3 + 1"，到期如果没有顺利退出，公司承担回购责任，争议解决约定为北京仲裁委员会。4 年投资期满，该笔股权投资逾期，苏菲的创业投资基金的法务部赶到成都该公司经营场所，发现公司还在经营，但所剩员工已经没有几个人，再与员工深度访谈，发现公司的经营状况极差，公司原来六位股东中的四位，已经开始了其他生意，公司资产已经远远不足以偿付债务。

走司法程序要求公司回购，可能赢了官司也拿不到钱，苏菲公司的法务团队这样认为，与其拿不到足额赔偿，或选择申请公司破产，或选择放弃追偿，既然已经是“死马”，那就不如委托给笔者所处的律所试试。

在接受委托后，以笔者所处的律师事务所牵头组织资产管理公司、法务科技公司成立了联合工作组，工作组成立后的第一件事就是以股东身份去柴火公司内部调取工商底档及公司章程等关键材料，在调档过程中，律师事务所派出的李律师发现，装公司章程的文件袋中还有若干份股东会决议，其中一份有全体股东签字的股东会决议中有“公司全体股东对公司债务共同承担无限连带责任”的条款，李律师在发现这一关键文件后，马上在不惊动柴火公司协助调档文件员工的情况下，将该批文件复印并扫描后，迅速传回北京工作小组驻地。

工作小组在收到该批文件后，第一时间通过分析系统对柴火公司六个股东做了背景调查分析，并在获得初步结果后将相关信息返回给现场李律师，李律师依照碎片化的线索，以基金公司要求提交投后报告为名对柴火公司的全体员工做了26小时深度访谈，并在访谈中对碎片化的线索进行核实、延伸调查以及深度了解几个股东之间的相互利益关系以及矛盾关系，最后得出结论：

（1）六位股东中的五位，均有价值超过2000万元的房产，另外一位陈姓股东资产在境外，国内仅有少量房产。

（2）六位股东在早期融资时，就已经对公司经营发展有了重大分歧，融资的目的就是想套现退出，目前相互之间的沟通并不顺畅。

（3）现在治理公司的正是国内资产最少，但对公司最有感情的陈姓股东，该陈姓股东本来在美国一家科研机构任职，是公司唯一一位技术专家，被其他几位股东盛情邀请回国创办了柴火公司，该股东还将自己的三个发明专利注入公司作为出资。

（4）有一个韩姓股东与当地国有资产管理委员会成立了一家新公司，国有资产管理委员会下属的平台公司正在对韩姓股东计划入资新公司的实物资产进行评估和审计。

在获得上述线索和相关信息后，联合工作组重新制定了处置执行策略，第一步先向仲裁委员会提起对柴火公司和柴火公司的六个股东个人同时提起两个仲裁申请，这个提议遭到了苏菲的创业投资基金法务部的坚决反对，因为两笔仲裁的费用加起来623,000元，这可不是一笔小数，加上法务部对于仲裁申请是否能获得仲裁委的支持并不确定，但联合工作组的负责人付总基于对线索的掌握以及对相关信息的掌握，坚持用这个策略，最后法务部选择了妥协，咬牙支付了623,000元仲裁费。

在提起仲裁申请的同时，联合工作组选派工作组成员，曾经担任过办公室主任的柳先生（柳先生并不是律师）专程奔赴成都与柴火公司的陈姓股东和韩姓股东见面商谈，柳先生和韩姓股东言明了和国企合作，不能有正在诉讼的司法纠纷，以及未来公司招投标过程中发标机构需要调查股东过往的司法信息。而韩姓股东认为该责任应该由柴火公司承担，自己已经完成了对公司的资本金实际缴纳义务，但在柳先生向其出示公司股东会决议后，甚至没有几分钟的思考时间，韩姓股东迅速表示，其在柴火公司的投资比例为17%，对应其股权比例部分的回购责任本人愿意全额承担，如果创业投资基金能够对其免于仲裁申请，他愿意在30个工作日内完成基金回购款的支付。

接下来的陈姓股东则比较难展开谈判，其表示首先自己对于法律法规知识了解甚少，股东会决议所代表的责任与义务自己并不了解，其次自己这次创业失败带来的打击也很大，短期内可能也不再创业，最后自己在公司的现金投资比例仅仅占3%，但要对应加上专利权12%的占股比例共计15%的回购责任不能接受，如果需要付出较大代价作为争议解决的唯一结果，那自己可能会选择回到美国继续打工。谈判一度陷入了僵局。

在和韩姓股东以及陈姓股东交叉谈判的过程中，柳先生再一次从韩姓股东处了解到，陈姓股东的确有去美国重新打工的想法，美国芝加哥的一家化工企业已经向其发出了工作邀请。但陈姓股东是个孝子，其父母生活在成都，即使过去在美国工作生活的数十年里，陈姓股东也会平均每两年回到成都与父母生活一段时间。知道这些情况后，柳先生再一次约陈姓股东见面，推心置腹地谈了自己的想法：一是一旦陈姓股东被列为失信被执行人，将来很可能被限制出境，同时不再能坐高铁和飞机，就算决定去美国工作，难道开车去吗？二是如果被列为失信被执行人，下一家公司在录用其工作时，也会产生很多顾虑，如果陈姓股东愿意履行《股权投资协议》的回购条款，创业投资基金愿意豁免其部分可能的债务，并同意分 5 年 10 期支付回购款。在认真听取了柳先生的条件后，又经过 3 天的思考，陈姓股东签署了和解协议。

本案的关键突破口就此打开。

之后数月，又经历了仲裁裁决书生效，部分股东申请执行异议，异地财产查封等数次跌宕起伏的博弈，在历时 19 个月之后，联合工作组包括两位律师、一位调查员、一位谈判专家兼协调员、一位方案制定员兼工作组负责人的五个小组成员最终收回了 3700 万元的股权回购款，本案告一段落。

通过这个故事笔者想引发读者思考的是：

怎么选择财产执行案件代理人（律师或律师事务所）？

在代理执行类案件中有优势的律师事务所的显著特征是什么？

怎么在不同的案件中获得代理人（律师或律师事务所）的默契配合？

一、在进入执行程序后怎么选择律师事务所

在中国，有 3.86 万家律所，全国各类法律服务机构总数达 85.3 万家，

但是专注执行与恢复终结本次执行案件的机构（含律所）不超过2000家。

截至2023年年底，全国有60.5万名律师，法律服务人员达420万人，但是专注执行与恢复终结本次执行案件的专业人士不超过30,000人。

传统合伙制律师事务所在执行或恢复终结本次执行案件中并无显著优势，主要原因包括以下方面。

（1）大量终结本次执行不能恢复执行，或进入执行程序的案件，因为缺乏财产线索被进入终结本次执行程序，主要是基于法官的办案效率有限，以及有深度研究能力（挖掘财产线索的能力以及制定执行策略的能力）的法律专业人士的缺乏。

（2）熟悉恢复终结本次执行司法流程的律师事务所或律师占比并不高。

（3）风险代理或半风险代理对于很多年轻律师来讲不太可以接受，而执行类案件恰恰大多数都是风险或半风险代理，目前笔者发现很多专做执行类案件的律师事务所都是一个或一批中年律师在工作，明显缺乏后继接班人。

在这种情况下，有丰富的财产类执行案件经验的律师（为阅读方便，本文后面篇幅均以律师取代律师事务所、律师、代理人等类似称呼）往往淹没在同质化严重的各类合伙制律师事务所之中，当财产类案件进入执行后，执行申请人选择专业有效的律师事务所成了第一道难题。但无论怎样，委托人对律师的选择基本上都分为四个步骤：①广泛接触；②个别甄选；③讨论费用；④签订合约。

1. 广泛接触

就像笔者之前所说的，很少有消费者因为看了私人银行的广告或因为某家私人银行的LOGO更加吸引人而选择私人银行的高端金融服务，选择接受私人银行的高端金融服务通常是因为对某一个私人银行产品顾问的个人信任。

法律服务也是一样，委托人通常对于人的信任远远高于对产品的信任。

由律师代表委托人从事相应法律活动以及利用专业技能最大化维护客户权益，委托关系建立的基础是双方彼此充分信任，而信任的代价是昂贵的，首先反映在获取律师资源的途径上。寻觅律师方面，几乎所有的委托人都是沿着自己的人脉网络、通过熟人或熟人的朋友为自己推荐律师。即便是经过多轮转手联系而建立的信任链足够脆弱，但在多数委托人心中仍然认为这比通过商业渠道获知的陌生律师更“靠谱”！

在抖音、快手这类自媒体平台开始广泛进入传播体系后，很多律师也在平台中开直播并获得了相当数量的案件来源，但通过这类平台选择执行案件律师并非最佳选择。

笔者的建议是通过广泛的渠道获得备选的执行律师名单，然后打开中国裁判文书网，点击“高级检索”，然后在“律师”框内输入姓名，点“检索”，根据检索提到的判决书，大致可以得出该律师所在的律所、办案情况。

“Alpha 法律智能操作系统”是一家民营企业自主开发的检索系统，委托人也可以尝试对有经验的律师进行检索。

互联网上还会有其他推荐律师的平台，截至本书撰写时，基本上都还是由营利性的机构进行开发和推广以及收录律师资源，就笔者个人而言，并不太推荐使用。

2. 个别甄选

在大众点评上选择餐厅很容易，看五星评分以及查看评论区留言基本可以做出判断；在美团上定外卖也很容易，看月订单量和好评率基本可以决定；然而，为寻求法律服务而选择律师的时候，委托人对法律服务的提供方（律师）信息的获取却极为有限。

- 委托人对律师的个人背景、社会资历与人脉关系不了解；

- 委托人对律师的专业能力和擅长办理哪类案件不了解；
- 委托人对律师就本案给出法律意见的准确性及有没有办过类似案件不了解；
- 委托人对律师的过往案件胜诉率不了解；
- 委托人对律师的行业地位不了解；
- 委托人对律师的收费高或者低不了解。

笔者的建议是委托人在甄选律师的考量上，要保持独立自主的分析思想和逻辑推理能力，以自己的案例为基础，罗列相关问题，在律师对自己进行提问后，反向提问律师：

- 曾经做过的执行案件数量？
- 总结出来的主要执行经验？
- 查找财产线索的主要方法和工具？
- 对本案件的推进计划？
- 司法资源的熟悉程度？
- 有无独到的执行策略、救济措施？
- 有无团队，团队分工和运作模式如何？

对于律师的信息匮乏不仅适用于自然人的委托人，也包括普通机构委托人，因为公司或机构并不比个人拥有更大优势去获取有关律师的更多资讯，笔者建议公司或机构在选择律师的过程中寻求一些有法律经验的专业人士的协助，当然，最后的决定还是来自委托人自己的主观判断。

3. 讨论费用

上一节我们站在整个执行案件成本的角度对于律师费用做了简单的介绍，这里我们再站在委托人的角度讨论向律师支付代理费的几点原则。

原则一：委托人应该站在律师的角度充分理解工作难度和成本投入。

案件难易程度对应不同结论的法律意见以及不同的工作量和收费报价，就执行案件的结果而言，并不是案款全部回收就一定是律师的功劳，也不一定案款只有小部分回收或没有回收就是律师的责任。

委托人过度乐观的心理预期和律师可能查实的可供执行的财产线索之间可能存在巨大的差异，律师很可能付出的工作量非常大，但得到的效果并不理想。

因此委托人和律师之间在案件执行方案展开之前就需要对可能发生的各种变数做出相应的约定。

原则二：律师对于案件所表露的态度和信心，常常决定了委托人的选择。

通常，对案件结果表现乐观的律师会更容易取得委托人的信任，也更容易驱使委托人在支付律师费的态度上保持激进，而责任心强的律师向委托人充分披露案件负面信息及潜在风险，也未必能获得客户的理解与信任，还有可能让委托人在支付律师费的决定上保持警惕。在实践中，笔者发现很少有委托人能获得律师对案件的全部真实想法，所以对于费用的支付因素可能就需要委托人综合考虑：

- 对于执行案件最终案款的回收所需要产生的工作成本是否需要提前做一个预算？
- 案件执行下去的困难程度如何？距离目标差距是否较大？
- 案件执行过程中可能遇到的主要障碍是什么？

律师服务的计费方式非常灵活，双方协商的弹性空间很大。律师因个人能力（资历）的不同，收费有极大的高低偏差；客户付费能力的高低偏差也很大，签署《委托代理合同》属于民商范畴，只要不触及有关法规的禁止性条款，仍以当事人意思自治为原则。

虽然各省市律协都有制定《律师服务收费指导意见》，律师也会基于此规定向当事人报价，但实际上对于执行案件绝大多数律师的收费会超过该意见提出的标准。

4. 签订合约

除了少数金融机构的诉讼保全部门或大型企业的法务部门有常年和律师打交道的经验外，很多中小企业和个人可能都没有进过法院大门，这些公司和个人也没有意愿和能力在如何与律师签署服务合同上做深入研究，律师群体也没有义务指导委托人如何订立对自己有利、对律师更为不利的合同条款。以上信息不对称是源于双方专业知识及行业经验的严重失衡以及缺少一个可信的中立方提供相应服务，尤其在委托人签署律师所提供的合同版本后，当委托人与律师之间产生纠纷的时候，委托人往往居于不利地位。

在以风险代理或半风险代理为主的委托执行案件的合同中，建议委托人和被委托的律师之间一定要明确以下内容。

- 支付费用的全部前提条件；
- 明确风险代理包含的成本费用和不包含的成本费用；
- 目标是一次性设定并支付律师费还是分阶段设定分阶段付费；
- 更换代理人的前提条件；
- 何种情况下的目标达成不属于代理人工作成果；
- 额外奖励措施的依据；
- 费用的阶梯支付办法；
- 非现金回收（如以物抵债或其他债权支付）情况下的律师费支付方案。

二、财产类执行案件的专业律所选择

前文提到的老马是一个典型的生意人，在处理自己与创业投资基金公司的争议过程中，发现应收账款催收是一个潜在的商业机会，并产生了对律师事务所、外包催收公司以及资产管理公司的作业模式浓厚的兴趣。有一天他在专门参访了入驻在北京标志性建筑“中国尊”的一家律所后兴致盎然地给笔者打电话：“这家律师事务所真大，在这么贵的写字楼里面占了三层，每个月的租金就需要几百万，这个律所怎么赚钱的呢”？

“这类律所的运作模式是合伙制，如果在北京有 200 个执业律师，假设每月北京办公室的房租是 200 万元，那这 200 万元由 200 个执业律师分担，大概就是每个人分担 1 万块钱的房租。”

“那管理成本呢，助理和行政。”

“当然也是由合伙人共同分担。”

“那他们可能不适合做现在我们和创业投资基金公司的这类案子，要承担一个执行团队的前期运作，对牵头的执业律师来说成本太高了吧。”

“那也不一定，还是取决于这个律师有没有团队，以及团队的经验。”

2023 年 6 月，笔者去湖南长沙一家律师事务所开研讨会，这个律师事务所买下了一个物业当中的七层，并将其中的三层用于传统的合伙制律师事务所的经营，执业律师依靠自身能力和独立资源分别展业为律师事务所创造利润。

另外四层以法律服务催收公司的形式管理了 300 多个员工，专做金融机构的信用卡和消费类金融的催收工作，通过绩效考核、奖金激励、团队管理的企业运作模式创造利润，在整个七层楼的办公空间中，完美实现了合伙制律所和公司制法律服务机构的结合。

笔者之前提到的合伙制律师事务所和公司制律师事务所的区别在哪里呢？

1. 合伙制律师事务所

合伙制律师事务所中，律师以每个个体的形式对外合作并独立作业，律师个体时间和资源都相对受限制，对于每一个案件的分析，判断以及执行策略基本由律师根据个人经验做决策，而案件管理取决于律师习惯，对于案件的处理基本依据司法流程按部就班。

以本书中介绍的商业银行的批量案件的执行，北京市正皓律师事务所采用的工作方式就是和法律科技公司合作，以虚拟公司制的模式进行案件的管理以及推动，每一个和北京市正皓律师事务所接触过的当事人都反映笔者所处的律所和其他律所存在本质的不同。

可能本质的不同就在于其他律师事务所的合伙人以无偏差地完成司法程序并赢得判决作为目标，而北京市正皓律师事务所注入大量非律师专业的资源，通过引进地产中介、财务顾问，特资基金第一时间携带处置方案尽可能越过复杂的司法流程，将欠款回收作为唯一目标。

2. 公司制律师事务所

笔者的律师事务所以虚拟公司制的模式与科技公司合作财产类执行案件，同时笔者的律所自身也是一家公司制律所，公司制律所通常通过团队集体作战，律所内部基本采用支付薪水给执业律师以及非执业律师进行管理，团队成员间协作分工、时间资源互补，将合伙制律师过去平均每人最大负荷管理 25 个执行案件，可以提高到团队人均管理案件数量超过 50 个。

对于规模和管理案件体量再大一点的专业做执行案件的律师事务所，还会成立行业专业决策委员会，优化案件执行策略。基于规模庞大的案件数量，必须通过标准化系统性管理（管理系统在后面的章节中会特别介绍），之前笔者也有讨论过围绕执行案件的线索查询，必须有线索查询工具，对于深度的查询则会购买昂贵的数据，专项系统开发和数据购买对合伙制律所来讲是不太可能的预算，但对于一家公司制的律所来讲，则是合理和常规的预算支出。

在实务操作中笔者还发现：合伙制律所往往很难实现金融机构批量化债权的处置目标操作步骤合规与效率之间的矛盾，即律师身份的特殊性决定其很难动用外部资源协助当事人在司法框架外解决问题。

公司制律所还广泛建立外部机构的合作结构与实施资源共享机制，这些机构包括特殊机会基金、头部房地产中介机构、资产管理公司等；合伙制律所同样具备连接这些外部资源的能力，但通常这些资源都集中在部分合伙人手上，且合伙人对资源全面分享的意愿相对较低，而公司制律所则将该类资源视为创造公司收益的资产，尽可能分配给全体团队成员共同发挥效力。

因此，对于财产执行类案件，笔者比较推荐公司制律所，或合伙制律所中存在的有虚拟公司管理概念的执行团队。

根据笔者的观察，国内目前较为优秀的专做执行案件并能具备一定案件数量处理能力的律师事务所虽然处于全国不同的城市，但殊途同归，最终都具备了下列一定的共同特征。

1. 以技术驱动法律的管理特点

这些律师事务所中，有一半左右的律所通过自主研发的法律管理系统集中管理所有代理案件，将传统业务与现代科技大数据分析相结合，由执行团队代理案件的推动、外部顾问委员和所内专业委员会共同制定执行方案，案件执行效果不受单一律师影响，精细高效更加有保障。前中后台的团队协作的业务流管理，令精确性、高效性得到趋于完美的体现。

对于案件的策略方案与执行步骤，全程与委托人及外部合作机构可视化进度，便于多个部门的协同管理，更利于委托人及时掌握实施进度，让案件管理清晰透明，可监督、可追踪、可修正、可配合。

2. 建立内部数据中心

数据全部来自公开信息整合，以及国家授权的数据采买，不涉及个人隐私数据，数据合规性有保障。

3. 成立分析中心

以笔者的法律科技公司为例，公司的分析团队通过分类及统计，将工作重点放在挖掘20大类、40小类案件相关数据上，为谈判和解、诉讼执行、财产线索等工作提供多维的数据线索，为前台部门提供正确的路径方法。

4. 设立处置中心

律师事务所为每个案件制定策略方案，包含流程步骤、人员协作、时间管理等，前台律师省去案头文书工作，精力聚焦在沟通执行上。

5. 组织结构的差异

一般来说，同样是做执行案件的公司制的律所，组织结构会有细微的差异，但大体组织结构类似，执行团队按照部门划分，包括法律诉讼部（通常由执业律师组成）、谈判调解部（通常由前法官、法学院老师、地产经纪、拍卖师等组成）除此之外，团队成员还包括承担中后台服务的系统研发部、数据分析部、法律支持部，部门成员由数据分析、人工智能、金融、法律、财务等专业领域的专业人士构成。

也有律师事务所按照前台、中台、后台划分工作职能，一般前台部门主要是诉讼执行部和谈判调解部，这两个部门主要负责法律诉讼与清收执行工作、沟通工作，与委托人、法官、债务人多方谈判沟通工作。

中台部门主要是数据分析部和法律支持部，主要职责是将系统挖掘的多维数据研究分析，形成个性化的处置方案以及相关法律文书的制作。

后台部分一般是系统研发部门的建设，其主要职能是将传统法律服务工作内容开发为智能化的科技系统，高效的智能系统与案件工作平台，并加入算法、购买数据，对执行案件和被执行人进行精准画像，以便制定实际可行的处置方案。

三、在不同的案件中委托人和律师如何配合

站在律师与委托人的不同角度，会对一个案件的“质量”有不同的理解，也会有不同的“回报”。只有认可在不同案件中律师和委托人之间的利益差异，才能更好地思考委托人在与律师的合作过程中如何实现（保障）委托人利益的最大化。

1. 单笔大金额执行案件

这类案件对律师而言无论难易程度如何，都是很好的案源；对委托方而言，对于代理律师委托人拥有更大的选择权，选择因素包括以下几点。

（1）如果案件的争议管辖地在三四线城市，律师团队对当地社会关系资源的掌握很重要。

（2）如果案件涉及较为专业的特殊领域，律师团队本身的技术背景和过往的办案经验特别重要。

（3）如果案件较为常规且容易达到诉讼目的，则更看重律师团队的报价和服务态度（效率）。

2. 标的额不高不低的普通执行案件

作为执行案件中的常规案件，委托人在与律师讨论方案的时候要特别注意：

（1）选择有激情和活力且有执行经验的年轻律师，并聆听他的处置建议。

（2）尽量选择被执行人当地的律师合作。

（3）要求委托律师定期提供案件进展报告。

3. 小额批量执行案件

就单笔案件来说，大案件和小案件花费的时间和精力没有太大差别，但就小额多笔案件而言，可能是一些熟悉司法程序的小规模律师事务所的专长。这类案件的委托人通常是银行或持牌金融机构，通常被执行标的金额小、被执行人地域分散，委托人在选择律师时可能就重点需要考虑：

（1）首要是委托律师能获得部分司法资源的支持以便成功立案。

（2）有批量案件的管理能力，这个很难由独立律师完成，必须由团队协助完成。

（3）分配激励机制也是一个重要考量标准，实事求是地说，在未来的5年时间中，能处理批量小额案件的律师团队都属于稀缺资源，可能在谈判中更有优势地位。

对于执行案件较多、律师费支出高的委托人而言，可以通过建立统筹案件的能力来获得更高的议价权和选择权，委托人应该从机构内部选派法律专业人士与律师共同制定执行案件推进策略，委托人和律师之间可以跳出个案个谈整体的利益合作，将大金额案件和小金额案件统筹管理，控制执行成本，提升执行质量。

委托人也可以通过各地的律师协会寻找执行案件的合适的律师。在北京、上海、广州这样的较发达城市，当地律师协会均成立了不同的专业委员会。以北京为例，北京律协共设立了近百个专业委员会，而对执行有丰富经验的律师通常会加入以下专业委员会：

公司解散与破产清算法律专业委员会、不良资产处置法律专业委员会、风险管理法律专业委员会、互联网金融法律专业委员会、强制执行法律专业委员会、个人破产法律专业委员会。

委托人可以通过以上专业委员会寻找合适的律师。

本章小结

本章主要是写给初次涉及财产争议纠纷的债权人和接触执行类案件时间不长的年轻律师阅读的一些工作中的感悟，对于常年奔波在各法院、调解中心和执行局的资深代理人而言，文中说到的这些场景和各种情况其实都已经司空见惯了。

本章通过介绍债务人群体、法院的执行工作细节、如何判断有执行经验的律师的优势，以及推动一个执行案件到底会涉及哪些成本做了粗浅的描述，主要目的有三个：

1. 了解遇到执行案件该怎么“谈”，这个“谈”，不仅是委托人和代理人之间的谈，也包括债权人和债务人怎么沟通，债权人如何与执行法官沟通，代理人如何与执行法官沟通等。好的沟通并不在于语言的华丽，能说会道，而是应该在充分了解对方的基础上，听重点、讲重点。

2. 了解遇到执行案件该怎么“做”，比如首次作为申请执行人，可以心中有数地合理安排推动案件的预算，如何管理代理人，为代理人设定合理的目标，了解法官的工作内容、工作程序，在什么情况下可以和法官沟通哪些重要内容，以及有哪些工作内容是需要在申请执行人法院工作内容之外可以同步进行配合的辅助操作。

3. 了解遇到执行案件该怎么“管”，比如作为一个致力于财产类案件的法律服务机构，该如何考虑人员配置、推动成员间办案流程协作，以及内部团队需要提升哪些综合能力？比如优先提升检索能力还是提升与执行有关的综合知识和能力，或是衍生诉讼经验积累，抑或当下办案最急迫需要的沟通协调能力。

当然，如果读者恰恰是一位律师，则可以通过本章内容展开思考，即如何对单一执行案件制定处置方案，如何攻克单一执行案件中的痛点、难点，如何通过办理的各类案件特点如执行标的、赔付主体、执行法院、执行难度等进行统计、归纳、分类形成自己的独特数据库。

第三章

如何对被执行人精准画像

在大脑中深度植入“画像”这个词之前，笔者本人对财产类案件的理解仅仅停留在与执行有关的庞杂专业知识上，如程序和实体交织，审判与执行相胶着，不同裁判依据及实体权利之间的冲突，同时还需要完善跨界的最新知识，如新类型财产的查控、对专业评估报告的异议等，不断提高在法律框架内寻找到查控、处置的方法和路径的能力，总的来说，这些能力都很重要，在向委托人提交处置报告和方案中也会特别强调上述团队能力。

直到成立科技公司开发财产线索查找系统时，科技公司的“00 后”产品经理在演示系统原型设计时，用到了给债务人“画像”这个词。当这个在消费品领域极其普通的词汇第一次出现在法律科技服务中，并加上通过“画像”可以得到的结果的呼应，笔者似乎受到了如何处理财产类案件的关键启发。

在“画像”的启发下，笔者的科技公司和律师事务所从给委托人提交处置方案，到批量案件管理，再到案件的推动，以及团队的作业模式，都发生了极大的变化，这不仅是笔者在本章想和读者分享的经验，同时也是本书笔者想建议读者参与体验的真诚邀请。

第一节　画像是走完案件全程的第一步

2017 年冬天，笔者到西藏自治区拉萨城关区人民法院参加庭审，庭审结束后正好时间还早，就提前约了从中国人民公安大学侦查学专业毕业的车童（化名）警官，在叙旧之余，分别谈到了各自的工作，此时，笔者才知道车童已经是自治区数一数二的刑事侦查审讯专家了，笔者说："在财产类案件中，对于查找被执行人的财产线索，侦查和审讯经验能有什么帮助?"

车童说："这猛地一问，还真是没有什么准备，可能长期的实践，很多经验都固化在思考模式中了，但要我系统地说一下，可能还真是说不全面，在刑事案件中，画像肯定是展开侦查的第一步。

"在刑事案件中，'画像'是把能够反映犯罪分子人身特点的材料集中起来，以其生理和心理条件所作的分析推断。'画像'是现场勘查后进行现场分析中要解决的关键问题之一。犯罪分子的'像'画得准，就能缩小侦查范围，为调查摸底，查找犯罪分子提供可靠依据。

"别看画像听着简单，里面包含了美学、犯罪心理学、解剖学、现场勘查学等种种学科的综合知识。

"在画像之后就是对犯罪分子的社会圈子进行画圈式询问，核心圈子一般是犯罪分子的父母和长辈近亲。"

"犯罪分子的配偶不属于核心圈子吗?"笔者问。

"哈哈，在现在婚姻关系如此脆弱的时代，还真不一定把犯罪分子的配偶列为询问的核心社会圈子，核心社会圈子之外是一年来犯罪分子最经常联系的各种人等，再外一层的就是时间范围再扩大一些的同学和工作中的同事以及邻居甚至快递小哥等，通过对这个圈子的有目的询问，逐渐对犯罪分子的行为模式有个清晰的画像。

“画像和刑侦过程一样一定要特别注意细节，比如我们就通过侦查发现过为了不留下任何支付记录而在长期租用轿车的后备厢装满三纸箱现金的逃犯，也通过侦查手段发现了一个受贿超过150,000,000元现金的犯罪嫌疑人的现金藏匿地址，原来他通过亲属的名义在林芝郊区购买了一个小产权房，房屋没有登记，就是靠犯罪嫌疑人曾经开车的司机不经意间提到的一个线索，说自己开车送犯罪嫌疑人一次路过林芝，犯罪嫌疑人下车进了一个院子，虽然距离很远，但感觉犯罪嫌疑人没有敲门而好像是自己拿钥匙开的门。”

时间不早了，笔者第二天中午还要坐飞机回京，在分手前，笔者向车童提了一个问题：“我有一个委托人，申请执行的一个财产案件的被执行人现在只有简单的信息，一个身份证号，还有一个电话号码但好像已经停用了，他过去经营的业务是原油贸易，被执行人是个双字姓叫端木春（化名）。”

车童说：“我只能试试哈。”

第二天，笔者刚到机场过了安检，车童就打过来了电话：

“端木春现在青岛，以庞斌（化名）作为法人登记注册了一家名叫鸿坤（化名）的餐饮公司并有一家海鲜饭店。”

“你怎么查到的？”

“也不是很复杂，都是公开信息，首先端木这个姓很少，我通过上网比对端木春的身份证信息，大致能查到端木春户口所在的区县，再通过百度比对这个区县发现有两个新闻中都出现了端木这个姓，这个姓集中在当地一个村，今天早上上班后，我给村委会打电话了解到端木春就是这个村的居民，他还有一个姐姐和一个弟弟，也获知了名字，在工商信息网站上我尝试着查了一下姐弟的名字，发现其弟弟在被执行人公司停止经营前一年，在上海注册了业务内容相同的一家公司，原油贸易不仅需要经营许可证，还需要资金实力。

“原油生意是一项资金密集型的生意，需要有一定的资金实力来支持采购，自己的亲弟弟注册一家新公司来当哥哥竞争对手的情况不太符合逻辑，所以，我继续在工商信息查询网站上查询新公司的财产线索时发现，这家公司十几家对外投资均和原油贸易相关，唯独在青岛投资的一家餐饮企业显得很突兀，我就发现这家公司的大股东看名字是个女性，刚刚我在大众点评上再查了下这家海鲜饭店，看到昨天有一个差评留言，我就以这个差评投诉的身份打电话过去，迂回地了解到，大股东并不是实际经营者，但与端木春来自同一个县城，我感觉，这个股东很可能是端木春的配偶或相关的亲戚。”

回京后，在和申请执行人协商后，笔者去执行法院开具了调查令，到车童查到的当地民政局对被执行人的婚姻进行查询，发现海鲜饭店的大股东与被执行人的配偶三个字的名字当中，只有一个字的差别，再进一步了解，被执行人配偶和海鲜饭店的大股东是亲姐妹关系，而被执行人和配偶就居住在青岛由被执行人小姨子购买的别墅内。

一条线索就此浮现……

一、画像的基本思路相同于刑侦

和车童的交流给了笔者极大的启发，笔者在后来代理案件的办理中对于财产线索的查询一直秉承了刑事侦查的主要方法，在刑事侦查中，对犯罪嫌疑人的主要手段包括：

1. 办案询问当事人；

2. 办案人员询问证人；

3. 办案人员对关键证物进行勘验、检查；

4. 办案人员搜查可能的相关场所；

5. 办案人员扣押证物、书证；

6. 科学鉴定，比如亲子鉴定、污染鉴定；

7. 通过辨认，证人或犯罪嫌疑人指认出某一个对象或物品；

8. 对犯罪嫌疑人发出通缉；

9. 办案人员适用技术侦查措施。

结合刑事侦查常用的方法再结合民商事执行案件的特点与难点，笔者对被执行人的（以法人机构为例）画像聚焦在以下几个维度。

1. 关系图谱：首先试图通过各种网络查询方法以及实地走访等，尽可能测绘出被执行人的社会关系，然后选择最优化的处置执行方案；

2. 行业规则：了解被执行人的行业特征，分析形成违约的因素及该行业对该因素及后期执行方案的影响；

3. 被执行人的业务上下游：了解应收账款，到期债权、对外负债等基本情况；

4. 进出资金途径：了解被执行人在过去资金往来的方式、方法和财务工具，以及被执行人以后的资金来源、如何使用资金，以及关联的支付账户情况；

5. 经营核心：了解被执行人的业务本质、盈利模式；

6. 股权：除非被执行人已经自我放弃，在实践中，很多被执行人还直接或间接持有其他公司股权，或通过参与其他公司经营获取收益。

除此之外，再记住车童之前说的一句话，“最后关键的一点就是认真和仔细”，秉承这个理念，读者还可以通过百度新闻、各类公告（招投标、行政处罚、获奖等）寻找该机构运作的蛛丝马迹。比如，实践中，通过查询“天眼查”和“企查查”中的司法信息，发现裁判文书中的劳动仲裁判决

（如有）通常是可以最直接地了解该公司具体在经营什么业务，经营细节的有效途径。

通过看公司主要管理人的“微信朋友圈”也能把握现在被执行人的心理、动态以及线索出现的可能性，如果手机保存着被执行人的联络方式，“抖音”“快手”等还会推送其关注的账号和手机关联账号的动态，都很有可能发现意想不到的收获。

对于笔者接受委托的案件，笔者基本保证完成一次走访被执行人的现在办公地址、住址，通过研究其装修风格，被执行人本人的穿衣风格，被执行人现在的友人，了解被执行人的更多细节信息。

以笔者的经验，最有可能发现线索的人物关系中，被执行人的竞争对手或其他案件中的对立方，以及其他利益冲突者都是优质线索的最佳获取来源。

但对于在通过诉讼解决争议阶段，以及刚刚或即将进入执行程序的案件，车童给出的建议是：尽可能获得面谈机会，从债务人身上获得线索以及有效和解方案。

二、面谈

车童建议笔者在培训年轻执行律师与被执行人的面谈的技巧时，可以参考刑侦审讯的必修课莱德九步讯问法。

莱德是美国审讯科学的先驱，他在总结大量审讯实践经验的基础上创立了“九步讯问法”，这种审讯方法科学、高效、全面，对每一个审讯环节都考虑得十分详细，具有极强的指导意义，在美国的犯罪侦查实践中发挥着重要的作用。

下面是莱德九步讯问法运用在与债务人面谈中的经验总结。

面谈的前期准备工作：

1. 让债务人独自在会谈室待上 5 分钟，增强债务人在谈话开始时感受到的忧虑和恐惧。

2. 准备一个装证据的案件材料夹。另外根据案件性质，还可以考虑携带部分物证、书证或其他视觉性证据。它能给债务人形成一种印象，即债权人这边已经做好了充分的准备。

3. 在正式面谈前展现出友好、随和的态度，与面谈开始后呈现出的严肃、坚决的态度形成鲜明对比。明显的态度反差有助于向债务人灌输一种自信与真诚的意识。

面谈的九个步骤（以财产争议案件的和解目标为例）。

1. 直接、正面地提出违约事实：债权人或代理人对债务人直接提出违约事实，观察债务人在选择态度上是妥协还是对抗。通过态度在印象中对债务人形成初步画像，接下来告诉债务人选择配合对于他具有重要意义的原因，并通过该过渡性陈述引入谈话的主题。

2. 主题展开：债权人或代理人对债务人表达对违约原因（参考债务人构成章节），以及承担最终后果的严重性，这时候如果债务人没有选择强力对抗，并愿意承担相应责任，应给予债务人表达还款计划、还款来源、还款步骤的机会，介绍其可能的财产线索的细节，并现场核实（现在的移动通信工具中的 App 或小程序就能核实不动产、司法、银行账户等大量关键信息），同时需要核实的还包括婚姻状况、其他负债等关键信息，这些信息的连贯与完整基本能形成对债务人的进一步立体画像。

3. 对付对抗：可以预见，相当部分的债务人会对还款方案进行种种回避，选择沉默或制造解决难度，这时需要阻止债务人对沉默和模糊方案做出重复和详细的说明，防止其作出消债、减债要求的对抗。债权人也可同步生成对相关信息组成的画像信息解读，这时需要使谈话回到构成第二步的主题上，有还款意愿者反而通常表面抵触性更强，但会谈到更多细节，而下决心毁约者反倒是选择各种消极配合和较少抵抗，但不再或很少谈论步骤与细节，以及各种线索的介绍。

4. 克服异议：有配合意愿的债务人虽然对抗情绪明显，但对关键节点和信息会有强烈的信号表达，让债权人和代理人可以实时调整寻找线索的方向及处置方案；而实际对抗者通常会围绕经济、道德等方面，辩解其各种拒不还款的理由，此时应当放任其说出他的异议，然后寻找并分析对方真实的想法和压力点，进行反攻。

5. 维持债务人的注意力：当债务人的口头努力不能有效地说服债权人或代理人时接下来则很有可能在精神上出现退缩，并不再理睬债权人或代理人提出的问题。第五步需维持债务人的注意力，利用已经形成的债务人画像与债务人重新建立能够满足需要的融洽关系。展示真诚，保持与对方的眼神接触。

6. 处理债务人的消极情绪：在这个阶段中，债务人正在权衡接受方案获得的好处，而且此种心理通常会反映在债务人的非言语性行为变化中（姿势、眼神等）。这时需要对其表示同情，并鼓励他通过自己的努力来摆脱困境。

7. 提出选择性问题：利用一组选择性问题，建议债务人在方案的某些方面做出选择。这一选择应当采用问答的形式进行，如“一次性结清节约违约成本，还是分十二期”，这种选择可以使债务人心理负担减小。无论债务人做哪一种选择，和解方案都有了解决基础。

8. 促使债务人陈述细节：让债务人对解决争议细节作口头叙述，这些叙述尽可能要有佐证。

9. 书面供词：将口头叙述制作成和解方案并签字。

通过研究莱德的九步讯问法后，笔者认为尽管刑事案件和民商事案件有较大不同，但人性是相通的，很多沟通方法也是相通的。

对于债权人或代理人而言，学习、研究侦查人员的讯问方法，把通过讯问形成画像的能力变成潜在的长期能力具有极大的现实意义，它可以让债权人或代理人知己知彼，在案件的办理过程中能够多一些底气和从容。

三、画像在实践中的运用

如果之前说到的通过面谈和讯问是画像的1.0版本的话，在1.0版本阶段，画像的准确性主要由人工进行，最终的画像结果取决于参与者的经验，以及构成这些经验的关键字段。以笔者的经验，即便是具备丰富经验的刑侦人员或执业律师，大脑中对画像所需要的关键字段也不超过一百个。

而科技以及数据的使用则可以把画像升级到了2.0版本，2.0版本的关键字段来自更广泛的数据函度，这些数据让债权人和代理人给被执行人画像的结论更加精准，这是基于：

1. 社会的发展与科技的进步，使各类合规数据可以公开采买，以数据进行远程画像逐渐成为办案人员的首选；

2. 国内司法环境更加公开透明和办案效率快速提高，给法律服务工作者赋予了更多的权利，比如法院给律师开具调查令的政策让律师获得查询更多财产线索和证据的优势；

3. 电子货币挂钩实名制导致被执行人有更多的留痕痕迹，让申请人和代理人可查找资产的线索越来越有可操作性；

4. 对于一个人人离不开移动智能设备中的支付、网购、运动轨迹、打车、订餐等服务的时代来说，理论上每个用户（包括被执行人）在智能设备上都是透明的，用户的消费能力、消费习惯、具体的办公和居住地址等，数据导出就是精准画像；

5. ChatGPT 已经经过检验可以书写诉状和简单的离婚协议，不出意外的话，未来 3 年内 ChatGPT 一定能够实现对债务人的精准画像；

6. 基于 2019—2022 年全球新冠疫情管控政策，全国各地法院纷纷开设线上法庭审判系统，网络开庭迅速普及，律师在过去办理案件中的区域阻碍被打破，有能力和经验的律所可以在全国范围内广泛开展业务。

一个执行案件的回收率核心取决于申请执行人和代理人在案件中能找到多少个突破口，以及对这些突破口可以采取的有效执行措施，而可以采取执行措施的前提则是在无数可能的信息中找到有价值的信息进行针对性的调查，而所谓有针对性的信息来源就取决于最基础的对被执行人和案件案情的画像，因此做执行案件需要申请执行人或代理人具有立体的思维结构见图 3 - 1。

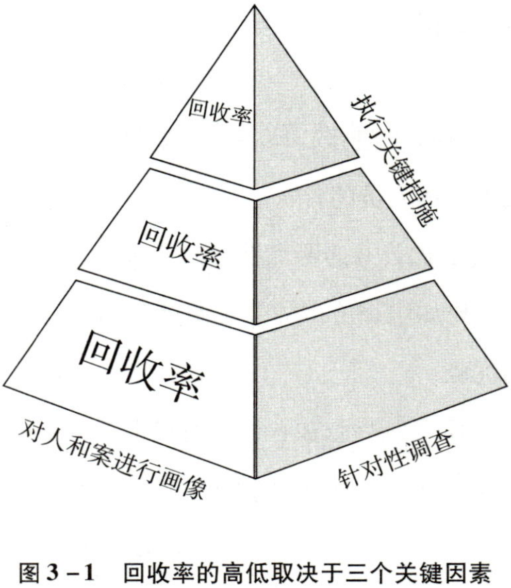

图 3 - 1　回收率的高低取决于三个关键因素

首先从执行申请人和代理人的主观思维角度来看，每一个执行案件都是个案，每个个案都需要一个独立的执行方案，方案最终的执行取决于执行申请人和代理人对财产线索的颗粒度分析的精细化程度以及执行申请人和代理人对颗粒解读的仔细和认真程度。

其次一个主观因素就是执行申请人和代理人愿意在执行中投入的时间成本。

最后一个主观因素是执行申请人和代理人在案件中最终选择了什么措施。

在这些因素都完美组合的情况下，从客观上讲，只要被执行案件的最终责任人还在中国境内有社会活动和生活，理论上讲，所有的执行案件都可以有持续执行的机会。

接下来分享两个案例，分别是对债务人的画像影响案件的因素，以及对整个案件进行画像从而制定处置方案的实务经验。

案例一：对债务人画像

2023 年春节刚过，笔者的律师事务所接受了一个商业银行的委托，希望笔者通过律师的身份与一个本金及利息均逾期的客户进行沟通，看能否结清银行的本金。

在和客户见面之前，笔者和该客户的客户经理在国贸商城的营业部先做了一个简短的沟通，客户经理介绍了该客户的基本情况。

该客户叫成昌（化名），是该客户经理 6 年来的老客户，经营了一家食品科技公司，从商业银行申请了小微企业抵押贷款 1000 万元，抵押物是成昌太太的表姐位于北京望京的一套价值 1800 万元的精装住宅，抵押人同时也是该笔贷款的保证人，是给中联集团提供食品辅助营养添加材料的供货商。借款人近几年来业务一直特别好，去年还投资 4000 万元购置了一套生产线在张家口扩大生产，包括新冠疫情期间都按时支付利息，但到了2022年12月，该客户本金和利息马上到期客户经理找该客户做续贷手续时，该客户表示提供抵押物的表姐家不再同意继续办理抵押手续，借款客户又没办法结清本金和利息，这笔贷款一下划入了银行贷款五级分类的“可疑”，客户经理急得天天上火，天天去找借款人，借款人给客户经理的答复是：“今年业务很不好，还款需要等到我得到中联集团的货款，货款要到9月才能拿到。”客户经理说到9月的话，该笔贷款就要计入不良，纳入资产保全部管理了，接下来可能就要对抵押物进行司法拍卖了，你能接受这个结果吗?

“要真这样，我也只能接受，但之前我还会尽可能努力。”成昌答复道。

在知道了大的背景后，笔者让客户经理第二天把成昌约到了支行的会议室，经过预先设定的提问，笔者获得如下关键信息：

1. 抵押人的父亲之前是食品辅助营养添加行业协会的会长；

2. 借款人并不愿意用自己的自有住房作为抵押物进行借款；

3. 抵押人的父亲作风强势，在整个大家族中说一不二；

4. 2021年，借款人的业务收入达到4亿元人民币，净利润大约3800万元；

5. 2023年企业订单明显下滑，业务收入明显不明朗；

6. 借款人尚无其他经济纠纷。

在成昌离开后，笔者把客户经理和分管行长请到会议室，谈了自己的判断：

1. 这不是抵押人一个将房屋做抵押借款给成昌的借款行为，而是股权合作的关系，抵押人的父亲才是真正的老板；

2. 借款人的表姐和表姐夫作为抵押物的持有人，各自又分别在中国海关和北京税务局工作，并担任领导岗位；

3. 2021 年年底公司内部出现了矛盾，抵押人认为应该将利润全部或部分分红，而借款人却选择了购置设备扩大投资；

4. 借款人和抵押人现在矛盾很深，相互不太沟通，分别认为对方应该为贷款和经营负责。

结合以上几点，笔者的建议是，不再将工作重心侧重在与借款人的沟通上，尽快向上级打报告申请立案，用法院出具的《立案服务告知书》引起抵押人一家的重视，进而选择多方沟通，推动和解方案的实施，在之前，笔者先拟定一份律师函给抵押人和借款人夫妻分别快递送达。

律师函递出的次日接近下午下班时，抵押人夫妻打电话给银行客户经理，表示尽快会面讨论和解方案。

案例二：对案件画像

2021 年 12 月某一天 7 点半，与笔者的律所合作的空港商业银行北京分行（化名）的资产保全部的陈铭（化名）给笔者打电话，“不好意思，祁主任，这么早给您打电话，是因为上两周以华凯软件园小区（化名）的住宅作为抵押的小企业客户连续发生了 4 笔贷款利息违约，昨天下午，新兴支行说又有一个违约客户，也是软件园小区的，我怎么想怎么觉得不对劲，因为这些客户分布在不同的支行，理论上，他们应该就近都去软件园支行才对，昨晚一个晚上都没有睡好觉，所以现在估计您已经起床了，赶紧给您打个电话听听您的意见”。

华凯软件园小区在北京是一个超过 60 栋高层建筑的大型社区，但在笔者的印象中，这个小区的住户大多是在以互联网为代表的高科技公司从业的技术类人才，小区业主愿意用自己的房子做抵押进行贷款创业的可能性并非没有，但参与人数这么高，笔者也认为极其不正常，因此，笔者在电话中和陈铭说：“叫上经办行的客户经理，今天就开始分别走访这几个客户，第一时间搞清楚具体情况。”

在随后的两周时间里，笔者和陈铭通过对银行违约客户的走访，以及进一步对该小区在银行的8户存量客户排查并进行当面访谈，发现这是由该小区的房屋中介陈志丰（化名）一手策划的一件具有房产众筹和代持、违规套取信贷资金进入房地产市场、非法集资等可能的严重违法违规案件，笔者给陈铭建议道：“先一起去所里，我们一起对以陈志丰为核心的关系图谱做一个精准画像，然后根据画像做出处置决策。”

用了一下午时间，笔者召集了两位律师助理与陈铭一起梳理并完成了对陈志丰（化名）周边与空港商业银行信贷业务相关的关系图谱画像（见图3－2）。在这复杂的人物关系中，经过梳理，最后可以将关系人分为以下几类。

1. 债权人：将资金出借给陈志丰的纯粹财务投资者；

2. 合伙人：与陈志丰共享炒房收益的投机者（地产中介居多）；

3. 购房人：分为首次购房者与将现有住房由陈志丰协助向银行办理抵押贷款并购置更大户型的购房者；

4. 房产代持人：有北京购房资格通过收取一定的费用帮陈志丰代持房产的自然人；

5. 购房公司：以公司名义购买房产的法人机构，通常由多个自然人以股东名义共同拥有一套或多套房产为目的组成；

6. 申请贷款公司：购房人或借款人以企业经营性贷款为目的成立的向商业银行借款的法人机构。

对陈志丰整个“地产众筹商业版图”做了完整的画像之后，笔者对陈铭说：“很显然这又是一起赌房地产只涨不跌的杠杆投机行为，以目前的违约情况来看，应该是资金流动出了比较大的问题，根据当事人的反应，所有贷款客户的利息都是陈志丰在支付，这样下去，会出大问题。”

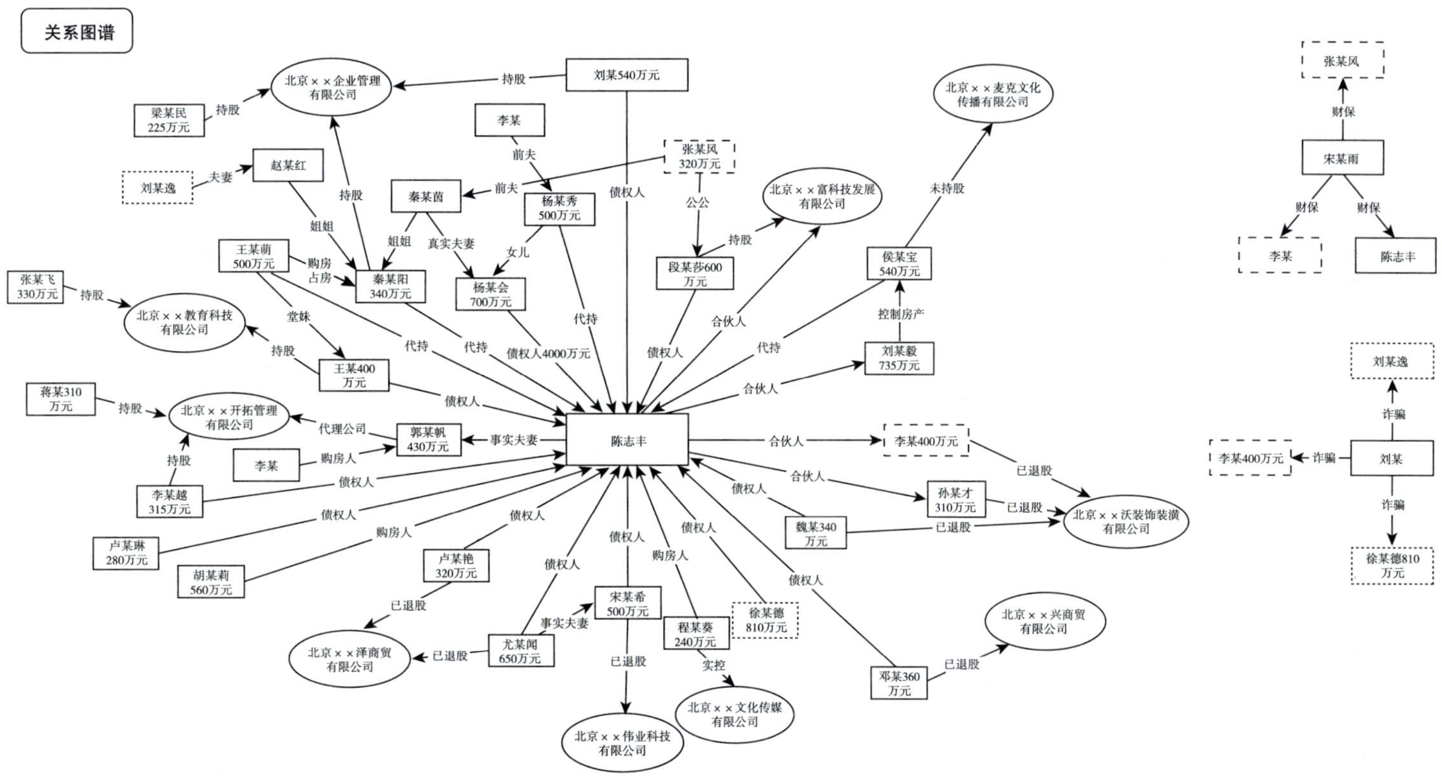

图3-2　陈志丰（化名）案件关系图谱

“那怎么办?”陈铭焦急地问道。

“我认为，同时启动三个程序，一是基于申请贷款用途和实际使用用途不符，由支行向借款人发出《提前还款通知书》，二是由律所建议房屋持有人尽快卖房归还银行借款，三是委托律所立案，尽快进入司法程序，一定要快。”

“我马上在内部提申请，加快进度。”

在银行发出提前还款通知书以及笔者向房产代持人及购房公司和购房人告知法律风险后，经历了四个月时间，空港商业银行收回了全部涉及华凯软件园小区的贷款。

2022 年 6 月 3 日下午，陈铭打来电话：“真是好险，6 月 1 日，陈志丰被带走了，原因是涉嫌非法集资以及合同诈骗，据我所知，另外还有一家商业银行有十几笔同类业务因为没有提前回收，现在可能就要等刑事案件结案以后了。”

第二节　人工智能开启办案新时代

2021 年的夏天，深耕在人工智能领域的股权投资基金极端客（化名）基金的管理人万华（化名）给我发了一个链接，紧接着又发了一条语音，大意是“你研究研究这家公司，我觉得你们现在开发的系统用户数比较集中受众，不够大，但这家公司的研究和开发方向我觉得是对的，你赶紧看看，我现在做核酸，等一下完事了回去我们通个电话聊一聊这个领域”。

笔者快速地把报道内容浏览了一遍，报道的大意是，一个三岁就移民到美国的名叫尚颖聃的女孩从哈佛辍学，创立了一只对冲基金：基金的业务比较单一，就是通过人工智能投资私人债务，其业务模式就是向回款概率大、回款时间短的案件提供垫资诉讼投资。这个模式之所以能走通是因为 Eva Shang（尚颖翀现在的英文名字）发现，通过人工智能进行筛选的案件有将近 80% 的案子以胜诉结束。

2016 年，尚颖翀和同学创办了 Legalist（中文可以翻译为法学家），之后她带领公司完成了 Y Combinator 的 S16 加速器计划。Legalist 在 2017 年筹集了 1025 万美元的首期基金，并在 2019 年筹集了 1 亿美元的第二只基金。

如今，Legalist 公司管理着 6.65 亿美元的资金，总部位于旧金山的公司已经扩展到诉讼金融以外的领域，该基金策略也只有一个：基金经理支持原告诉讼，Legalist 通过为诉讼提供资金来赚钱。如果它所资助的原告胜诉，Legalist 将获得一定比例的分成，通常在 25%—30%。多年来，基金的平均回报率达到了每年 25%。

基金的业务来源主要是小公司和那些本来无法负担诉讼费用的人。

尚颖翀和她的 Legalist 的新颖之处在于，他们既想重点帮助那些可能拉一把就能赢的小型原告，同时又通过算法来锁定可能胜诉的案子。

尚颖翀用的是一套大数据和专有算法，它能计算出打赢官司的概率和完成官司的时间范围。该公司会考虑法官、法庭类型、涉及的律师和案件事实等因素来评估成功的可能性和结案时间。某些指标，比如法官手头有多少案子，可以通过算法粗略估计这个案子需要多长时间。法官在类似案件中的过往裁定记录也可以预示可能的结果。以往诉讼金融公司聘请的专业律师可能会根据他们参与的大约 40 起案件做出投资决策，但尚颖翀通过计算机可以读取 1500 万份法庭记录，以获得更广泛的模式。

尚颖翀表示："在很多案件涉及的金额不超过几百万美元，但原告不能承受超过几十万元的法律费用投资。帮助小公司起诉民事侵权索赔听起来不是那么有趣，但对真正的小企业主来说，这些往往是拿自己的毕生积蓄下赌注。”

这篇报道看完后，笔者马上给万华打过去电话：

“报道我看了，有几点我的看法：

1. 国内和国外一样，诸多系统的开发者都向律师和专业人士提供案例分析和跟踪服务；但法律行业的专业人士认为专业不可量化，这是包括我自己在内所走的弯路，尚颖翀直接将数据和人工智能运用到终端市场，这是对的。

2. 美国是判例法，中国是成文法，判例法是英美法系的法律渊源，也就是英美法系的法律以判例为主，制定法为辅，承认判例具有普遍适用的效力。而成文法是大陆法系的法律渊源，以制定法为主，习惯法为辅，并且不承认判例具有普遍适用的效力，所以尚颖翀的商业模式完全放到国内市场不一定适用。

3. 这个报道给我最大的启发是数据和人工智能的开发，应该运用到具体的案件中，对案件的结案有帮助。

4. 大数据和人工智能时代已经席卷而来，但国内绝大多数法律服务工作者丝毫没有感受到这股浪潮咆哮而至时弥漫在整个耳畔的轰隆声。”

万华也是笔者多年来的好朋友，其是个狂热的人工智能追捧者，一直试图在法律服务领域找到一家有人工智能含量的公司，在四处尝试均碰壁以后，干脆以笔者的科技公司当成实验室，并自己掏腰包做了很多尝试。只要是合作做事情，就难免会争吵，在几年和万华的吵吵闹闹中，也一起做了一些尝试，在这里，笔者把一些尝试和读者作简单的分享，希望一些有益的思考对法律服务工作者能有所启迪。

最早有系统开发的想法是笔者在违约处置行业中摸爬滚打了近十年后，在 2017 年与几个伙伴共同开发了一套批量债权转让估值系统，2019 年年底在一个研讨会上介绍该系统时，遇到了华海信托（化名）的刘总，刘总说："对于单笔且数量庞大的信托业务，贷中风险管理太重要了，你们有没有兴趣单独给我们开发一套管理系统，但我们是国企，费用可能很低。"

"能有多低呢？您大概能说一下您的预算吗？"

在刘总说了开发预算后，笔者当时就委婉地拒绝了，因为价格实在是太低了，当天晚上和万总通电话说起这个事情，万总揶揄道："看大方向呀，这么好的和金融机构相互切磋的机会要抓住呀。开发成本不足部分我来补充。"

2020 年，为这个项目，笔者专门请了项目经理开始梳理业务逻辑，一只脚在"法律＋科技"的探索道路上再往前迈进了一步。

对华海信托需求的满足：

传统化解违约的方式是从业人员通过海量的数据线索，基于日积月累的工作经验，再辅之与债务人数次的有效沟通，才能判断债务人当前违约的真实意图，对症下药设置专属的处置方案。在这一系列的工作流程中，无论是检索方式，还是重点信息和核心思想的判断能力，量化工作后的每一个时间节点，都需要从业人员的主观判断作为后续工作开展的前提条件。那么在实操工作中，技术到底能为团队效率提升起到哪些作用呢？

想要回答这个问题，笔者公司的产品经理说：我们可以从结果出发，我们的目的是得出如何进行处置。设置好处置方案。那么我们就需要对做出处置方案前的所有准备工作进行详细的分拆从而判断。为了掌握债务人的真实状态，除了需要把借款前阶段出借方已经掌握的重点信息进行筛查，还需要对债务人当前情况进行整理，包括但不限于司法情况、工商情况、家庭关系情况分别进行整理，基于整理后的数据结果，通过业务人员的历史经验进行主观判断，得出处置方案。

既然主观判断暂时无法通过技术手段完成，那我们就通过尽可能地简化客观整理和海量数据信息人为搜索过程来体现系统的价值。以往由于借款方的风险控制审核和贷后处置的工作是由不同团队来完成，所以当客户出现违约情况时，处置团队往往需要重新整理客户资料，由于资料管理方式的问题，还有可能造成部分资料的丢失。

我们的解决方案是，可以通过外部提供 API 接口技术手段打通系统之间的读取障碍。

对于债务人的新增状态信息，工作人员不仅需要跳转多个平台搜索海量开源信息，还需要将信息与信息的关联性进行整理，对于一个客户的新增排查，需要耗费一个工作人员连续两个小时甚至以上的时间。如果可以用 AI 技术手段，通过工商信息、股权结构及债务人涉及的判决文书数据，定义关键字段，自动绘制成图谱，穿透出重要角色，鉴定人物关系，披露隐藏财产，不仅能节省大量时间，还能使线索信息更加清晰，进而辅助工作人员深挖关键线索。

图 3 - 3 就是笔者团队早期开发的违约客户管理系统主界面，截至目前，系统不仅仅持续给华海信托也给其他金融机构提供专业服务，虽然在此基础上笔者的开发团队已经连续升级了近十次系统的功能，系统运用领域也从机构的贷款风险管理延伸到了执行案件和终本案件的管理，进而辅助到资产管理行业和律师事务所，但就应用上而言，四大功能从目前看来最重要的依然是基础的线索查询等功能。

- 财产线索挖掘：尽可能通过扩大合规数据的购买，获得更多线索；
- 价值变动预警：目前主要是住宅和写字楼；
- 信息数据聚合：（下一章重点介绍）
- 客户关联图谱：关联图谱的目的是快速对客户进行画像；

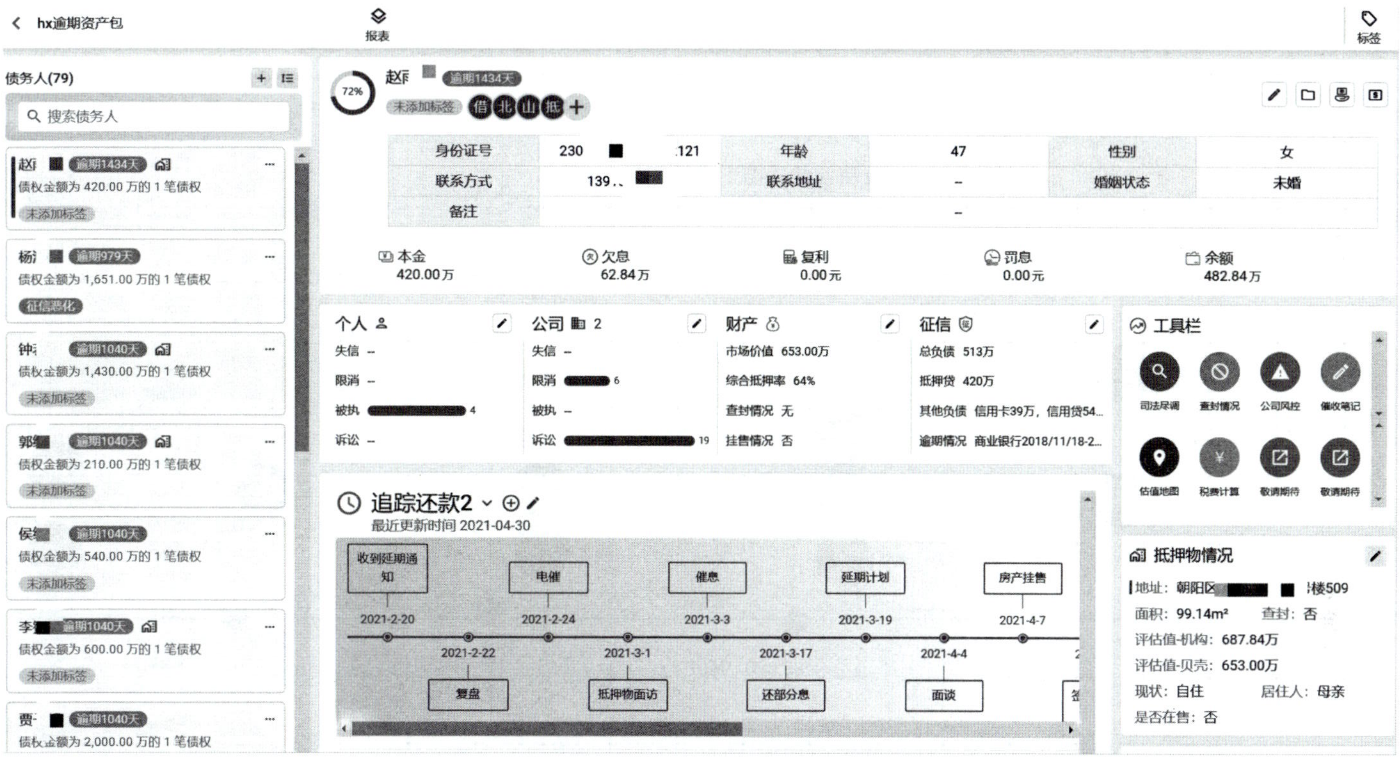

图3–3　出险债务人管理主界面

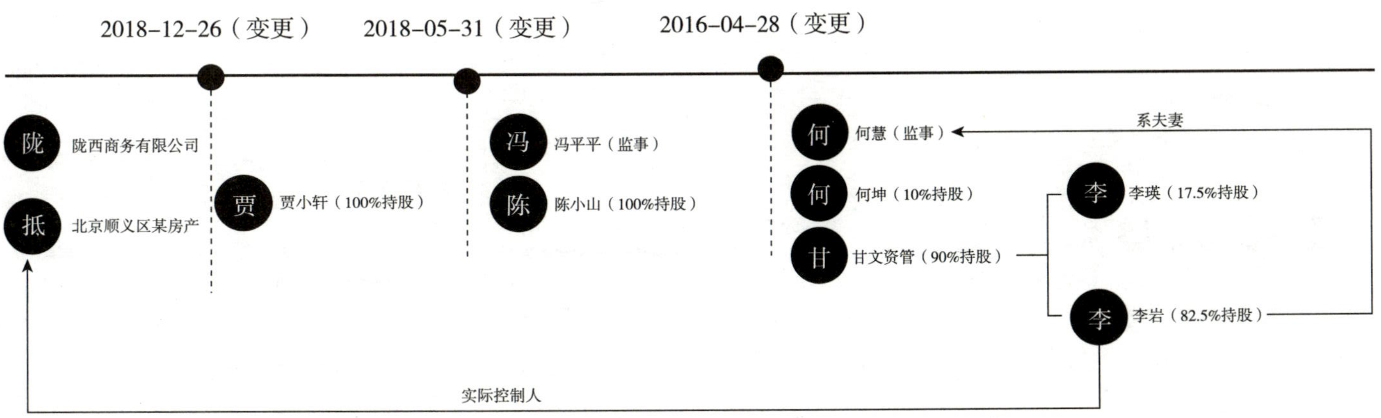

图3-4　工商关系图谱界面展示

- 工商关系图谱：对于企业客户，开发团队借助大数据的力量，对该客户的工商信息及司法信息分别进行全网数据抓取，系统根据预设模板对数据信息进行了结构化的整理；并自动生成工商关系图谱，见图3－4。

- 司法信息获取：开发团队通过聚合公开司法审判信息数据，利用计算机语言定义查询要点及输出格式，可以清晰地检索出债务人当前的执行案件数量与金额；

- 违约风险推送功能：这个在应用中升级的小功能给批量案件的管理来了极大的便捷性，这是早期开发设计完全没有想到的；

- 处置进程共享功能：处置功能的共享也是一个非常有价值的功能，无论是在资产管理行业还是在法律服务行业，委托人和代理人似乎永远处于两个信息孤岛，特别是在案件的推动中，委托人往往急切地希望了解案件的进度，但代理人通常根据关键进度进行汇报，处置进程的共享基本解决了这一传统疑难问题。

总体来看，笔者的技术开发经历经过了三个阶段的尝试以及在不同阶段的用户反映带来的不同思考：

第一个阶段，在2017年基于自身对金融不良资产的估值经验开发的估值系统，这个阶段的思考极其复杂。但现在回顾来看，基于个性化的经验的技术开发有两个关键问题，一是机器学习的案例不够，不足以支持准确的计算结果；二是大数据基数不够，而且对于复杂的资产估值，很多数据完全缺失，因此估值系统的使用目前尚有局限。

第二个阶段，在2020年开发的违约处置系统开发过程中，开发团队丰富并完善了笔者对数据以及系统功能的认识和理解。在和用户的深度互动中，用户通过实践检验了各功能的作用与好处，笔者在这个阶段结合大量的处置实践，对于“法律＋科技”有了更深一层的认识。

第三个阶段，则是2021年的夏天某日上午，万华来电带来的美国华裔尚颖翀创业成立的垫资诉讼基金的启发，因为判例法和成文法的区别导致在中国计算案件的成功率目前还尚有阻碍，但基于中国互联网的发达，以及各类数据的获取成本降低，查询被执行人财产线索的机会得到了大量的提升。笔者复盘了200个在中国裁判文书网上可查的2010年终结本次执行的被执行人是企业财产案件，有18%的案件现在利用免费数据就可以查询到财产线索。

这个查询结果无疑让人非常振奋。

除了笔者对“法律+科技”的思考之外，一些法律科技公司已经在某些金融行业的细分领域开始发挥实务的作用。

◆ 新兴法律科技公司

这里，笔者简单介绍一下正在兴起的新兴法律科技公司在小额消费金融催收业务中的杰出表现。

对于小额消费金融以及信用卡逾期的催收一直是金融机构非常头痛的难题，这类逾期普遍80%的账期都是在12个月以上的“长账期”业务，金融机构最大的痛点就是传统催收方式效率低下，成本太高昂，而且大量客户已经失联。这种案件传统律师事务所无法完成，委托人可能就需要借助科技企业的个人债权AI智能管控系统，通过机器对每笔债权的业务数据及债务人进行多维度画像及特征分析，将债权进行分级分类，针对每笔债务制定最佳化解方案。

目前，科技公司的智能管控系统能做到的工作内容包括：

- 发送电子告知函件，通过告知函件形式，以企业对个人发送函件，正式通知；

- 合法授权发送电子律师函，并在线上存证取证，形成严正司法震慑；
- 以发送电子调解告知函的形式告知用户，案件已进入司法程序；
- 提供以短信、邮件、AI 外呼、多媒体投放等多种方式提醒违约客户；
- 通过与电信运营商建立总对总合作协议，对失去联系的用户完成修复，目前修复基本可以超过 75%；
- 全部业务服务过程，在平台系统全流程留痕，做到有迹可查。
- 与公证处、互联网法院互通，将固化电子证据在公证处公证后分布式保存于区块链中，最长可保存 20 年。

◆ 对未来“法律 + 科技”服务的应用展望

现在，ChatGPT 类技术进一步提升法律服务市场的开放性，科技公司乃至互联网平台企业可能凭借人工智能的技术应用而进入法律服务市场。从全球发展的趋势来看，智能技术在法律场景中的应用呈现出方兴未艾的趋势，很多国家的科研机构已经纷纷布局法律场景中的智能技术应用。

未来的法律服务市场中，以律所为代表的传统法律服务机构并不具有唯一性，以智能技术应用为依托的法律技术公司也可能融入法律服务市场，并成为新兴主体。

智能技术在法律场景中的应用需要进一步强化传统法律工作者对自然科学、信息技术的运用能力，也更需要实现不同学科之间的深度交流，促进两者之间的交融发展。

各类（法律）科技公司在法律服务市场的介入就顺理成章。

新兴法律科技公司与传统律师事务所将可能成为并行法律服务市场的重要主体，并分别负责不同的细分业务领域。

最后再介绍一个对“法律 + 科技”的更新认知。今年笔者收到律师协会发来的一份系统推介的邀请函，一开始笔者对该邀请并没有在意，过了几天，通过朋友介绍，笔者在所里见到了登门介绍系统的一位穿着与科技公司完全不同风格的年轻小伙子，果然，小伙子介绍自己叫青峰（化名），是中信银行北京分行某支行的客户经理（是的，不是技术开发人员，而是银行客户经理），来向律所介绍他们支行发起并由总行技术团队开发的律师事务所管理系统，如图3－5所示。

该系统以案件管理为核心，以数据为基础，把案件、律师、客户及日常行政管理等信息进行紧密关联，将业务、财务、客户、案件、成本等关键要素结合在一起，协助律师进行移动式网络化办公，对律师日常工作中的客户、案件卷宗、日程安排、法律文书进行有效管理，实现律师事务所的办公自动化、业务流程化、管理智能化。

以笔者20多年律师的经验来看，该系统的诸多功能都是基于对律师事务所的需求的深度了解才能做到如此完善的开发结果，比如该系统内置财务模块，涵盖财务申请、审核全流程；支持各类资金发放，支持企业网银、网点等多渠道全线上发薪；支持在线缴费。

再如，该系统支持自定义案件模板，按模板分别导出案件信息，告别重复文书编辑工作。

系统还提供立案阶段利益冲突检索功能，明确案件冲突信息，帮助律所规避立案风险，这是中大型律师事务所的一个必备需求。

还有一个重点，作为增值服务产品，该系统免费提供给律师事务所使用。

是的，免费。

对于读者而言，介绍这个律师事务所的管理系统，似乎与本节的“利用人工智能查找财产线索”没有太大的关联，但对于笔者的思考是，对于分布

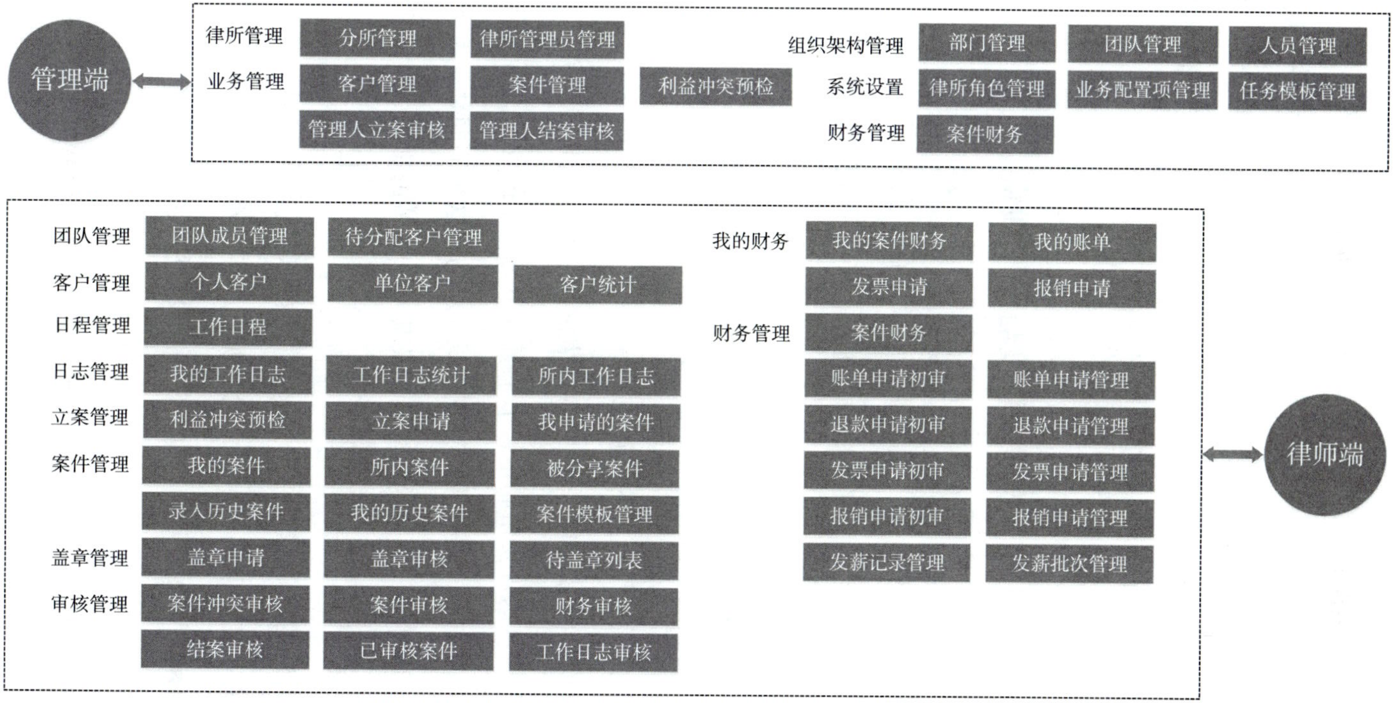

图3–5　产品功能介绍

注：该产品功能介绍图来自中信银行推介材料。

在全国各地的近 4 万家律师事务所中有兴趣致力于财产类执行案件但苦于没有能力、没有体系、没有工具和方法的中小律师事务所而言，获得晋级为科技律所的门票并不昂贵，人工智能与大数据应用也并不遥远；对于全国超过 65 万人的执业律师以及数万人的基层法律工作者而言，这股法律科技浪潮咆哮而至时的轰隆声正越来越近。

第三节　数据颗粒度与深挖线索

在本章第一节中，车童说“案件侦查中关键的一点就是认真和仔细”，如果需要获得有价值的线索，任何蛛丝马迹都有可能是找到走出混沌黑洞的关键钥匙。

“渔夫撒的网越大，捞的鱼就越多，网眼越小，漏掉的鱼就越少”，这也是车童常常挂在嘴边的一句话。

关注细节，是做执行案件的基础能力。

2023 年年初，一条新闻在各网络媒体发酵，事件的大致原委并不复杂，扬州市某副局长戴某与淮安市副市长韦某有着不为人知的勾结，后被其配偶发现，并举报到省纪委，让事件的当事人双双落马。这个旧闻估计读者都还有印象，在这个事件中，戴某的原配偶李某某对于细节的敏感以及对事件处理的计划可以给法律工作者一些借鉴。

李某某对再婚的妻子戴某很可能一直心有疑虑（戴某与前任老公领了证，但是还没来得及举办婚礼，前夫就发现了戴某有着不忠的行为，而直接与戴某办理了离婚手续），因此当他发现一直没有住人的婚房里竟然会有 100 多元水电费时，立即引起了警觉，对于没有敏感度的人来讲，大概率对这 100 多元的水电费的处理方式是电话询问物业或向收水电费的工作人员询问原委。

但李某某立即将问题的焦点聚焦在自己的婚房上，李某某先是以可能有小偷为由，在物业那边查看监控录像。当李某某看到陌生男子和他的妻子一同进入婚房的时候，线索随即变成了可能性。

李某某随后整理好情绪，并没有第一时间采取司法手段也没有找到双方上级领导，而是偷偷在婚房内装置了针孔式摄像头，来认证他心中的想法是否正确，之后发生的事情证明了戴某和韦某确有不正当关系，最终他保留了视频证据。

知道了对方是淮安市的副市长韦某后，李某某没有用视频来起诉韦某，让韦某赔偿损失，也没有到市纪委举报（原因应该是基于韦某就是市里的领导），而是选择了在广大网友的监视监督下，将此事发到了互联网上，同时向淮安市的上一级单位江苏省纪委进行了举报，省市两级迫于压力，不得不从重从快处置了戴某和韦某。

李某某的行为可以给作为法律服务工作者或执行申请人如教科书般的启发：

1. 对可能的一条或数条线索建立起敏感神经开关；

2. 在线索的基础上有逻辑地还原事实；

3. 取证要无懈可击；

4. 找到最佳管辖部门。

对于财产类执行案件而言，很多法律工作者和执行申请人会理所当然地认为执行中查找财产线索的工作交给执行法官就可以了，但事实上的情况并非如此。

《最高人民法院关于民事执行中财产调查若干问题的规定》第 1 条规定，执行过程中，申请执行人应当提供被执行人的财产线索；被执行人应当如实报告财产；人民法院应当通过网络执行查控系统进行调查，根据案件需要应当通过其他方式进行调查的，同时采取其他调查方式。

在实践中，笔者发现绝大多数申请执行人虽然被赋予了提供被执行人的财产线索的权利，但基于各种实际原因，除非具备专业能力以及拥有广泛的社会资源，否则申请执行人提供财产线索的能力极度有限。同时，从人性自我保护的角度观之，被执行人如实报告财产的比例也极其有限，多数情况是被执行人在报告财产前多数已经将财产做了转移。

第 2 条规定，申请执行人提供被执行人财产线索，应当填写财产调查表。财产线索明确、具体的，人民法院应当在 7 日内调查核实；情况紧急的，应当在 3 日内调查核实。财产线索确实的，人民法院应当及时采取相应的执行措施。

申请执行人确因客观原因无法自行查明财产的，可以申请人民法院调查。

在实务中笔者也发现，基于人民法院案多人少的基本事实，特别是对于大量案件还存在跨地区和跨省的情况，这种调查核实的难度进一步加大。

第 3 条规定，人民法院依申请执行人的申请或依职权责令被执行人报告财产情况的，应当向其发出报告财产令。金钱债权执行中，报告财产令应当与执行通知同时发出。

人民法院根据案件需要再次责令被执行人报告财产情况的，应当重新向其发出报告财产令。

实务中笔者发现即使首次报告财产令得到回复，但半年后再次责令被执行人提交财产报告令的情况在执行层面基层人民法院就已经很难落实执行。

总的来说，目前财产报告令有一定的局限性，主要表现在以下两个方面，一是被执行人不配合报告财产，惩戒手段跟不上；二是财产报告令属于

“静态”监管，虽然《最高人民法院关于民事执行中财产调查若干问题的规定》明确法院可以多次向被执行人发出报告财产令，但是这种“手动”操作仍然具有很大的随意性和滞后性，跟不上被执行人的财产变化。

笔者认为，除了目前已经实行并行之有效的信用惩戒手段以外，申请执行人和代理人必然需要加入“动态监管”的技术手段推动执行案件的有效前进。

动态监管主要依赖计算机和信息技术的进步。通过对被执行人碎片化交易行为、经济活动数据进行统计分析，以可视化方式输出被执行人整体经济活动、对现有财产状况进行数据挖掘和动态预警。

数据挖掘主要是对被执行人行动轨迹、高频交易类型、高消费及非工作生活必需消费等内容进行归纳整理，采取贴标签、归类、评分等方式进行深入分析和评估。

动态预警主要是对非正常大额交易行为以及疑似转移财产行为进行提示预警。

当被执行人表现为“缺乏履行能力”“无财产可供执行”假象，仅靠财产静态余额的查控分析已经不足以区分“拒不履行”与“执行不能”；而对于深入调取到的被执行人大量碎片化交易行为、经济活动数据完全可以分析出被执行人的真实债务履行能力，但这种分析工作如果仅靠人工来整理分析需要消耗的人力精力巨大，难以在大量案件中推广。

近年来，实践中笔者基于管理的律师事务所需要深度推动执行案件的有效进行，以及近十年来承接批量案件导致的对于大数据分析、人工智能的迫切需求，从 2017 年开始至今，笔者一直持续尝试搭建“静态数据 + 动态行为”分析模型，通过系统代替人工对调取的海量碎片数据进行整合分析，试图清晰呈现被执行人债务偿还履行能力的整体评估情况。

如果未来可以实现科技化律师事务所和法院的深度调查协作，科技化律师事务所通过大数据实现更多个性化的线索挖掘方法，法院则通过进一步完善与公安、住建、银行、证券、保险等第三方平台的信息联通，及时将所需相关信息导入执行系统。伴随内部与外部数据的完善，法院的执行能力也会进一步增强。而法院执行能力增强，将会大大缓解执行难的问题，全社会都将会因此受益。

从6年前笔者对碎片数据无序的认知到今天笔者将数据进行分类整理，通过在执行案件中的运用，开始在“法律+科技”的实践中有了数据颗粒度精细化的概念。

在笔者的认知里，法律服务在数字化转型的过程中，遇到的最大的阻碍是如何把各种数据从诉讼源头开始一直到执行申请的过程中的各个不同的作用都能自动化串联起来，也就是给数据打标签。进而给数据标记不同的字段，有了标记，最后提取数据的时候才能根据需要进行不同角度的排列组合，最后形成在各个维度的可供执行的方案，就能提供给完全不了解数据技术的执行律师来使用。

“颗粒度”原先为胶片成像术语，指感光底片经曝光洗印以后，形成影像的银粒粗细程度。感光度相同的底片，颗粒度越细，图像的清晰度就越高。后来，“颗粒度”一词被广泛应用到社会生活多个领域。具体到实际工作中，“颗粒度”越粗，表明任务执行方案越笼统，越不利于工作推进；“颗粒度”越细，表明细节越详尽，越有助于问题解决。

做执行案件，记住车童说的“案件侦查中关键的一点就是认真和仔细”固然没错，但读者到底从哪些方面下手去认真和努力呢？笔者认为，执行申请人和代理人包括办案法官应该重点从有较为成熟的信息来源的十个数据上重点评估被执行人的履约能力：

1. 工商数据；

2. 资产数据；

3. 邮政数据；

4. 社保/公积金数据；

5. 消费数据；

6. 航空数据；

7. 铁路数据；

8. 运营商数据；

9. 车辆数据；

10. 水电数据。

将这十个关键数据中的关键字标出就可以称为“数据颗粒度”。读者可以将下述的关键数据进一步完善，也可以在现有“数据颗粒度”中进一步丰富和完善，形成自己的“被执行人财产线索挖掘系统”。

鉴于本书的篇幅有限，如果将以下“数据颗粒”的查询方法应用手段全部展开，可以形成一本财产线索挖掘手段的专著，但对于稍有见识的读者而言显然该书含金量不高，因此本书给挖掘财产线索的思路起到“抛砖”作用即可，“玉”大家自己引。

查找线索来源的数据以及数据项下的“颗粒度”最常见的包括下列内容。

1. 工商数据

工商数据包括但不限于企业基本信息、股东信息、高管信息、企业图谱、股权结构信息、企业对外投资信息、企业无形资产信息、专利权、著作权、商标、股权抵押、公开财务数据。

基于《数据安全法》《征信业务管理办法》《加强信用信息共享应用促

进中小微企业融资实施方案》在政府主导、社会参与、信用监管、法治保障的新型体制机制下，商业查询平台如："天眼查""企查查""爱企查"等系统的内部功能已经非常强大，这几个查询平台基本把企业信息优化成为企业背景、司法风险、经营风险、公司发展、经营状况、知识产权、历史信息等关键数据，构成上述信息的数据颗粒度基本超过了100个。

通过工商数据获得财产线索的案例在本书中比比皆是，对商业查询平台的熟练使用已经成为现在法律服务工作者的必备技能。

我们来看一个案例。

国内很多朋友都知道"协和维E乳"这个品牌，有消息称这个产品仅7天就卖出51万瓶。但如果读者会熟练使用商业查询平台的话，会发现北京协和医院没有维E乳这款产品，协和研发的护肤产品叫作"硅E乳"，最热销的产品叫"硅霜"，从来没有产品叫过"维E乳"的名字。商业查询平台可以查到"硅E乳"品牌标称为"精心"，生产厂家为北京协和精细化学制品有限公司，该公司是北京协和科技开发有限责任公司（以下简称协和科技）的全资子公司，协和科技则是北京协和医院的全资子公司。协和科技为何没有使用"协和"作为商标？通过商业查询平台还可以查到日化用品类的"协和"以及拼音已经在1990年被个人申请，并获得注册通过。如果再仔细查一下就能发现：被北京市民口口相传的"维E乳"，品牌是"标婷"。根据商业查询平台查询到的信息，该公司是北京医院旗下全资子公司，该产品的销售点之一就在北京医院院内。

在没有商业信息公开查询平台之前，调查者很难对一个商标以及挂钩的产品及生产厂家做到快速网络查询，现在这个过程对于熟练的检索者而言，半小时以内就能完成。

这类民营商业查询平台的大量数据都是免费的，如果支付不同等级的会员费，读者还可以获得更多更全面的准确数据。

2. 资产数据

资产数据包括流动资产、长期资产、固定资产、无形资产、递延资产、其他资产。

这部分内容在本书下一章节将重点展开阐述。

3. 邮政数据

邮政数据包括收件人、收件人地址、收件人电话、发件人、发件人地址、发件人电话、物品名称、物品详情、物流公司名称、出发时间、签收时间。

邮政数据的功能可以使用的意义也极其广泛。2016 年笔者碰到一个案件，当笔者作为原告的委托人的二审结果出来后，法官以无法联络到被告为由，要求判决文书公告送达，但原告从其他途径了解到被告正利用这个时间在转移财产，60 天的公告期之后，被告早已完成财产转移。笔者向原告了解到被告有三个可能的居住地，就建议原告以他人的名义，向这三个地址同时寄出三份快递，快递信息中写明须由本人签收，果然，第二天其中一个快递信息确认被本人签收，原告立即向法院打申请，并提交了相关证据，法院收到后马上把公告送达改为了邮寄送达，保障了原告的权益。

事实上，现在更多的民营企业包括京东、顺丰、圆通、美团等都有和邮政相同的递送服务，了解并运用好这些平台会对申请执行人起到意想不到的作用。

另外需要说明的是，无论是邮政系统的客户数据还是民营快递公司的客户数据，均不属于公开数据，如果需要调取，需要代理人向法院申请开具调查令。

4. 社保/公积金数据

社保/公积金数据包括基本信息、业务信息、贷款信息、年度结清信息、工伤保险缴费、医疗保险缴费、养老保险缴费、失业保险缴费、生育报销缴费、医疗保险缴费、年度缴费信息。

通过调查社保缴纳情况，查明被执行人的工作单位、工资收入情况。在条件具备时，被执行人的养老保险、公积金也是可以强制执行的。

在笔者接受的一个劳动纠纷案件中，被告作为委托人因为请一个朋友（现在的原告）帮忙 3 个月，制作一个项目建议书，3 个月中，被告每月定期支付原告 2 万元报酬，3 个月后，原告以没有签署劳动合同并解除雇佣关系为由要求支付 4 万元赔偿。笔者作为代理人向仲裁员要求原告出示缴纳社保的相关信息，原告不得已出示了在无锡某公司缴纳社保的相关信息，原告的常住地也是无锡，而被告的常住地则在北京，最终，仲裁员驳回了原告的诉讼请求。

社保和公积金数据也不属于公开数据，如果需要调取，同样需要代理人向法院申请开具调查令，在开具调查令之前应打电话咨询相关部门是否接受调查令。

5. 消费数据

消费数据包括商家名称、商品明细、商品价格、实付价格、支付方式、消费时间、消费地点、消费能力、消费偏好、消费趋势。

在北京市密云法院和笔者熟悉的一个姓王的执行法官给笔者讲述了他受理的一个执行案件，一个姓陈的被执行人在一个标的为 800 万元的民间借贷案件判决生效后，玩起了“消失”游戏。

该案受理后，王法官马上在执行查控系统上查询了被执行人名下的银行存款、车辆、房产、股权等情况。遗憾的是，查询结果所获甚少，仅冻结了陈某银行账户中的300多元存款。接下来王法官翻阅卷宗时发现，陈某是“90后”年轻人且为女性，一定喜欢网络购物，应该会有网络消费记录，王法官将被执行人陈某的身份信息反馈给有关电商平台，经过几天的等待，购物网站“某宝”反馈了查询数据，陈某以“天津市静海区某小区”作为网络购物的收货地址，拿到地址后，王法官直接带上执行干警从北京到天津，当天下午就在天津见到了陈某，陈某当即表示愿意偿还所欠款项。

消费数据中还包括大量有效信息，如果读者具有车童警官这种刑事侦查和刑事审查中认真和负责的深挖态度，就可以梳理出更庞大的“数据颗粒度”并将获得更多财产线索。

消费数据不属于公开数据，如果需要调取，同样需要代理人向法院申请开具调查令，在开具调查令之前也应打电话咨询相关部门是否接受调查令。

6. 航空数据

航空数据包括姓名、身份证号、航班号、热点机型、航班日期、登机日期、到达时间、座位号、起飞站、经停站、终点站。

航空数据对于进入执行阶段的被执行人似乎意义不大，因为限制高消费的失信被执行人已经不能乘坐飞机，但对于进入执行之前的任何阶段，航空数据的获取对于争议另一方的信息和线索则非常具有帮助作用。

读者常常可以看到很多犯罪嫌疑人被强制控制的地点常常是在准备跑路的机场，那是因为航空系统和公检法系统在境内是完全联网的。恒大集团许家印的前妻丁玉梅在完成“技术性离婚”后马上躲到香港特别行政区，因为她完全知道接下来会发生的一切，如果身处内地，她知道她是百分之百跑不掉的。

我有一个叫韩冬（化名）的朋友，和一个福建开发商签署了一个供货合同，年供货约价值4000万元的铝材，分三次交付，第三次交付后发现找不到这个开发商签收货单，电话上总是说晚几天签。韩冬感觉不太对，回公司找出合同发现，合同约定开发商在收货后 15 天内必须签署收货单且收货单必须由开发商签字，如超过 15 天未签字，视为韩冬供货产品有瑕疵，在开发商无须退货的前提下，韩冬还需要支付该批货物货款的双倍罚款。

韩冬当即发现了开发商的意图，还好之前了解到每周末开发商都会从山东某地往返福建某地，而这趟航线每两天只有一趟航班，韩冬按照航班信息提前两小时到达机场值机柜台蹲守，果然在周五的下午等到了手提行李的开发商，要求其签署了收货单。

航空数据也不属于公开数据，虽然机票预订查询平台包括携程、去哪儿、飞猪、同程旅游、艺龙、途牛、美团、驴妈妈、航旅纵横、春秋航空等，但在实际操作中，这些机构都不接受调查令查询。

7. 铁路数据

铁路数据包括姓名、身份证号、车次、出行日期、开车时间、到达日期、车厢号、座位号、始发站、乘车站、终点站。

铁路“12306”、携程旅行、阿里巴巴集团旗下的飞猪旅行、蚂蚁集团旗下的支付宝、深圳腾讯公司旗下的微信、美团都有获取乘客基本信息数据的条件，当然，数据最集中的依然在铁路“12306”所属的“中国铁路客户服务中心”，因为航空和铁路的客户信息均属于安全信息，对于涉及个人隐私的航空及铁路票务信息，包括工信部门均不具有直接查询和查看的权利。但在涉及国家安全和重大案件需要时，有可能与有关部门进行合作，进行必要的信息调取或透露。

执行案件的代理人可以申请法院开具调查令去航空公司和中国铁路客户服务中心调取被告乘坐飞机情况，但航空公司和中国铁路客户服务中心基本上拒绝提供。

8. 运营商数据

运营商数据包括4G分光、用户信令数据、小区时段位置信息用户离线轨迹、综采短信话单、综采流量话单、综采语音话单、互联网账号信息、计费信息、基站信息。

国家很久以前就要求手机号码实名制，所以运营商数据的准确性相对较高。通过中国移动、中国联通、中国电信三大运营商可以查询到用户基本数据信息（如年龄、性别、出生地、工作地点、所在地等）和用户终端设备信息（如出行轨迹、手机型号、互联网流量使用、消费账单等）以及用户基本行为数据（如用户上网行为、通话行为、沟通行为、注册行为、浏览行为、兴趣偏好等）。

电信运营商还可以对用户进行精准定位，用户的位置由手机附着的基站位置来确定，城镇误差在几百米，农村、山区误差在1千米以上。

电信运营商接受法院开具的调查令，调查令申请中的被调查单位为手机号码对应运营商（移动、联通或电信）在归属地的分公司（如中国电信股份有限公司河南分公司）。调查令开具后，需要现场递交律师调查令、介绍信、律师证复印件，调取结果电信运营商通常直接邮寄到法院。

9. 车辆数据

车辆数据包括车主姓名、车主手机号、车牌号、ETC卡号、结余、消费金额、消费时间、消费来源、业务类型、创建时间、更新时间、更新人、标识状态。

车辆信息由各地公安局公安交通管理局管理，代理人持法院开具的调查令可以查询，但车辆是动产，且物理空间上可不断移动，法院一般情况下无法主动扣押到车辆，也无法推动拍卖处置程序。这就导致现实中存在大量的“有查封车辆，但未实际扣押、无法处置”的案件陷入僵局，最后只能终结本次执行，无法执行回款。

在 2016 年笔者代理的一个案件中，执行申请人发现被执行人车辆在采取执行措施前，被恶意转移至他人名下以规避执行。笔者代理该案后通过提起撤销权诉讼，迫使车辆受让人应诉，提供车辆转让的交易材料。

但受让人无法举证证明车辆买受行为是善意，且已支付足额对价，此时，我们认为买受人与被执行人共同实施了财产转移、明显属于规避执行的行为，基于此，笔者根据诉讼取得的基础事实材料，向原执行法院申请以拒不执行判决、裁定罪移送立案处理的方式，由法院向被执行人反馈施压，迫使被执行人主动和解，全额清偿了欠款。

车辆的执行还有一个比较普遍的问题就是法院在执行过程中依法查封了被执行人的车辆，但被执行人没有依法将涉案车辆交由法院执行。由于未能实际控制车辆，无法进一步进行扣押和拍卖，法院通常只能终结本次执行。

这种情况下，执行申请人就需要向交警大队、公安机关提交调查令，查询涉案车辆的交易、年审、违章记录及行驶轨迹等信息，确认涉案车辆仍处于正常使用状态。然后向法院发出检察建议，建议其恢复执行，同时将涉案车辆的违章记录、行驶轨迹等信息移送至法院。收到检察建议和有关线索后，法院可以通过核实了解车辆情况并裁定恢复执行，督促被执行人交付车辆。

车辆数据在国内的登记与管理已经很完备，有经验的代理人可以通过分析车辆的行动轨迹，经常停放的位置等得出被执行人的线索信息。

10. 水电数据

水电数据包括客户名称、地址、客户类别、表号、核定用水入口、上期抄表日期、本期抄表日期、污水量、上期抄表显示数字、本期抄表显示数字。

水电数据最大的用途就是分析被执行人的具体住所和生活痕迹，各地自来水公司可以查询与用水相关的客户基本信息。而对于用电的情况，居民城市用电归城区供电服务中心管理，居民城郊用电归供电局管理，以上机构都接受法院开具的调查令查询。

以上“数据颗粒度”精细化程度可能还不够，那读者可能就需要从更多分散的由中央政府、地方政府、行业组织、协会等建设的官方与非官方网站进行人工查询，可能工作量巨大，但也可能有意想不到的收获，这些公开网站的查询维度主要分为。

1. 不动产信息；

2. 矿产信息；

3. 知识产权、著作权；

4. 专利与商标、域名；

5. 证券、债券；

6. 司法信息；

7. 行政处罚与征信。

阅读到此，读者基本对细化查找财产线索中的“数据颗粒度”有了直观理解，但对于如此庞大的查询体系，对于没有科技工具的执行申请人和代理人而言，也是一个巨大的工作量，需要读者不断地在实践中打磨和优化自己的查询体系，最终内化成为在办案过程中杰出的技能与优势。

对于普通读者而言，可能并没有非常复杂的案件管理的需求，也可能只是读者本人有一两件债权案件正在推动过程中，那么笔者在这里介绍几种简单的入门级的查询办法，读者既不用购买数据，也不用使用复杂的工具，在笔记本上写清楚关键信息就可以展开查询工作。首先，读者面对的债务主体为法人机构的，可从以下角度查询。

1. 查阅债务人相关的诉讼、执行卷宗

原告或代理人（执行案件的代理人可能和诉讼代理人并非同一人）通过查阅整个案件的诉讼阶段和执行阶段的卷宗，可以了解整个案件的基本事实、原告与被告双方的基本信息、债务发生的原因、是否存在担保、已经向法院提供了哪些财产线索、债务人的银行账户、住址等初步信息。

具体操作步骤如下：

（1）原告或代理人登录负责审理或执行该案法院的官网、该法院的微信公众号等官方平台，直接申请查阅电子卷宗。

（2）如果该法院尚未提供电子卷宗查阅，原告或代理人可直接向法院递交查阅卷宗材料的申请书、委托人身份证明、授权委托书、律师证复印件等材料。

（3）如果该法院可以查阅电子卷宗，但该案件材料尚未扫描上传，可以直接拨打“12368”询问该院负责卷宗查阅事宜人员的联系电话，提前与其沟通，并约定查询的时间、地点以及所需的材料等。

2. 查阅债务人的银行档案和交易底档

针对债权人为银行或企业之间的纠纷引起的执行案件，档案或交易留底文档是非常重要的财产线索来源。

代理人可以从该类文件中了解到：

（1）整个案件发生的全过程、双方的权利义务关系；

（2）债务人和担保人的住址、联系方式、身份信息、银行账户；

（3）抵押人、担保人与债务人之间的关系，是否有设立财产抵押或质押等财产线索。

查询过程中代理人要注意：

（1）提前和债权人确定方便查阅档案或卷宗的时间、地点、联系人及联系方式；

（2）在债权人允许的前提下，尽可能申请查阅所有和债务人相关的档案，并做好记录和复制工作（最好提前准备好存储U盘）。

3. 通过网络查询平台查询债务人的工商登记信息

无论是债权人自身还是委托的代理律师，在办理执行的过程中，最终从债务人手中收回所欠款项是终极目标。因此，扩大债务人的主体范围、查找债务人的财产线索，利用公开的网络平台查询债务人的工商登记信息成为一项必不可少的基本功。

以有限责任公司为例，在公开的商业信息查询平台上，除了可以查到企业的基本注册信息外，还可以查到下列内容。

（1）债务人历史和目前涉诉案件：债务人的信誉情况，主要经营业务有哪些方面，是否具有大量的被执行案件以及执行金额，以此来判断直接向债务人追回欠款的可能性。

（2）债务人是否被列入被执行人、被纳入失信人名单和限制高消费：债务人目前在哪些地区的法院被申请执行，债权人都有哪些，被法院强制执行的总金额等信息，以此来判断债务人对欠款的还款意愿，以及向法院申请强制执行回款的可能性。

（3）债务人的注册地和经营状态。

①经营状态为在业：当债务人目前是在业状态时，债权人或代理律师可以查询和走访债务人的注册地，查看其实际经营地和注册地是否一致。如果发现不一致时，债权人或代理律师可以拍照留证，必要时可以去市场监督管理局投诉。

②经营状态为吊销：若债权人或代理律师发现债务人的状态为“吊销”，根据法律规定，债务人的股东和高管需要履行清算义务，并在15日内进行

清算。若清算义务人怠于履行清算义务，未按时依法清算的，清算义务人（有限责任公司的股东、股份公司董事和控股股东）应当对公司债务承担连带责任。

③经营状态为注销：若债权人或代理律师发现债务人公司已经被注销的，债权人和代理律师应该重点调查债务人在注销前是否依法完成注销前的清算工作。若发现股东未清算就将公司注销的，则可以直接另案起诉股东承担连带责任，即使公司经过清算，债权人或代理律师也需要查看其清算报告是否真实合规，内档中是否存在《全体投资人承诺书》。

法律依据

《工商总局关于全面推进企业简易注销登记改革的指导意见》（工商企注字〔2016〕253号）规定，本企业申请注销登记前未发生债权债务/已将债权债务清算完结……如果违法失信，则由全体投资人承担相应的法律后果和责任，并自愿接受相关行政执法部门的约束和惩戒。

《最高人民法院关于民事执行中变更、追加当事人若干问题的规定》第21条规定，作为被执行人的公司，未经清算即办理注销登记，导致公司无法进行清算，申请执行人申请变更、追加有限责任公司的股东、股份有限公司的董事和控股股东为被执行人，对公司债务承担连带清偿责任的，人民法院应予支持。

《公司法》第232条第1款规定，公司因本法第229条第1款第1项、第2项、第4项、第5项规定而解散的，应当清算。董事为公司清算义务人，应当在解散事由出现之日起15日内组成清算组进行清算。

第235条第1款规定，清算组应当自成立之日起10日内通知债权人，并于60日内在报纸上或者国家企业信用信息公示系统公告。

第239条规定，公司清算结束后，清算组应当制作清算报告，报股东会或者人民法院确认，并报送公司登记机关，申请注销公司登记。

4. 债务人是否存在分立后新设的法人

无论公司之间如何约定债务，分立后的公司都对分立前的公司债权人承担连带还债责任。债权人可以向任意一家分立后的公司请求债权，偿还债务的公司可以向其他公司追偿。

法律依据

《公司法》第223条规定，公司分立前的债务由分立后的公司承担连带责任。但是，公司在分立前与债权人就债务清偿达成的书面协议另有约定的除外。

5. 债务人是否存在分公司

根据法律规定，分公司要承担总公司的债务。因分公司不具有法人资格，其民事责任都由总公司承担，公司以其全部财产对公司的债务承担责任，所以在总公司的财产不足以清偿债务的情况下，债权人或代理律师可以要求法院直接执行分公司的财产用以偿还债务。

6. 债务人的成立时间、注册资本和股东的认缴期限

债权人或代理律师可以重点查看债务人股东认缴的资本是多少，是否已经全部实缴。如存在未全部实缴注册资本的情况，债权人可考虑追加未实缴的股东为被执行人。

7. 调查债务人的股东变更情况

债权人或代理律师通过分析债务人的股东退出的时间节点，判断是否存在债务发生后，股东在未依法履行出资义务的前提下，即将股权转让给他人。如此债权人可以追加原股东为被执行人。

8. 债务人是否为一人有限责任公司

如果债务人的主体为一人有限公司，原则上股东对公司债务不承担责任，但当一人公司股东不能证明公司财产独立于股东自己，以及股东滥用法人的独立地位给公司造成损失的，该股东应当承担连带责任。

9. 债务人是否有对外投资，股权是否被质押或冻结信息

如债务人不能清偿债务，债权人或代理律师可申请法院冻结和拍卖债务人对外投资公司的股权。

10. 债务人的司法拍卖信息

债权人或代理律师可以登录京东拍卖、阿里司法拍卖等拍卖网站，搜索是否有债务人的财产被拍卖。若债务人有正在被拍卖的股权、车辆或房产等财产，债权人可直接向法院申请参与分配。

11. 债务人经营状态、团队

债权人或代理律师可从关键信息中分析债务人的经营方向，是否存在融资、业务团队的能力、进展经营状态等。

12. 债务人招投标信息

债权人或代理律师可以重点查看债务人近三年的招投标信息，是否存在中标、中标金额和发标公司、中标的项目，以此来判断是否可能存在未收债权。债权人或代理律师可以向法院申请执行债权人到期债权。

13. 债务的商标、专利和著作权等

查看债务人名下的知识产权信息，并对这些知识产权进行评估，分析相关知识产权的价值，判断是否可以被查封、拍卖。

如果读者面对的债务主体为自然人的，可从以下角度查询。

1. 查看债务人是否有曾用名

根据我国法律规定，自然人享有变更自己姓名的权利，查看债务人是否

有曾用名可以从中了解到债务人是否存在隐匿的财产、是否用曾用名购买过房产、是否恶意转让财产、曾用名是否有过著作权、专利或商标权等。

查询途径主要有：

（1）根据债务人的身份证号和姓名，债权人或代理律师可以搜索和债务人相关的所有法律文书，看文书中是否有标注曾用名。

（2）债权人或代理律师也可以尝试在百度等搜索引擎中查询。

2. 走访被执行自然人户籍地、现居住地

一个人的户籍地或者现居住地可能是其从小生活、学习和工作的地方，债权人或代理律师通过走访可能会发现债务人的家庭和婚姻信息，夫妻双方或子女名下是否有房产、车辆信息和到期债权等财产线索。

户籍地和现居住地信息的获取可以从债务人的相关法律文书中获得，如果有债务人身份证号也可以判断出债务人的户籍地。

3. 走访被执行自然人工作单位

自然人的工作单位与其本人的日常生活息息相关，一个职场人士每天起码有 8 个小时的时间都在工作单位。因此，通过走访债务人的工作单位通常可以获得有用的财产信息。

（1）债权人或代理律师探查走访债务人的工作单位可能会使债务人迫于环境压力而推动还款进程。

（2）债权人或代理律师通过走访可以了解债务人的家庭或婚姻状态，也可获取其工资以及分红等收入情况，以此来判断债务人的还款能力。

（3）债权人或代理律师也可能从债务人的同事口中得到债务人的房产和车辆等财产的相关信息。

注：通过分析与债务人相关的法律文书或申请调查令等方式可以获取债务人的工作单位。

4. 通过被执行人手机号查找社交账号

社交账号往往是自然人的主要活跃平台，通常债权人或代理律师可以从债务人发布的动态和短视频等信息中发现债务人的日常生活轨迹、旅游、用餐、居住环境等信息。

如微信、微博、抖音、小红书等平台上，债务人有没有在上面发布与个人生活相关的视频、图片等。

5. 利用网络平台查询债务人信息历史和目前的诉讼、执行案件

（1）裁判文书网：债权人或代理律师可查询与债务人相关的法律文书、债务人的身份证号、户籍地、现居住地、工作单位等线索。

债权人或代理律师也可通过分析债务人的涉案信息，判断债务人是否可能存在到期的债权或对外投资等。

（2）中国执行信息公开网：查看债务人是否已经被限制高消费、被列入失信名单等。

（3）企查查、天眼查、百度百科等网站：债权人或代理律师可以查看债务人是否存在对外投资、有哪些合作伙伴、对哪些企业有控制权、个人舆情、个人履历等财产线索。

以上就是比较常规的线索查询方法，债权人或代理律师还可以在实践中不断地增加更多查询方法，套用一句略显落伍的俗话“只要功夫深，铁杵磨成针”，只要功夫下到，对于债权人而言，就将会体会到“行到水穷处，坐看云起时”的境界。

本章小结

对于查找债务人财产线索这个精细化的工作，在笔者过往的实践经验

中，发现在公安系统工作过的执业律师比一般债权人和代理律师的经验明显多很多。这种经验的获得，笔者认为基于两点，一是长期对于细节坚持洞察力的训练；二是坚持凡事皆做逻辑推理的思维模式训练。笔者建议读者多进行自我思维模式强化。

办案法则：通过制图视觉化债务人在整个案件框架下的时间、空间中的一切活动信息，并重点关注人物关系、司法现状、资产状况，然后形成查询方案。

附属操作 a：将三维的思考转变为二维的查询执行方案，按照时间轴以及事件的逻辑，推理并分解线索出现的因素，对应匹配的查询工具。

附属操作 b：延伸一步，大量数据与实践都证明，杰出基于细节的推理。

基于这个关键法则，笔者认为，对被执行人的线索查询工作中，在所有看上去已经毫无头绪或感觉山穷水尽时通过运用这个法则，有 40% 以上案件均有突破方案，即使每个案件都是独立事件，即使这些案件并没有过多可供共享的数据，但通过多走、多看、多问、多听、多思考，任何蛛丝马迹都有可能是找到走出混沌黑洞的关键钥匙。

当然，对于国内庞大的债权人和代理人群体，除了自学和研究之外，加入组织或找到兴趣相投的伙伴，还有对一些疑难案件的推进需要获得一些公益协作，因此一个有互动功能组织的建立就非常有必要，笔者在 2022 年参加的“法律科技应用平台冬季论坛”中所了解的论坛的后续服务，可以作为本章内容的一个体验延伸。

法律科技应用平谷冬季论坛的意义

2022 年，三十多位分布在全国的深耕于执行案件的优秀执业律师共同发起了第一届法律科技应用论坛，因为会议在北京市平谷区举办，基于全国参会者共同倡议未来会议的常设地址就定在北京平谷区，因此该论坛也被称为

“法律科技应用平谷冬季论坛”。该论坛是以研究和探讨在国内目前财产类案件普遍面临执行难的问题，讨论利用更多数据与人工智能等手段帮助债权人维护自身利益，促进全国各地执行律师合作与交流为宗旨的非官方全国性论坛。第一次论坛结束后，主要参与机构共同形成了《债务人履约能力评估白皮书》。

为满足论坛的务实功能与案例积累，以便更多参与者在后续的活动中不流于理论而是更加地深入疑难杂症案件的分析与研究方案。论坛后，发起人向社会广泛征集案例，同时也召集更多执行律师远程分享执行经验。

申请执行人可填写以下信息提供执行困难案件供平谷论坛专家组研究（目前只接受被执行人为机构且涉及标的额500万元的案件）：申请执行人、案号、电话、执行标的、地区。填写方法见图3－6。

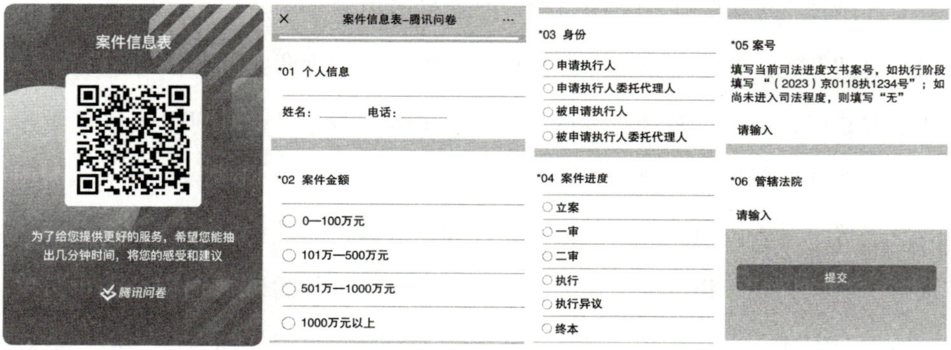

图3－6　案件信息填写

各地执行律师可以通过填写以下信息加入“数据颗粒度”完善小组：姓名、是否为执业律师、执业时间、年龄、所处地区、擅长领域、备注。填写方法见图3－7。

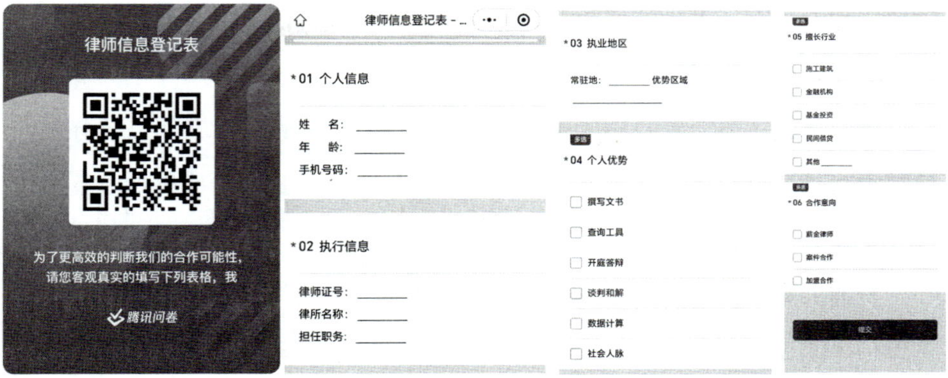

图 3－7　律师信息填写

法律科技应用平谷冬季论坛还对各信息查询平台的信息有效性进行测评，并对测评结果形成报告，向各地执行法院提供推荐参考，并希望以此推动法院和律师事务所的更多联动。论坛所选择的信息查询平台企业定义为来自“行业合作伙伴”，它们来自广泛的行业，涵盖建筑、房地产、科技、制造、工程和金融服务等行业，这些平台企业对于本行业的“数据颗粒度”有很高的敏感性。

平谷论坛还在第一届会议后向全国法律服务工作者提出了六项倡议，希望这些倡议能为我国法院案件的“执行难”做出一点积极的贡献。

活动倡议包括下列内容。

法律工作者健康倡议：该倡议的目标是推动法律服务机构更多地关注法律服务工作者的健康，论坛的发起人将陆续推出多项有益的健康项目，以应对脂肪肝、高脂血症等疾病，并建立更好的从业者健康体系。

反腐伙伴倡议：为加强反腐败力量，此倡议提供了一个为法律工作者相互交流反腐实际经验和面临困境的平台，推动执行环境更透明。

创新、赋能执行：该倡议是 2023 年冬季平谷论坛的主题，参会的资深法律工作者分享了大量的创新工具、创新策略以及科技工具对财产类执行案件的启发、帮助和场景应用。

教育倡议：与会者共同达成协议，将会议总结的经验、案例以及有效的执行方案通过自媒体、视频课程，制作书面教程的形式，向债权人以及法律服务工作者无偿提供。

资源共享倡议：该倡议得到了各利益相关方的支持，其中包括：数据提供机构、通过网络参会的超过500多位执业律师、30多位资产管理公司的高级管理者，以及近十家特殊机会基金的管理人，会后将尝试性地在长三角地区、珠三角地区以及京津冀地区率先就推动执行案件有效回款的一系列措施中开展合作。

笔者认为，以上倡议是对于执行申请人及代理人在未来化解“执行难”的现实情况中的一次有益的尝试，代表着一部分不安于现状的法律服务工作者向具体获得解决方案又迈出了一步。

第四章

以线索查询推动执行案件回款

近年来，随着越来越多的企业商业信息查询平台的陆续完善，“查询”动作已经变得非常普及。笔者常常见到初次见面的两位商务人士，在其中一方自报家门以后，对方会下意识地拿起手机在商业信息平台的 App 中快速录入另一方的公司名字，第一时间基本对对方公司成立的时间、股东信息、员工数量、公司财产、司法信息等有了大概了解，这就为接下来的谈判策略、谈判所需要花费的时间成本、谈话的重点以及是否需要邀请其他同事参与谈判做出快速判断。

这种操作的效率，在 10 年前是完全不可想象的。

在笔者的执行团队为商业银行开展法律服务的工作实践中，会有这样的场景：在与有抵押物（以北京的住宅为例）的违约债务人讨论和解方案的面对面会谈中，执行团队可能就会要求债务人本人在自愿的情形下打开“京通”小程序，通过人脸识别等流程，查询债务人名下的全部房产信息包括是否有抵押、是否有查封等关键信息，这些信息成为帮助谈判双方确认后续方案可执行的前置基础。

这种操作的执行，在 10 年前也是完全不可想象的。

债权人或执行申请人对于财产线索的查询能力，可以对财产类纠纷在诉讼、调解、执行、催收等阶段或手段中起到积极有效的推动作用。本章笔者以进入执行阶段的财产类案件举例，介绍常用的持有律师调查令查询财产线索、通过各种公开数据查询财产线索，以及采取常规执行措施和向法院申请救济与惩戒措施的各种方法。

在第二章第二节中，笔者已经介绍了法院查询系统的优势和局限性，本章笔者将重点介绍执行申请人及其代理人如何通过发挥自身的认知和法律知识，在执行案件中穷尽一切手段，抽丝剥茧，找到被执行人隐匿的财产线索，维护执行申请人的自身权益。

本章介绍的部分方法对于尚未进入执行阶段的债权人也可以起到一些启发的作用，读者可以举一反三地进行思考。

第一节　二十四种律师调查令查询财产线索

目前法院在办理执行案件的过程中，因为只能简单地做到“四查”，查找到的财产线索十分有限，而且通常很多线索只能查到当地的信息，还并不能做到全国大范围的调查，于是为了解决更大范围、全面地调查债务人的房产、车辆、银行存款、债权、股票等财产线索这一难题，根据相关法律规定，代理律师可以主动地向法院申请调查令，以此来协助执行法官的工作，尽可能地帮助执行申请人追回案款。

向法院申请开具律师调查令，一般应当提供下列材料。

1. 开具调查令的申请书，并载明以下信息：

（1）案号或收件编号；

（2）执行申请人的姓名、身份证号或名称、统一社会信用代码；

（3）调查令持有人的姓名、律师执业证号和律师事务所名称；

（4）接受调查单位或个人的名称或者姓名；

（5）调查取证的目的及理由；

（6）需要调查收集的证据、财产线索；

（7）其他需要说明的事项。

2. 当事人的授权委托书。

3. 代理律师所在的律师事务所出具的指派律师函或法律援助机构出具的法律援助公函。

4. 代理律师有效的执业证书，此处要注意实习律师无权持调查令前往相关单位进行调查工作。

5. 律师调查令使用承诺书等。

需要特别注意的是，因为不同省、自治区、直辖市的相关部门关于申请调查令的注意事项和法律规定不同，在申请调查令之前要先查询当地相关部门的具体规定。

1. 在代理律师准备好所有的申请资料（可以由获得授权的代理律师代为签字）后向法院邮寄时，一定要使用EMS（邮政特快专递服务），并在填写快递服务单据时，在备注的位置标明本次邮寄邮件的目的是什么。如执行申请人东方公司申请调查被执行人马某婚姻登记状况的调查令申请书。

2. 经办律师需要注意保留好邮寄的底单，以备留存证据。

3. 在收到法院出具的调查令后，首先要检查调查令的内容是否有错误，其次要注意本次调查令的有效期，持调查令的律师要注意安排自己的时间，在规定的期限内前往调查，调查令如果过期就会自动失效。

4. 前往调查前，一定要主动与接受调查相关单位联系，确认对方负责法院协助义务的联系人及联系方式，并与其约定时间及地点等会面细节。

5. 主动与负责联络的工作人员保持沟通，笔者的执行团队在实践中多次遇到能提高效率的情形，即律师在线上向被调查单位提供了调查令并说明事由后，该单位就主动在线上为代理律师提供了线索。

这种情况的发生可能基于两点，一是当地有专门经办人处理该类调查工作接待，在熟悉工作流程和执行申请人的调查目的后，为了节约双方工作效率和时间，提供便捷的工作结果。二是对一个被执行人而言，已经有多个相同内容的调查工作在本次调查工作之前多次进行过，经办人案头已有调查所需结果。

具体有哪些潜在的财产线索可以向法院申请律师调查令调取呢？

1. 调取被执行人手机号

在我们国家，使用电话卡必须进行实名登记。执行申请人在追讨被执行人欠款的时候，如果获得被执行人的手机号码，可通过手机号查找此人的社交账号，如微信、抖音、支付宝等，通过社交账号将可能获得被执行人的相关线索以及信息，同时手机号码本身也是财产，可以申请执行拍卖。

在此过程中，需要注意以下问题。

（1）首先要确认被执行人的经常居住地、户籍所在地等经常生活的区域。

（2）提前拨打“10086”、“10010”等接受调查单位的客服电话，咨询该机构负责处理法院调查事项的部门联系人和联系方式，并与其约定时间及地点、所需的材料等。

（3）代理律师写调查令申请时，要重点写清楚当地各大运营商的全称，比如被执行人经常生活的地方在北京，则名称为：

①中国移动通信集团有限公司北京分公司；

②中国联合网络通信有限公司北京市分公司；

③中国电信股份有限公司北京分公司。

调查令开具后，需要现场递交律师调查令、介绍信、律师证复印件等材料，调取结果运营商通常会直接邮寄到法院。

2. 调取被执行人的“微信”和“支付宝”账号交易流水

在我国除办理手机号码需要实名登记外，使用“微信”和“支付宝”进行支付或转账业务，同样也要实名登记并绑定使用人名下的银行卡。

因此，如果执行申请人或代理律师已经掌握被执行人的手机号，就可以利用手机查询被执行人手机号所绑定的“微信”和“支付宝”账号，并据此向法院申请调查令。

具体操作步骤如下：

首先，确认被执行人的“微信”和“支付宝”是否已经绑定了己方所知道的手机号码。

微信：

（1）打开“微信”首页，点击右上角的“＋”；

（2）点击“添加朋友”，在搜索框输入手机号；

（3）出现可添加的人员的信息，则证明被执行人的手机号已经绑定了“微信”账户。

支付宝：

（1）打开“支付宝”首页，在最上方搜索框中输入手机号；

（2）出现可转账或添加好友的信息，则证明被执行人的手机号已经绑定了“支付宝”账户。

在此过程中，需要注意以下问题。

（1）执行申请人或代理律师要提前了解，“微信”和“支付宝”负责处理法院调查事项的部门在全国分别只有一个，并且各个省份法院对于是否应该出具面向“微信”和“支付宝”的调查令的规定不同，这需要代理律师提前与法院做好沟通工作。

（2）“微信”和“支付宝”所属公司的全称、地址及联系方式。

①“微信”公司名称：腾讯科技（深圳）有限公司。

地址：深圳市南山区深南大道9996号松日鼎盛大厦裙楼一层法务部司法协查中心。

电话：0755－86013676。

邮箱：fayuan@ tencent. com。

②“支付宝”公司名称：支付宝（中国）网络技术有限公司（阿里巴巴集团协查团队）。

地址：浙江省杭州市西湖区西溪路569号蚂蚁A空间东门1号楼大安全接待中心。

联系方式：0571－86564763。

（3）以确认无误的被执行人手机号码为依据，申请法院出具调查令，调查绑定该手机号码的“微信”和“支付宝”账户信息，比如：

①“微信”和“支付宝”内已绑定的银行卡有哪些，是否涉及法院和执行申请人未曾发现的银行卡账户；

②被执行人的“微信”内的“钱包”和“零钱通”是否有钱，其交易明细内是否涉及大额收入或支出，有没有固定的收入或支出；

③是否使用“微信”内“亲属卡”功能，为他人买单或他人为被执行人买单，以此来判断被执行人的亲属关系，或可能追回大额不明支出；

④被执行人的“支付宝”内的“余额”和“余额宝”是否有钱，其交易明细内是否涉及大额收入或支出，有无固定的收入或支出；

⑤被执行人是否有利用“支付宝”的理财功能，购买相关理财产品或保险。

3. 调取被执行人银行账户信息

无论是对于个人还是企业、事业单位和政府机关等单位来说，银行账户都是必不可少的。其中，被执行人如果是企业等经营机构，可能还有单独的大宗商品交易结算账户。

通过法院调取被执行人银行账户的交易明细，可以得知被执行人的资金流向，从中可能发现被执行人转移财产的线索。很多的被执行人在知道自己可能无法还债或被诉后，存在将自己的财产无偿赠与他人或赠与配偶后提出离婚，或者被执行人与其他人虚构债务关系或签订虚假的买卖合同，从而将卡内存款转给他人等逃避债务的行为。

在此，需要注意从哪些角度分析被执行人的银行交易流水呢?

（1）如果被执行人的主体是企业单位或其他机构，他的交易明细中可能出现在本次案件判决发生前后有大额不明支出，也可通过分析债务企业发放职工工资的银行账户交易流水，确认其是否存在工资、奖金和分红的发放异常。

（2）通过调查被执行人银行账户的交易明细，只要发现被执行人账户中存在判决生效后产生的大额交易流水，我们就可以对被执行人进行司法拘留，甚至可以追究其刑事责任。

（3）在生活中，绝大多数普通人都离不开线上支付。被执行人为自然人时，通过调查其线上交易情况，可以重点分析小额的规律性的收入明细，也许可能会获得意想不到的财产线索。比如，这些钱可能是被执行人出租自己的房产所获得的租金，据此执行申请人可能会发现被执行人的不动产。

总之，调查银行账户交易明细存在诸多益处，在此就不一一列举了。作为执行申请人，如果发现被执行人银行账户交易中存在异常的，可以要求执行法官对被执行人以及其他相关人等进行询问。

发现确有问题的，执行申请人还可以行使撤销权，撤销被执行人不合理或不合规的资产转移行为。在此要注意执行申请人应该在知道或者应当知道撤销事由之日起一年内行使，超过期限没有行使撤销权的，执行申请人就丧失了胜诉机会。

4. 调取被执行人社保、医保账户信息

社保、医保账户（社保也就是社会保险，包括 5 种保险，即养老保险、医疗保险、失业保险、工伤保险、生育保险；而医保就是医疗保险）。

上述账户中的钱虽然属于专项资金，法院不得查封、冻结或扣划，但是如果调取被执行人的社保、医保账户的具体信息，不仅可以了解到被执行人就业情况，还可以通过分析被执行人社保、医保的缴纳基数判断债务人的工作单位及工资收入情况。

据此，就可以申请法院扣留、提取被执行人的工资收入。

在此，同样需要注意以下问题。

（1）申请此项调查令的前提是确认被执行人有缴纳社保或医保和有被执行人社保或医保的缴纳地信息。比如，被执行人在河南洛阳工作，则可以：

第一步，登录洛阳市人力资源和社会保障局或洛阳市医疗保障局官方网站；

第二步，点击“政务服务网上办事大厅”；

第三步，点击“个人登录”；

第四步，点击“国家政务服务平台”；

第五步，点击“忘记密码”，输入“被执行人姓名、身份证号”实名认证。

如经过上述步骤后，显示的页面出现手机号码验证信息，则证明被执行人在此地有缴纳社保或医保。

（2）一般情况下，可以直接通过省、自治区、直辖市的社保或医保服务机构查询被执行人的信息。因此，在写调查令时接受调查的单位可以写省级的社保或医保机构，如北京市人力资源和社会保障局、北京市医疗保障局。

5. 调取被执行人养老金、离休金或退休金账户信息

不同于社保账户，养老金、离休金或退休金是作为离退休人员定期可获得的财产，应当视为在第三人处的固定收入，属于责任财产的范围，是可以被法院强制执行的。

通过调查获得与被执行人相关的养老金、离休金或退休金账户的基本信息后，执行申请人可以将其列为财产线索，申请法院冻结该账户，定期扣划账户中的钱偿还执行申请人的债务。

具体的方法和步骤与社保信息的调查类似，也都是前往省、自治区、直辖市的社保服务机构进行调查。

但需要注意的是：

（1）法院应该向社保局发出协助执行的通知；

（2）在冻结、扣划前，应当预留被执行人及其所抚养家属必需的生活费用，也就是可以直接执行养老金、离休金或退休金中高于当地最低生活标准的部分。

6. 调查被执行人个人住房公积金账户信息

住房公积金属于个人所有，我国法律规定法院可以对债务人的住房公积金账户内的公积金余额强制执行。

通过调查获得被执行人相关的住房公积金账户的基本信息后，我们可以将其列为财产线索，申请法院直接扣划账户的余额，同时再将账户一并冻结，如此该账户内后缴存的钱款也不会“溜走”。

具体的方法和步骤与社保信息的调查类似，是前往省、自治区、直辖市

的住房公积金管理中心进行调查。

但法院想要执行被执行人的公积金，被执行人需符合提取职工住房公积金账户内的存储余额的条件，每个省份对提取公积金的条件和金额的规定不同，现在以江西省为例做一下简单的介绍。

（1）被执行人符合住房公积金提取条件的下列情形：

退休的；

出国出境定居的；

调离本市（县）或户口迁出本市（县）的；

非本市（县）常住户口或本市农业户口，与单位终止劳动关系的；

与单位终止劳动关系，住房公积金转入管理中心指定的账户集中封存满1年仍未重新就业的；

涉及住房消费类债权债务纠纷（如购买自住房、偿还购房贷款本息以及支付房租引起的债务纠纷）；

被执行人死亡或被宣告死亡，或者死亡（被宣告死亡）职工的继承人、受遗赠人系债务人的。

（2）除符合第1条规定的条件，还需要在保障被执行人依法享有的基本生活及居住条件的情况下才可以执行被执行人的公积金。

（3）同时，若被执行人已经以该项住房公积金履行公积金贷款合同还款义务的，人民法院对该项住房公积金暂不予冻结（扣划），但下列情形除外：

住房公积金贷款即将清偿完毕，可在贷款期限届满后对住房公积金账户余额进行冻结（扣划）；

住房公积金账户余额大于住房公积金贷款合同的还款余额，对超出住房公积金贷款合同的还款余额部分，人民法院可以冻结（扣划）。

（4）人民法院在前述条件下虽然对住房公积金暂不予冻结（扣划），但公积金中心应对人民法院要求冻结（扣划）的法律文书进行记载。待冻结（扣划）的条件成立时，公积金中心应协助办理冻结（扣划）事项。

（5）被执行人以其房屋作为住房公积金贷款合同抵押担保的，人民法院对该抵押房屋强制执行时，不影响公积金中心的优先受偿权。

（6）婚姻、继承、析产等案件的生效法律文书已对住房公积金作出明确分配并符合提取条件的，可以扣划其住房公积金。

7. 调取被执行人商业保险、金融理财产品信息

商业保险包括人身保险和财产保险；金融理财产品包括金融机构直销或代销的银行理财产品、信托产品、基金产品、保险产品、资产管理计划产品等。以上保险和理财产品都可以被法院作为执行财产强制执行。

商业保险：前往各大经营商业保险的公司，保险公司在各地基本上都有分公司，此种情况读者需要先联系当地分公司的客服电话，确认其是否可以进行调查，如中国人寿保险股份有限公司菏泽分公司。

其他注意事项和调查手机号码的情况类似。但因为国内保险机构众多，所以执行申请人最好每个保险机构都调查一遍，理财保险虽然都很难调查，但是一旦查到，账户中的钱通常都是大额，很有追查的意义。

金融理财产品：通过各大银行或金融机构查询，这类调查令查询工作需要先打客服电话咨询，如工商银行的北京分行是否可以查询被执行人在全国其他地方工商银行办理的理财业务，并了解清楚负责此项协查事务的部门、部门联系人及联系方式、所需材料、地址、时间等。

8. 调取被执行人名下的房产信息

房产在一定的情况下，基本属于家庭或个人的主要财产，也是调查被执行人财产线索的主要方向。一旦发现被执行人或其配偶名下有房产，执行申请人获得执行回款的概率就大大增加。

调查房产信息需要注意的事项包括以下方面。

首先，确认被执行人经常居住地、户籍地等，可以有针对性地前往当地的不动产登记中心调查。

对于房产查询信息结果，要注意被执行人名下的房屋有没有被抵押、冻结、无偿赠与他人、低价卖出、不合理的高价买入等情形。

执行申请人如果已经知道被执行人或其配偶的住址或者房产证号，一般可以通过不动产登记中心进行核实、确认。在实践中主要有两种不同的情况。

（1）当知道被执行人具体的房号时，可直接持查询人身份证，填写好查询单，即可查询该房产的登记信息、查封状态、抵押情况和面积大小等。例如，以北京为例，执行申请人可以直接登录微信“京通”小程序，注册或登录之后，点击住房服务进入不动产查询，选择任意人查询，然后输入地址或产权号，即可查询。

支付宝“京通”和百度“京通”小程序也都可以查询。

（2）律师持律师执业证、相关的裁判文书、授权委托书、律师事务所介绍信，直接前往当地的不动产登记中心查询。

当然，如果以上两种情况都查不到任何信息，或不知道具体的房号或者地址，或当地不动产登记中心不允许律师查询，那么执行申请人的代理律师就只能向法院申请调查令查询了。

代理律师持调查令查询有关房产状况的，必须向市房屋权属登记事务中心或区县建委出示有效的律师执业证，市房屋权属登记事务中心或区县建委应当协助查询调查令载明的事项并在查询结果上加盖印章。

9. 调取被执行人土地使用权

土地使用权是我国土地使用制度在法律上的体现，国有土地使用权是指国有土地的使用人依法利用土地并取得收益的权利，国有土地使用权的取得方式有划拨、出让、出租、入股等。而农民集体土地使用权是指农民集体土地的使用人依法利用土地并取得收益的权利。

国有土地使用权主要是经营房地产、建筑等行业通过划拨、竞买等方式获得土地使用权。所以，如果被执行人为相关企业，执行申请人或代理律师可以重点调查被执行人名下是否有可以转让的土地。

农民集体土地使用权包括土地承包经营权和宅基地使用权，这两种土地使用权在执行过程中虽然困难重重，但是在一定程度上还是可以被法院强制执行的。例如，被执行人为农村户口，则可以前往被执行人的户籍地调查其名下是否有承包的土地、宅基地和自建房。

但需要注意的是，执行申请人可以调查被执行人土地使用权的机构与其他不动产截然不同，为县级以上地方人民政府自然资源主管部门。

10. 调取被执行人车辆、渔业船舶登记信息

随着社会经济的快速发展，绝大多数被执行人名下都有车辆，有的甚至不止一辆，特别是企业或做生意的个人名下的车辆价值可能比较高。在一些渔业比较发达的地区，被执行人名下还有可能有渔船。

因此，利用调查令查询被执行人名下是否有车辆或者船舶就很有必要。

车辆的调查单位：县级以上地方人民政府车管部门。

渔业船舶的调查单位：县级以上地方人民政府渔政管理部门。

但需要注意的是，不同的城市关于拍卖车辆的规定不同，例如在北京，虽然北京的车牌号在一定意义上可能很值钱，但北京市司法拍卖车辆能拍卖过户的只有车辆本身，车牌号不可以过户。

11. 调取被执行人的婚姻登记状况、家庭户籍信息

根据我国法律规定，债务人个人的借款一般情况下是不能认定为夫妻共

同债务的，除非夫妻的另一方以担保人的身份签字。这种情况下，就为很多“老赖”私下转移自己的财产提供了可乘之机。比如：假借离婚名义，将自己名下的财产或夫妻共同财产以不合理的低价或无偿转让给另一方。

因此在执行案件中，调取被执行人全套的婚姻档案和家庭户籍信息就显得尤为重要。但需要注意以下的问题：

我国的婚姻登记信息目前并没有实现全国联网，婚姻登记档案资料是存档在办理结婚或者离婚登记机关的。如果被执行人的结婚和离婚登记不是在同一个机关办理，那如果执行申请人或代理律师只前往其中某一个机关调查相关信息，就很有可能漏掉重要的财产线索。

有个别被执行人不止有过一次婚姻，因此调查被执行人婚姻登记档案时，从被执行人的第一次婚姻到最后一次婚姻的档案资料都需要调取，要注意材料的全面性。

建议委托代理人通过与执行法官进行沟通，令执行法官开具户籍信息的律师调查令，再去相关派出所调取被执行人的户籍信息。最好是能调取到被执行人同一户口本上的亲属信息及其户籍地住址，被执行人很可能就居住在该地址。

12. 调取被执行人配偶名下的房产、车辆等财产信息

现实生活中，很多夫妻双方的共同财产仅登记在其中一个人的名下，因此如果被执行人名下没有房产或房产不能够偿还所有债务时，在执行案件中，调查夫妻另一方名下的财产信息就很有必要。

调查的程序和注意问题基本上和调查被执行人名下房产相同，但是前提是执行申请人或代理律师已经获得被执行人的婚姻登记信息，并以此作为证据才可以申请调取。

在此情况下，要注意分析：

被执行人是否为已婚状态，另一方名下的房产、车辆等财产属于婚前个人财产还是婚后夫妻共同财产。

房产或车辆是否存在利用夫妻双方共同财产还贷的情形。

大额理财产品是否为被执行人以个人财产或夫妻共同财产购买。

被执行人在离婚时，是否存在放弃自己名下财产的情形，夫妻共同财产的分配是否合理等。

13. 调取被执行人子女名下的房产、车辆、大额理财产品等信息

现代社会，“老赖”转移财产的手段极其多，经常会将自己或夫妻共同的财产无偿赠与子女，或以不合理的低价将房产、车子转让给成年子女名下，或为子女购买大额理财产品等，以此来逃避法院的调查和强制执行。

因此申请调查令调取被执行人子女名下的房产和车辆等财产信息，同样可以在很大程度上获得被执行人的财产线索，帮助执行申请人追回欠款。

调查的程序和注意问题基本上和调查被执行人名下房产相同，但前提是债权人或代理律师需要先调查被执行人的家庭户籍信息，证明被执行人和子女之间的关系，并以此作为证据才可以申请调取。

但也要注意：

如果发现成年子女名下有房产和车辆，则需要分析该房产和车辆的来源，是否存在债务人无偿赠与或者以不合理的低价转让的情形。

如果被执行人的未成年子女或无生活来源的成年子女名下有房产、车辆或者大额理财产品等财产，则需要被执行人的子女解释这些财产的来源，如被执行人的子女不能证明这些财产来源与父母无关，法院基本上是可以执行这些财产的。

14. 调取被执行人税务信息

税务信息的调查对象主要是企业，调取企业设立至今的全部税务信息和

资料。执行申请人的代理律师可以前往当地的税务管理部门进行调查，主要可调取的资料如下：企业所得税纳税申报表；增值税纳税申报表、房产税、土地增值税、车船使用税、印花税、个人所得税等全部税费的纳税申报表；值税销项税、进项税抵扣记录（含公司银行账号）；抵扣金额、抵扣时间、抵扣人等；纳税登记基本信息、财务负责人、办事人信息；资产负债表、现金流量表、利润表等财务年报、季报、月报表；代扣代缴个人所得税情况表；缴纳税款记录信息，即缴纳税款金额、纳税账户、缴纳税款时间等；退税记录信息，即退税账户、退税金额及退税时间等。

对被执行人的税务信息，可以从不同角度进行分析，下面先简单介绍两种分析方向：

针对营利法人，如果在执行审计阶段、破产清算阶段、责令提交账簿阶段，财务人员是要承担责任的，尤其是法院查出违法情形后，被执行人的财务人员可能将因此对涉及的债务承担连带或补充责任。

若经查证，被执行的公司存在向银行办理贷款的情况，这也是关键的财产线索。一般情况下，商业银行发放贷款需要借款公司提供财务报表，而企业为了获得高额贷款，往往会将财务报表中的利润报高、亏损低报；而在真正报税时又会将利润低报，亏损报高。此类行为有骗取贷款罪的嫌疑，如确定犯罪，相关人员将承担刑事责任。

除以上情况可以开具调查令外，还有很多被执行人潜在的财产线索信息也可由执行申请人的代理律师申请调查令进行查询。

1. 机器设备：执行申请人的代理人可以持调查令前往市场监管管理部门调取；

2. 在建工程：执行申请人的代理人可以持调查令前住建部门调取；

3. 矿产：执行申请人的代理人可以持调查令前往县级以上地方政府自然

资源主管部门调取；

4. 著作权：执行申请人的代理人可以持调查令前往县级以上主管著作权的部门（版权保护中心）调取；

5. 商标和专利权：执行申请人的代理人可以持调查令前往国家知识产权局调取；

6. 债券：执行申请人的代理人可以持调查令前往中央国债登记结算有限责任公司调取；

7. 快递信息：执行申请人的代理人可以持调查令前往各大快递公司的当地分公司调取；

8. 基金份额、上市股票信息：执行申请人的代理人可以持调查令前往当地证券登记结算机构调取；

9. 企业的财务账目凭证：执行申请人的代理人可以持调查令向当地税务部门申请调取；

10. 网络游戏账号、游戏设备等：执行申请人的代理人可以持调查令向游戏开发公司或当地代理商处调取。

随着社会的发展以及财产构成的形式的多样化，除以上较为普遍的二十余种方法外，执行申请人或其委托人对被执行人的了解程度和分析能力也决定了执行申请人和其代理人向法院申请开具调查令的更多方法。在实践中，笔者的执行团队还向法院提交过申请查询被执行人在私募基金投资份额的调查令，也向法院提交过申请查询被执行人在某奢侈品公司持续消费记录的调查令，以及向法院提交过申请查询被执行人在某财商俱乐部连同其他会员共同买商业物业的投资凭证的调查令。

笔者的一个深刻的感受是，查找被执行人的财产线索是一个需要发散性思维的工作，执行申请人一定要打破思想的局限性，在与典型的“老赖”作长期斗争的过程中，执行申请人要坚信一点：作为正义的一方，永远保持敏捷的思考，常常能突发灵感发现“老赖”藏匿线索的痕迹，一旦具备可能性，第一选择就是向法院申请调查令。

第二节　十二种常规执行措施

在读者对于如何获得被执行人更多的财产线索，以及在查询财产线索的过程中应该注意哪些问题已经有了充分的了解之后，接下来的一步就是执行申请人或其代理律师如何向执行法院申请强制执行。本节重点介绍执行申请人或其代理律师向执行法院提交申请执行文件的步骤、注意事项以及法院通常会使用的主要执行措施。

一、向法院申请强制执行

在向有管辖权的法院对被执行人申请强制执行之前，执行申请人需要明确哪些法律文书具有执行效力，哪些是可以向法院申请执行的，通常包括但不限于以下几项：

1. 一审法院或二审法院作出的生效民事判决书、民事调解书。

2. 第一审人民法院或者第一审人民法院同级的被执行财产所在地的人民法院作出的生效确认调解协议裁定书、实现担保物权裁定书、先予执行裁定书、支付令。

3. 第一审人民法院或者被执行财产所在地的人民法院作出的生效《刑事判决中的财产部分》《刑事裁定中的财产部分》。

4. 被申请人住所地或者财产所在地人民法院作出的人民法院裁定认可的涉港澳台、外国法院作出的判决、裁定；外国法院作出的判决、裁定；以及港澳台地区和国外仲裁机构作出的仲裁裁决。

5. 被执行人住所地或被执行的财产所在地人民法院作出的商事仲裁裁决书、商事仲裁调解书、具有强制执行效力的债权文书公证书。

6. 劳动争议仲裁委员会作出的劳动仲裁裁决书。

7. 具有法定行政处罚权的各级人民政府以及公安、工商、税务、土地、审计、卫生等部门，工商所、税务所、公安、派出所，受行政机关委托行使一定行政处罚权的受托组织作出的行政处罚决定。

8. 受行政机关委托行使一定行政处罚权的受托组织作出的行政处理决定书。

在明确哪些法律文书具有执行效力的基础上，执行申请人应同时提交执行申请书，提交申请执行书应注意以下要点：

申请执行应当以书面形式提出，应写明当事人基本情况、申请执行的依据、理由及事项，裁判文书主要内容、请求执行的数额即执行标的，并附有核对无异的生效裁判文书的复印件。我国作出裁决法院和管辖法院作出的民事判决、仲裁裁决或调解应附有生效依据、送达回证及证明文书。

公民个人申请执行的，应当提供核对无误的本人身份证复印件或户口簿或者公安机关出具的身份证明材料；企业法人申请执行的，应当提交企业法人营业执照复印件和法定代表人身份证明；机关或事业单位申请的，应提交法人代码证和法定代表人身份证明书。

委托他人代为申请执行的，应当提交授权委托书，写明委托事项和代理人的权限。继承人或权利继受人申请执行的，应当提交继承或继受权利的证明文件。

国外一方当事人申请执行的，应当提交中文申请执行文书；当事人所在国与我国缔结或共同参加的司法协助条约有特别规定的，按照条约规定办理。

执行申请人有义务向人民法院提供被执行人的详细情况和财产线索。

申请执行书的一般格式是开头写明申请人和被申请人的名称、地址，如果是法人的，要写明法定代表人及其职务、住址、电话。

主文写明，双方因何案被哪个法院第多少号判决书或调解书判决或调解后，现判决书或调解书已发生法律效力，但被申请人未全部履行判决书或调解书中规定应尽的义务，根据《民事诉讼法》有关规定，特向该法院申请予以执行。然后写明申请执行事项。最后，附判决书或调解书。

以下是笔者作为执行申请人的代理人与洛阳市马某及其原配偶债权人撤销权一案，经河南省洛阳市中级人民法院审理，作出终审判决［案号：（2021）豫03民终1376号］。要求两被执行人履行付款义务的执行申请书。

强制执行申请书

申请人：北京××东方投资管理中心（有限合伙）

住所地：北京市海淀区温泉××××××

统一社会信用代码：911101083552××××××

法定代表人：李某某　职务：执行事务合伙人

联系电话：1391082××××××

被申请人一：靳某某，女，汉族，1984年11月16日生，洛阳市烟草局干部，身份证号41080219841116××××，住河南省郑州市金水区文博东路××××××

联系电话：1378316××××

被申请人二：马某，男，1982年2月25日生，汉族，洛阳××商贸公司股东，身份证号410329198202××××××，住所地河南省洛阳市洛龙区

英才路××××××××

联系电话：1378316×××××

执行依据：

（2021）豫03民终1376号民事判决书

请求事项：

一、请求被申请人一、被申请人二各向申请人支付律师代理费×元；

二、请求被申请人一、被申请人二各向申请人支付一审案件受理费×元；

三、请求被申请人一、被申请人二各向申请人支付二审案件受理费×元；

四、请求两被申请人加倍支付迟延履行该判决确定的给付义务所产生的债务利息；

五、本案申请执行费用由被执行人承担。

上述第一至三项请求合计×元。

事实与理由：

××××年5月6日，申请人与两被申请人债权人撤销权一案，经河南省洛阳市中级人民法院审理，作出终审判决［案号：（2021）豫03民终1376号］。判决撤销了（2020）豫0311民初7814号民事判决书，并判决被申请一、被申请人二于判决生效后十日内各支付申请人律师代理费×元、一审案件受理费×元、二审案件受理费×元。如未按判决指定期间履行给付义务，应加倍支付迟延履行期间的债务利息。现判决指定履行期届满，两被申请人仍未履行付款义务。

根据《中华人民共和国民事诉讼法》的有关规定，被执行人的行为严重损害了执行申请人的合法权益。为维护申请人的合法权益，现向贵院提出强制执行申请，请求贵院依法采取强制措施。

此致

洛阳市洛龙区人民法院

申请人：北京××东方投资管理中心（有限合伙）

年 月 日

二、向法院提交财产线索

以笔者的实践经验举例，在案件进入执行程序后，较少有被执行人积极主动履行生效法律文书确认的义务。往往被执行人在预计到自身需要承担相应欠款支付责任前，就已经将自己的个人财产通过无偿转让、假离婚、虚假交易等手段隐匿或转移。

此时，执行申请人或代理律师积极主动地向法院提交财产线索，那具体该如何操作呢？下面以北京市为例进行简要的介绍。

1. 目前北京市各法院已经设立了财产线索接转中心，并指定专人负责登记受理执行申请人、代理律师或案外人提供的财产线索。按法院内部规定，财产线索接转中心应当在登记后24小时内将财产线索移送承办法官核查处理。

向财产线索接转中心提交财产线索有两种方式：

（1）执行申请人或代理律师直接去财产线索接转中心现场提交书面材料；

（2）执行申请人或代理律师通过邮寄、电子邮件或电话沟通等方式向财产线索接转中心提交。当然为保证提供财产线索的有效性，最好是通过EMS（邮政特快专递）邮寄，并备注清楚本次邮寄的名称。

2. 如果已经获知本次执行案件承办法官的姓名和联系方式，也可以通过中国移动微法院小程序、智慧执行 App、12368 专线、电话、短信等方式直接向承办法官提交财产线索。同时，承办法官也应当在收到财产线索之时起 24 小时内向财产线索接转中心登记备案。

3. 一般来说，承办法官会在收到财产线索后 7 个工作日内通过北京法院执行办案系统发起点对点查询，通过全国网络执行查控系统发起总对总查询（查询办法在本书第二章第二节有详细介绍）。

经线上查询反馈被执行人名下有财产可供执行的，执行法官会立即采取控制措施，无法线上采取控制措施的，也会在收到反馈结果后 3 个工作日内启动控制措施。

4. 当然，如果执行申请人或代理律师发现已经获取的被执行人相关财产线索情况紧急的，可以直接联系执行法官告知并要求执行法官在 3 日内调查核实，而不受 7 日的限制，但需要特别注意的是，执行申请人提供的相关财产线索必须明确、具体。

三、申请法院调查被执行人的财产

虽然根据我国法律规定，在执行案件中执行申请人应当主动向法院提供被执行人的财产线索，但是在调查被执行人的财产线索时也会遇到一些客观的原因，导致执行申请人或代理律师无法主动查明被执行人的财产，例如婚姻登记情况、银行流水等。

此时，除前文已经提到的可以向法院申请调查令外，也可以向法院提出申请，由执行法官去调查债务人的财产情况，但是执行申请人需要向法院递交查询财产的申请书。

四、发出报告财产令

根据我国相关法律规定，被执行人负有报告自己近一年财产情况的义务，故执行申请人或其代理律师作为强制执行程序的申请人，可以主动提出并督促法院向被执行人发出报告财产令。此时作为执行申请人可以从中了解到被执行人目前的财产情况，以及在近一年内被执行人是否有转让或出租的财产、其财产上有无设立担保物权等权利负担、有无放弃债权或延长债权清偿期限、有无大额的资金支出等财产变动情况。

然而，现实中很多被执行人为了逃避执行，很少在报告财产令中如实报告自己的财产，或是拒绝报告或是虚假报告其财产，尤其是近一年内的财产变动情况。面对这种情况，如果法院没有主动调查核查，执行申请人同样可以向法院提交调查核实被执行人报告的财产申请书，申请法院调查核实被执行人报告的财产是否真实准确。

本书第三章第三节对于“报告财产令”的不足之处以及针对其不足，执行申请人和代理人可以使用的挖掘财产线索的方法做了详细介绍。执行申请人和代理人可前往被执行人主动报告的房产实地走访，发现更多的财产线索，执行申请人和代理人也可以以自己查询的结果和法院调查的结果相对比，可以看出法院调查工作是否做得精细、是否存在遗漏；然后执行申请人和代理人可以对查询结果进行分类，向法院提出查封、冻结、扣押等执行措施并提起债权人撤销之诉。

如果在调查中发现被执行人递交的报告财产令存在虚假的，那执行申请人就可以申请法院对被执行人或其法定代理人、有关单位的主要负责人采取罚款、拘留等惩戒措施，更甚者可以依据我国《刑法》中规定的拒不执行判决、裁定罪定罪处罚。

费县法院就审理过一起因被执行人虚假报告财产而被法院罚款的案件。

该案中，被执行人张某因驾驶车辆发生交通事故，致王某受伤，经费县法院判决，张某应赔偿王某各项经济损失 23 万余元。但是在判决生效后，因张某一直未履行判决义务，于是王某向法院申请执行。该案立案成功后，费县法院向张某送达了执行通知书、报告财产令等文书。但是，张某在申报财产时，故意未申报其在保险公司购买的多份保险，以此来阻碍王某实现其债权。事发后，张某因虚假报告财产被法院罚款 1000 元，但张某仍拒不执行。

本案中，因张某对人民法院的判决有能力执行而拒不执行，虚假报告财产，情节严重，从而被执行法院移送公安机关立案侦查。虽然张某到案后如实供述犯罪罪行，自愿认罪认罚，其家人也代为履行义务并取得王某的谅解，对其可从轻处罚，但张某仍旧因犯拒不执行判决罪被判处有期徒刑 1 年，缓刑 2 年。

由此可见，我国对财产报告令制度是十分重视的。

以下我们再简要介绍一下法院按照常规使用的执行措施，包括但不限于：

执行措施之一：查封、扣押、冻结被执行人的财产

查封、扣押、冻结是在办理执行案件的过程中法院比较常用的一种执行措施，主要可查封、扣押和冻结的财产对象有下列内容。

（1）被执行人名下的财产，主要包括：被执行人占有的动产；登记在被执行人名下的不动产；特定动产及其他财产权。

（2）担保财产，即被执行人为暂缓履行生效法律文书所确定的全部或部分义务，以自己或他人的财产向人民法院提供的担保财产。

在暂缓期限到期后，如果被执行人仍未履行生效法律文书确认的义务，法院有权直接查封、扣押、冻结担保财产。

（3）设定最高额抵押权的抵押物。对于设定了最高额抵押权的抵押物，

在查封、扣押和冻结时应当通知抵押权人，抵押权人受抵押担保的债权数额自收到人民法院通知时起不再增加。

如果人民法院没有通知抵押权人，但有证据证明抵押权人知道查封、扣押事实的，受抵押担保的债权数额从其知道该事实时起不再增加。

（4）被第三人占有的财产。虽然是第三人占有的动产或者登记在第三人名下的不动产、特定动产及其他财产权，但是经过第三人书面确认该财产属于被执行人的，人民法院同样可以查封、扣押、冻结。

（5）保留所有权的财产。

①被执行人将其财产出卖给第三人时，约定被执行人保留所有权的，第三人虽然已经支付部分价款并实际占有了该财产，但执行法院同样可以查封、扣押、冻结该财产。

当然，如果第三人向执行法院交付了全部余款，法院可以解除对该财产的查封、扣押、冻结。

②被执行人购买第三人的财产，但财产所有权被第三人保留的，被执行人已经支付部分价款并实际占有了该财产的，执行法院可以查封、扣押、冻结该财产。

如果第三人已办理保留所有权登记的，第三人的剩余价款从该财产变价款中享有优先支付的权利；当然，如果第三人主张取回该财产的，可以依法提出执行异议。

（6）尚未办理产权过户登记的财产。虽然无权属登记证明，但依据土地使用权的审批文件和其他相关证据可以确定是属于执行人的建筑物和土地使用权的，执行法院同样可以对其进行查封、扣押、冻结。

（7）从物和天然孳息。在执行过程中，如果查封、扣押、冻结的财产有天然孳息和从物的，执行法院可以一并对其查封、扣押、冻结。比如，植物的果实、动物的幼崽等。

（8）替代物、赔偿款。现代社会中意外时有发生，执行法院对被查封、扣押、冻结的财产进行变价的过程中，该财产因意外而导致毁损甚至灭失。如果财产可被替代或者赔偿，那么查封、扣押、冻结的效力当然及于该财产的替代物或赔偿款。

（9）申请法院解除第三人对被查封、扣押、冻结的财产的占有。如果第三人未经法院准许，擅自占有查封、扣押、冻结的财产，执行法院可以依职权或者依执行申请人的申请排除第三人对该财产的占有，用以保障执行申请人合法债权的顺利实现。

（10）轮候查封、扣押、冻结的财产。如果被执行人的财产被两个或者两个以上的法院查封、扣押、冻结，那么执行法院可以轮候、扣押、冻结。但是在此过程中执行申请人及代理律师要及时跟踪该财产被查封、扣押、冻结的生效时间及期限，同时在期限届满前及时申请续期，确保顺位靠前。

需要注意的是，根据《最高人民法院关于人民法院民事执行中查封、扣押、冻结财产的规定》第3条，被执行人的下列财产不能被查封、扣押、冻结：

被执行人及其所扶养家属生活所必需的衣服、家具、炊具、餐具及其他家庭生活必需的物品；

被执行人及其所扶养家属所必需的生活费用，当地有最低生活保障标准的，必需的生活费用依照该标准确定；

被执行人及其所扶养家属完成义务教育所必需的物品；

未公开的发明或者未发表的著作；

被执行人及其所扶养家属用于身体缺陷所必需的辅助工具、医疗物品；

被执行人所得的勋章及其他荣誉表彰的物品；

根据《缔结条约程序法》，以中华人民共和国、中华人民共和国政府或者中华人民共和国政府部门名义同外国、国际组织缔结的条约、协定和其他具有条约、协定性质的文件中规定免于查封、扣押、冻结的财产；

国家法律规定的其他不得查封、扣押、冻结的财产。

除上述情形外，虽然我国法律规定“对被执行人及其所扶养家属生活所必需的居住房屋，人民法院可以查封，但不得拍卖、变卖或者抵债”，但是在实践中如果该房屋超过“生活必需”的限度的，债权人可以采取以下措施解决此问题：

债权人可以向法院请求对房屋进行执行，同时按照当地廉租住房保障的面积、标准，为被执行人以及所抚养家属提供可供居住的房屋，比如按照当地廉租住房保障面积标准提供临时周转房；

执行申请人也可以按照当地房屋租赁市场平均的租金标准，从该房屋的变价款中扣除一定年限的租金；

由被执行人自行租房，执行申请人为其先行垫付一定期限的租房费用。

但要注意的是，无论最终选择哪种方式，由此产生的租金或费用都要先从该房产的拍卖款中优先提取。

无论如何，只要执行申请人或其代理律师通过调查发现被执行人名下具有可以被查封、扣押、冻结的财产，就有实现债权的可能性。

例如，笔者的律所近期办理的一起同居关系析产纠纷案件中，李某与王某于1999年离婚后至2021年3月期间存在同居关系。2000年，双方在同居过程中购买一套房屋，房屋的所有权登记在王某名下。本案中，李某和王某均主张其对涉案房屋享有所有权；其中，王某主张涉案房屋为其一人所有。然而，根据法院查明的情况，不足以认定涉案房屋为王某一人所有，且王某亦未提交其他证据证明其主张，故法院结合李某与王某在1999年离婚后长期以夫妻名义共同生活的事实，认定涉案房屋为李某和王某共同共有。考虑到李某和王某曾长期以夫妻名义共同生活的事实、双方的贡献，以及照顾妇女的原则，法院认定房屋按照李某占 40% 份额、王某占 60% 份额的比例分割。

本案中法院判决由王某对李某进行折价补偿，向李某支付折价补偿款 × 元，但是王某在判决生效后迟迟不向李某支付补偿款，无奈李某向法院提起强制执行，涉案房屋被法院查封后拍卖，李某顺利获得补偿款。

该案在执行过程中，虽然王某多次以涉案房屋为其生活所必需的唯一房屋为由向执行法院提出执行异议，但都被法院驳回。最终以李某为王某支付了半年的房租的方式，李某顺利实现债权结案。

执行措施之二：评估、拍卖或变卖被执行人财产

近一段时间，笔者正在办理一起执行案件，在执行过程中发现被执行人马某名下有六套小型办公房屋，执行申请人与被执行人马某一致同意使用网络询价的方式确定六套房屋的处置参考价。

因此，海淀法院分别向阿里拍卖、京东拍卖和工商金融服务平台进行网络询价，最终以三个平台出具的评估价的平均价格作为最终的处置参考价。之后，执行申请人决定选择在阿里拍卖平台上拍卖马某的房产，在此次的拍卖过程中由于市场流动性问题，马某的房产经过一拍、二拍、变卖等过程依然流拍，最终执行申请人选择了以物抵债的方式，以马某的房屋直接折抵其应付的债务。

虽然本次的拍卖结果不尽如人意，但是依然实现了执行申请人的部分债权。因此，对于已经被执行法院查封、扣押、冻结的财产，如果确有需要的，执行申请人及其代理律师申请法院对该财产进行拍卖、变卖等处置。当

然，在此过程中也要注意下列内容。

法院首先要处置该财产的处置参考价，主要途径有下列内容。

（1）当事人议价：双方当事人提交的议价结果一致，且不损害他人合法权益的，议价结果为参考价。

（2）定向询价：如果双方当事人一致要求进行定向询价的，且该财产有计税基准价、政府定价或者政府指导价的，人民法院应当向有关机构出具询价函，询价函应当载明询价要求、完成期限等内容，接受机构在制定期限内出具的询价结果为参考价。

（3）网络询价：如果双方当事人一致要求且具备网络询价条件的，人民法院应当同时向名单库中的全部司法网络平台发出网络询价委托书，但需对最终的询价结果进行审查。

（4）委托评估：依据法律、行政法规规定，必须进行委托评估财产，双方当事人要求委托评估或者网络询价不能或不成的，需要申请人向法院提出书面申请，最终以评估机构出具的评估价为参考价。

进入拍卖程序时，需要注意下列内容。

（1）拍卖财产经过评估的，评估价即为第一次拍卖的保留价；未作评估的，保留价由人民法院参照市价确定，并应当征询有关当事人的意见。

（2）如果出现流拍，再行拍卖时，可以酌情降低保留价，但每次降低的数额不得超过前次保留价的20%，最终的变卖价不得低于评估价的1/2。

（3）对于经过二次拍卖仍然流拍的动产，执行申请人或者其他执行债权人又拒绝接受或者依法不能交付其抵债的，人民法院应当解除查封、扣押，并将该动产退还被执行人。

（4）如果该财产为不动产，经过三次拍卖仍然流拍，执行申请人或者其他执行债权人又拒绝接受或者依法不能交付其抵债的，人民法院应当解除查封、扣押，并将该不动产退还被执行人，但对该财产可以采取其他执行措施的除外。

在拍卖之前遇到特殊情况，执行法院可以撤回拍卖委托：

（1）履行基础丧失，例如依托执行的生效法律文书被撤销；

（2）申请人撤回了执行申请；

（3）被执行人已经全部履行了法律文书确定的金钱义务；

（4）当事人双方达成了执行和解协议；

（5）第三人对被拍卖的财产提出了异议，且有明确的理由；

（6）拍卖机构与竞买人恶意串通，损害了拍卖的公正性；

（7）其他应当撤回拍卖的情形。

执行措施之三：划拨被执行人的财产

划拨是法院对被执行人银行账户内的财产进行处置的一种常规执行措施，一般来说是在冻结的基础上进行的，当然如果在执行时被执行人的账户没有被冻结，法院也可以直接进行划拨。

如果被执行人为金融机构的，对其缴存在人民银行的存款准备金和备付金不得冻结和划拨，但对其在本机构、其他金融机构的存款，及其在人民银行的其他存款可以直接冻结、划拨。同时可以对被执行人的其他财产采取执行措施，但不得查封其营业场所。

执行措施之四：扣留、提取被执行人的收入

对于被执行人在有关单位的收入，但尚未转移到被执行人名下的财产，如工资、奖金等。法院有权对其采取强制执行措施，直接扣留，但是，在扣留收入时应当除去被执行人及其扶养家属的生活必需费用。

法院采取扣留收入的执行措施后，被执行人仍然不履行生效法律文书确认的义务的，法院有权直接提取被执行人已经被扣留的收入。

执行措施之五：对被执行人及其住所、财产隐匿地或会计账簿进行搜查

面对生效法律文书确认的义务，越来越多的被执行人选择当一名“老赖”，不仅拒不履行自己的还款义务，并且直接将自己的财产隐藏起来，致使债权人不能实现自己的债权。

为解决此种情况，申请执行的债权人可以向执行法院提出搜查申请：

（1）搜查被执行人自身及其住所；

（2）搜查被执行人隐藏财产的地方；

（3）当被执行人为企业时，搜查被执行人的会计账簿等审计资料。

搜查时，法院可以责令被执行人强制开启住所、财产隐匿地和箱柜。当然如果被执行人没有自行开启，并且法院也没有强制开启的，执行申请人也可以向法院提出强制开启的申请。

执行措施之六：对于被执行人或他人占有的财产，采取强制措施

1. 强制迁出房屋：当被执行人的房屋已经被拍卖、变卖之后，被执行人或其他房屋占有人拒不搬出房屋的，执行申请人可以向法院提出申请，强制房屋占有人搬出该房屋。

2. 强制退出土地：当被执行人占有他人的土地或他人占有已经采取执行措施的被执行人的土地时，被执行人或其他土地占有人拒不退出该土地的，执行申请人可以向法院提出申请，强制土地占有人退出该土地。

3. 强制交出财物或票证：如果生效的法律文书指定交付的财物或者票证

的持有人，拒不交付该财物或票证的，人民法院有权强制持有人交出该财物或票证。

4. 要求支付：对被执行人从有关企业中应得的已到期的股息或红利等收益，人民法院有权要求有关企业直接向申请执行的债权人支付。

5. 禁止支付：对被执行人预期从有关企业中应得的股息或红利等收益，人民法院可以采取冻结措施，禁止到期后被执行人提取和有关企业向被执行人支付。到期后人民法院可从有关企业中提取，并出具提取收据。

6. 禁止转让知识产权：如果执行申请人发现被执行人为转移财产，将其享有的著作权、专利权等知识产权转让的，可以告知法院。法院有权依职权或依申请禁止被执行人转让其知识产权。必要时，可以责令被执行人将产权或使用权证照交人民法院保存。

7. 执行过程中，发现下列情形时法院有权责令限期追回：

（1）金融机构擅自解冻被人民法院冻结的款项，致冻结款项被转移的，人民法院有权责令其限期追回已转移的款项。在限期内未能追回的，应当裁定该金融机构在转移的款项范围内以自己的财产向执行申请人承担责任。

（2）有关单位收到人民法院协助执行被执行人收入的通知后，擅自向被执行人或其他人支付的，人民法院有权责令其限期追回；逾期未追回的，应当裁定其在支付的数额内向执行申请人承担责任。

（3）被执行人或其他人擅自处分已被查封、扣押、冻结财产的，人民法院有权责令责任人限期追回财产或承担相应的赔偿责任。

（4）有关组织或者个人持有法律文书指定交付的财物或票证，在接到人民法院协助执行通知书后，协同被执行人转移财物或票证的，人民法院有权责令其限期追回；逾期未追回的，应当裁定其承担赔偿责任。

8. 责令交出储蓄存单：如果被执行人为逃避执行，将其财产转为储蓄存单后隐藏起来的，人民法院应当责令其交出。若被执行人拒不交出的，人民法院应当作出提取其存款的裁定，向金融机构发出协助执行通知书，由金融机构提取被执行人的存款交人民法院或存入人民法院指定的账户。

9. 强制转让股份凭证：对被执行人在其他股份有限公司中持有的股份凭证（股票），人民法院可以扣押，并强制被执行人按照公司法的有关规定转让，也可以直接采取拍卖、变卖的方式进行处分，或直接将股票抵偿给债权人，用于清偿被执行人的债务。

10. 禁止自行转让：

（1）对被执行人在有限责任公司、其他法人企业中的投资权益或股权，人民法院可以采取冻结措施。

（2）冻结投资权益或股权的，应当通知有关企业不得办理被冻结投资权益或股权的转移手续，不得向被执行人支付股息或红利。被冻结的投资权益或股权，被执行人不得自行转让。

11. 向第三人发出履行到期债务通知书：虽然被执行人不能清偿全部债务，但其对本案以外的第三人享有到期债权，执行申请人可以向法院提出申请，向第三人发出履行到期债务的通知。

12. 被保全财产系机动车、航空器等特殊动产的，除被保全人下落不明以外，人民法院应当责令被保全人书面报告特殊动产的权属和占有、使用等情况。

13. 发出协助执行通知书：

（1）人民法院决定扣押、冻结、划拨、变价财产，应当作出裁定，并发出协助执行通知书，有关单位必须办理。

（2）人民法院扣留、提取收入时，应当作出裁定，并发出协助执行通知书，被执行人所在单位、银行或其他储蓄业务的单位必须办理。

（3）有关公民持有法律文书指定交付的财物或者票证的，应当根据人民法院的协助执行通知书转交，交由被交付人签收。拒不交出的，强制执行。

（4）在执行过程中，需要办理有关财产权证照转移手续的，人民法院可以向有关单位发出协助执行通知书，有关单位必须办理。

14. 保存价款：被执行人的财产属于季节性商品、鲜活、易腐烂变质以及其他不宜长期保存的物品采取保全措施时，可以责令当事人及时处理，由人民法院保存价款；必要时，人民法院可予以变卖，保存价款。

15. 折价赔偿：被执行的标的物为特定物的，应当执行原物。如果该标的物确已毁损或者灭失的，经双方当事人同意，可以折价赔偿；不能协商一致的，人民法院应当终结执行程序，执行申请人可以另行起诉。

16. 网络执行查控、现场调查：当执行申请人或法院发现被执行人的财产线索的，有权进行网络执行查控和现场调查，一般应当完成下列调查事项。

（1）对执行申请人提供的财产线索，必须予以核实，并将核实情况记录入卷；

（2）向被执行人发出报告财产令时，应及时传唤被执行人或其法定代表人、负责人、实际控制人到人民法院接受调查询问；

（3）对于住房公积金、金融理财产品、收益类保险、股息红利等未实现网络查控的财产，应前往现场调查，并制作调查笔录附卷为凭；

（4）被执行人是自然人的，向被执行人所在单位及居住地周边群众调查了解被执行人生活居住、劳动就业、收入、债权、股权等情况，并制作调查笔录附卷为凭；

（5）被执行人是法人或其他组织的，对其住所地、经营场所进行现场调查，全面核查被执行人企业性质及设立、合并分立、投资经营、债权债务、变更终止等情况，并可依申请进行审计调查。

17. 发布悬赏广告：被执行人在预期到其未来可能会承担相应责任时，往往会提前转移自己的财产，致使执行不能。此时，执行法院可以依职权或者执行申请人的申请，发布悬赏公告寻找被执行人的财产。

执行措施之七：抵销互负到期债务

当事人互负到期债务，被执行人请求抵销债务，符合下列情形的，人民法院应予支持：

1. 已经生效法律文书确认或者经执行申请人认可；
2. 与被执行人所负债务的标的物种类、品质相同；
3. 如果标的物种类、品质不同的，经当事人协商一致，也可以抵销。

执行措施之八：以物抵债

在执行过程中，债权人为了尽快实现债权，通常会同意采取以物抵债的执行措施，主要分为以下几种情形。

1. 合意以物抵债：经过执行申请人和被执行人的一致同意，且在不损害其他债权人合法权益和社会公共利益的情况下，人民法院可以直接将被执行人的财产作价交予执行申请人抵偿债务。

2. 无法拍卖、变卖后以物抵债：对于无法拍卖、变卖的被执行人的财产，经过执行申请人同意，且在不损害其他债权人合法权益和社会公共利益的情况下，人民法院可以直接将该项财产作价交予执行申请人抵偿债务，或者交付执行申请人管理；执行申请人拒绝接收或者管理的，退回被执行人。

3. 流拍后以物抵债：对于被执行财产被拍卖后二次流拍的，人民法院可以将其作价交执行申请人或者其他执行债权人抵债。

（1）执行申请人或者其他执行债权人都不同意以物抵债的，如果是动产，则应当解除查封、扣押，并将该动产退还被执行人。

（2）如果是不动产或其他财产权，则应当进行第三次拍卖，第三次拍卖流拍的，应当在 7 日内发出变卖公告。变卖仍未有人接收该不动产，且执行申请人或者其他执行债权人都不同意以物抵债的，则应当解除查封、扣押，并将该财产退还被执行人，但对该财产可以采取其他执行措施的除外。

执行措施之九：强制履行法律文书指定的行为

在执行案件中，如果生效的法律文书指定被执行人限期履行某种义务，如房屋、车辆的过户登记或环境修复等义务，但被执行人拒不履行的，人民法院可以强制其履行或者委托有关单位代为履行，过程中产生的费用由被执行人承担。

执行措施之十：加倍支付迟延履行期间的债务利息

如果债务人未按判决、裁定等法律文书指定的履行期限给付金钱义务，债权人申请强制执行的，可以请求被执行人加倍支付延迟履行期间的债务利息，但需要特别注意：

1. 法律文书确定给付该利息；

2. 迟延履行期间的利息自履行期间届满之日起计算；

3. 加倍计算之后的迟延履行期间的债务利息，包括一般债务利息和加倍部分债务利息。

一般债务利息：根据生效法律文书确定的方法计算，未确定给付该利息的，不予计算。

加倍部分债务利息 = 债务人尚未清偿的生效法律文书确定的除一般债务利息之外的金钱债务 × 日万分之一点七五 × 迟延履行期间。

执行措施之十一：审计调查

在执行案件中，如果作为被执行人的企业法人或非法人组织不履行生效法律文书确定的义务，执行申请人认为其存在拒绝报告、虚假报告财产的情况，隐匿、转移财产逃避债务等情形的，可以书面请求人民法院委托审计机构对该被执行人进行审计。

人民法院决定审计的，应当随机确定审计机构，并责令被执行人提交会计凭证、会计账簿、财务会计报告等与审计事项有关的资料。

被执行人隐匿审计资料的，人民法院可以依法采取搜查措施。

执行措施之十二：对企业采取委托经营、资产重组

为了切实解决执行难问题，最大限度地维护执行申请人的合法债权，人民法院积极创新和拓展强制执行措施，直接交付、委托经营和资产重组等方式正越来越多地会成为一项重要的执行措施，推动执行程序的顺利进行。

笔者在多年执行处置实践中，还遇到诸多个性化的问题，笔者在这里也稍做汇总解答。

问题一：能否执行登记在被执行人未成年子女名下的财产?

答：根据《江苏省高级人民法院关于执行疑难问题的解答》第4条第1款第3项对于被执行人与案外人（含配偶）共有的财产以及未成年子女名下财产如何执行给出了明确答案。生效法律文书仅载明被执行人个人为债务人，对于被执行人未成年子女名下与其收入明显不相称的较大数额存款，登记在被执行人未成年子女单方名下的房产、车辆或者登记在被执行人和其未成年子女名下的房产等，执行法院可以执行。

【案例索引】

案 号：（2019）苏0583执异36号

【法院认为】

1. 涉案房屋系许某飞、许某元、何某于2012年6月29日向昆山建兴置业有限公司购买，约定房产系许某飞、许某元、何某按份共有，许某飞占产权80%、许某元、何某各占产权10%，房屋购买总价为403万元，首付123万元、贷款280万元。

2. 该房产于2013年2月4日办理抵押登记，抵押权人为苏州市住房置业担保有限公司昆山分公司，抵押登记债权为280万元。上述房产登记显示许某飞、许某元、何某按份共有，许某飞占80%，许某元、何某各占10%。

3. 2019年1月16日，法院在执行过程中询问许某飞，许某飞表示上述房产的购房款系由许某元、何某支付，在购置上述房产时其在美国读书。

4. 以上事实有执行异议申请书、不动产权属登记查询、昆山市商品房购销合同、购房发票、契税完税发票、昆山市房屋转移申请书、银行卡及账户交易凭证、谈话笔录、房产证复印件等证据予以佐证。

综上所述，涉案房屋虽系许某飞、许某元、何某按份共有，但上述房产无法进行实物分割，系不可分割物，只能整体处置，且涉案房产价值较高，因涉案债务而处置上述房产具有可行性，故法院评估、拍卖上述房产符合法律规定。如许某飞依法享有产权份额，法院可以对许某飞享有产权份额比例的变现款予以保留。综上，许某飞请求中止执行上述房产的异议请求，法院不予支持。

问题二：信托财产是否可以执行？

答：按照《信托法》第17条的规定，除因下列情形之一外，对信托财产不得强制执行，（1）设立信托前债权人已对该信托财产享有优先受偿的权利，并依法行使该权利的；（2）受托人处理信托事务所产生债务，债权人要求清偿该债务的；（3）信托财产本身应担负的税款；（4）法律规定的其他情形。对于违反前款规定而强制执行信托财产，委托人、受托人或者受益人有权向人民法院提出异议。

但在实践过程中我们发现，近年来大量的信托机构推出的信托产品无论是自营还是代理机构的销售，这类产品均被定义为理财产品，对于理财产品是否能够被执行，司法解释是相对比较明确的。执行申请人届时可依据信托合同和执行法官具体讨论。

【案例索引】

案　　号：（2019）鲁0602民初6968号

【法院认为】

法院经审理认为，综合案件所有事实，对建源集团公司不得查封上述484万元股权的请求依法予以支持。理由在于：

1. 建源集团公司与安青公司签订有《代持股合同书》，并明确约定：建源集团公司将其出资的齐丰村镇银行800万元的股权委托给安青公司，由安青公司按建源集团公司的意愿以安青公司的名义进行管理。

2. 800万元资金由建源集团公司提供，且该款在转账时明确表明为股权代收款。

3. 建源集团公司与安青公司签订《代持股合同书》的依据是《信托法》，并在合同中做出了明确约定。

由此可以看出，建源集团公司与安青公司的合意形成信托关系，且洪某对安青公司的债务并非处理信托事务产生的债务，亦非在设立信托前对涉案股权享有优先受偿的权利。故法院作出判决：不得执行安青公司在齐丰村镇银行484万元的股权。

问题三：在执行过程中，有哪些账户是不能被扣划的？

答：对于以下账户，是明确不能被划扣和执行的：（1）银行存款准备金、备付金；（2）社会保险基金；（3）国有企业下岗职工基本生活保障资金；（4）国库库款；（5）工会经费集中户；（6）非法定原因的信托财产；（7）非因自身债务原因的证券投资基金财产；（8）信用证开证保证金及银行承兑汇票保证金；（9）信用卡账户；（10）法院已受理破产申请企业的存款；（11）政府财政经费账户（账户内政府财政经费以外的存款除外）；（12）空难死亡赔偿金；（13）党费；（14）军队、武警部队的存款；（15）封闭贷款结算专户基金；（16）期货交易所会员的期货保证金、非结算会员的保证金、结算担保金。

【案例索引】

案　　号：（2018）冀1102执异11号

【法院认为】

法院经合议庭审查认为，综合案件事实及异议人提供的证据，异议人作为曹某信用卡账户的管理人，与曹某之间构成债权债务合同关系，执行法院从曹某信用卡账户划拨的62,723元中，退还3573元至曹某原账户。理由在于：

1. 尤某依据（2015）衡桃西民二初字第321号民事判决书向法院申请强制执行，2015年4月17日冻结上述账户存款数额60,000元。

2. 曹某自2015年4月16日存入60,000元之后，除当天支付衡水腾达饲料730元等费用之外，至公安机关冻结该账户存款时，存入的60,000元尚余59,150元，故应认定公安机关实际冻结存款余额为59,150元。

3. 账户被冻结后，异议人再从该账户清收透支款项、利息或手续费，已没有合法根据。法院在执行过程中，从曹某信用卡账户划拨的62,723元中，超出59,150元之外的部分即3573元，既不属于曹某的存款，也不属于消费支出，应予返还。

4. 证据显示，异议人主张法院扣划该账户存款时，该账户存款余额为39,118.05元，与事实不符，不予采信。

5. 异议人作为曹某信用卡账户的管理人，就该账户内存款或在授信额度内向曹某提供的信用借款及清收事宜，与曹某之间形成合同关系，履行合同形成债权债务关系，但非物权关系。

6. 适用法条：异议人所提本案异议，属于当事人以外的公民、法人和其他组织，依照《最高人民法院关于人民法院办理执行异议和复议案件若干问题的规定》第5条第5项的规定，作为利害关系人，认为其合法权益受到人民法院违法执行行为侵害，而提出的执行行为异议，应当依照2017年《民事诉讼法》第225条规定进行审查。

综上，异议人主张其对法院从曹某信用卡账户划拨的62,723元中的23,604.95元享有所有权，于法无据，不予支持。异议人所提异议部分成立，原执行行为应予变更。法院从曹某信用卡账户划拨的62,723元中，退还3573元至原信用卡账户。

问题四：政府财产是否可以被执行？

答：政府机关不同于一般企业法人，它具有双重身份：一方面它是行使公权力的行政机关，另一方面它又参与市场经济活动，必须遵守民事法律规范。政府机关作为独立承担民事责任的民事主体时，在被法院生效法律文书确定应承担法律责任的，其财产可以被强制执行。

【案例索引】

案　　号：（2017）鲁06执复89号

【法院认为】

法院经组成合议庭审理认为，结合本案所有事实，第三人龙口市诸由观镇人民政府作为被执行人北海化工厂的开办单位，应在接收的被执行人北海化工厂资产范围内承担责任。理由在于：

1. 北海化工厂系由龙口市粮油集团公司羊岚分公司、龙口市羊岚镇经济委员会共同出资兴办的合资股份制集体所有制企业，隶属龙口市粮食局、龙口市羊岚镇政府共同管理。2000年，龙口市进行整体规划，原龙口市羊岚镇政府合并到第三人龙口市诸由观镇人民政府处。

2. 2003年6月，北海化工厂因未参加2002年度企业年检被龙口市工商行政管理局吊销营业执照，歇业至今。其开办单位之一的第三人龙口市诸由观镇人民政府一直未按照当初订立的《龙口市北海化工有限公司章程》对其债务进行处理，亦未按照章程规定决定解散、进行清算等，且其作为投资的北海化工厂所在土地亦被第三人接收，致被执行人北海化工厂无遗留财产清偿债务。

3. 2010年左右，龙口市人民政府决定建设黄水河湿地公园，征用了被执行人北海化工厂的土地，征地补偿款及地上附着物补偿款分文未给付该土地所在的东羔村，第三人未提供证据证明其未得到该土地及地上附着物补偿款。

4. 适用法条：《最高人民法院关于民事执行中变更、追加当事人若干问题的规定》第22条规定，“作为被执行人的法人或非法人组织，被注销或出现被吊销营业执照、被撤销、被责令关闭、歇业等解散事由后，其股东、出资人或主管部门无偿接受其财产，致使该被执行人无遗留财产或遗留财产不足以清偿债务，执行申请人申请变更、追加该股东、出资人或主管部门为被执行人，在接受的财产范围内承担责任的，人民法院应予支持”。

综上，因诸由观镇政府拥有被执行人北海化工厂的土地及地上附着物，在被龙口市人民政府决定建设黄水河湿地公园征地拆迁北海化工厂时，没有进行补偿，亦即在该化工厂歇业多年、无人管理的情况下，作为该企业股东之一的诸由观镇政府，实际接收了该企业财产，也处分了该财产，故执行法院裁定其为本案被执行人并在接受的被执行人龙口市北海化工厂土地及厂房范围内承担还款义务，并无不当。

诸由观镇政府应核实所无偿接受被执行人龙口市北海化工厂的财产，并在该无偿接受的财产范围内承担清偿责任。复议申请人的复议理由无事实及法律依据，法院不予支持；龙口法院（2017）鲁0681执异32号执行裁定结果正确，应予维持。

问题五：如何确定哪些财产是被执行人的生活必需品？

答：民事强制执行中有个普遍的困惑——如何划分哪些是被执行人的可供执行的财产，哪些属于其基本生活所必需的财产？基于国家尊重、保障人权和保护公民基本生存权的宪法理念，被执行人衣食住行方面的基本保障物品一般不宜强制执行。具体来说，在穿衣打扮上，除一些高档装饰品如黄金钻石外，一般不属于可供执行的财产。在饮食方面，一般家庭储备食物等不属于可供执行的财产。出行方面，汽车等高消费品可以强制执行，但普通自行车、非豪华电瓶车等一般不宜作为被执行财产。在居住方面，应综合各因素判断是否是生活所必需的居住房屋，如：①房屋的面积大小、房间数量等是否超出了社会一般民众的居住水平；②被执行人是否与家庭成员共同居住，其他家庭成员是否拥有住房；③被执行人是否实际使用该房屋，以及房屋的主要用途是否为家庭自住等。

【案例索引】

案　　号：(2017) 辽01执复字第122号

【案情简介】

执行申请人马某与被执行人张某买卖合同纠纷一案，马某依据 (2016) 辽0114民3715号判决书向于洪区法院申请强制执行。在执行过程中，张某表示于洪区法院在执行 (2016) 辽0114民3715号判决书过程中冻结了其工资卡，张某没有其他生活来源，且身患糖尿病综合征、肾病、心脏病等多种疾病，全部生活及医疗支出都来自被冻结的工资卡，故申请法院尽快解除对张某工资卡的冻结。

于洪区法院经综合考量沈阳市最低工资标准及张某的年龄以及其现在的身体情况，撤销了冻结张某在社保金账户的裁定。马某不服于洪区法院 (2017) 辽0114执异9号裁定，向沈阳市中院申请复议。

【法院认为】

法院经组成合议庭审理认为，结合本案所有事实，执行法院撤销执行行为的裁定并无不当。理由在于：

1. 张某的工资卡账户在执行法院2016年11月3日查封之时每月进账社保金834元，该笔进账款项性质为社保金及数额由银行对账单予以佐证，执行法院予以认可。

2. 张某经辽中博爱医院住院诊断患有糖尿病、高血压、缺血性心脏病等疾病。

3. 参照法条

(1) 2017年《民事诉讼法》第243条第1款规定："被执行人未按执行通知履行法律文书确定的义务，人民法院有权扣留、提取被执行人应当履行义务部分的收入。但应当保留被执行人及其所扶养家属的生活必需费用。"

（2）2008年《最高人民法院关于人民法院民事执行中查封、扣押、冻结财产的规定》第5条第2项规定："人民法院对被执行人下列的财产不得查封、扣押、冻结：……（二）被执行人及其所扶养家属所必需的生活费用。当地有最低生活保障标准的，必需的生活费用依照该标准确定。"

综上所述，经综合考量沈阳市最低生活保障标准及被执行人张某的年龄以及其现在的身体情况，执行法院撤销执行行为的裁定并无不当。故驳回申请复议人马某的复议申请，维持于洪区人民法院作出的（2017）辽0114执异9号执行裁定。

问题六：党费能否被执行

答：《最高人民法院关于强制执行中不应将企业党组织的党费作为企业财产予以冻结或划拨的通知》（法〔2005〕209号）规定，企业党组织的党费是企业每个党员按月工资比例向党组织交纳的用于党组织活动的经费。党费由党委组织部门代党委统一管理，单立账户，专款专用，不属于企业的责任财产。因此，在企业作为被执行人时，人民法院不得冻结或划拨该企业党组织的党费，不得用党费偿还该企业的债务。执行中，如果申请人执行提供证据证明企业的资金存入党费账户，并申请人民法院对该项资金予以执行的，人民法院可以对该项资金先行冻结；被执行人提供充分证据证明该项资金属于党费的，人民法院应当解除冻结。

第三节　三十二种救济与惩戒措施

2009年1月20日，笔者和时任山东某商业银行法律保全部的崔总与中国政法大学的程明（化名）教授共同作为某论坛的发言嘉宾在会后晚宴同坐一桌，席间，崔总问程明：“程教授，对于进入执行的案件，债权人最有效的方法您认为是什么？”

“活学救济措施、活用救济措施。”程明教授简短地回答。

时过境迁，物是人非，转眼十多年过去了，程明教授现在已经创建了一家全国知名律师事务所，全所有近千名执业律师，在全国有 18 家分所。崔总则在 2014 年加入了“明天系”，2019 年后，随着“包商银行”被接管，崔总也逐渐随着“明天系”淡出了公众的视野。

而笔者在法律服务的道路上持续耕耘，当 13 年后无意中翻开旧时记事本，看到“活学救济措施、活用救济措施”这句话，脑海中顿时像电影放映一样，十多年来经手的一件件执行案件的办理过程在脑海中快速划过，救济措施在这些案件中起到的关键作用也像每部电影的高潮部分一样在白纸上跃然而出，这些活灵活现的案件经过，促使笔者萌生了创作本书的想法。

对于经验不足初次接触执行案件的执行申请人和代理人，在案件进入执行程序后，接到执行法官通知未能执行到被执行人财产时，很可能顿时陷入了茫然之中，难道经过漫长的一审、二审最后等到的结果就是赢了诉讼，但拿不到任何执行款？

这种情况下，执行申请人和代理人直接选择放弃继续追索的情况的在广大的债权人群体中绝对不在少数，在笔者经历了数百件执行案件的艰苦而又充满智慧的奋斗经历后，也深有体会地鼓励更多的执行申请人和代理人，要“活学救济措施、活用救济措施”，在案件执行的最后一步要如同借助助跑的撑竿跳运动员一样，找到支点，用尽臂力，一跃而过。

◆ 关于执行救济

执行救济是保护当事人、案外人合法权益，填补因执行机构的执行行为以及当事人、案外人的申请或者抗辩行为遭受的不法损害，恢复其合法权益的重要制度。

鉴于当前执行中的救济规定比较分散，笔者对《民事诉讼法》及其司法解释、最高人民法院的多个司法解释与规定中的执行救济条款进行了汇总与归纳，希望能够帮助执行申请人快速找到执行中相关问题的救济措施。

一、救济措施的使用

救济措施之一：申请提级执行

一般来说，执行申请人向法院提起强制执行的申请，管辖法院通常为第一审人民法院或者与第一审人民法院同级的被执行财产所在地的人民法院。

但是，在实践中可能会出现有管辖权的法院在收到执行申请后，没有做出实质有效的执行措施，甚至出现怠于执行、消极执行，更甚者是完全不执行等情况。

根据《民事诉讼法》第237条之规定，人民法院自收到申请执行书之日起超过6个月未执行的，申请执行人可以向上一级人民法院申请执行。上一级人民法院经审查，可以责令原人民法院在一定期限内执行，也可以决定由本院执行或者指令其他人民法院执行。

申请所需证据材料：依据、理由、事项、执行标的及金额（本金、利息、诉讼费、保全费等）。

救济措施之二：申请执行担保财产或保证人财产

在执行过程中，偶尔也会出现被执行人为了暂缓履行生效法律文书确认的全部或者部分义务向执行法院提出执行担保，或者在达成的执行和解协议中约定担保条款的情况。

执行担保主要包括财产担保和第三人保证。

此时，如暂缓履行期限届满后被执行人仍未履行，或者暂缓执行期间被执行人有转移、隐藏、变卖、毁损担保财产等行为的，申请执行的债权人有权向执行法院提出恢复执行的申请，由执行法院出具裁定，直接执行担保财产或者保证人的财产。

但需要注意的是，申请执行的债权人一定要向执行法院提出申请，请求就担保财产依法办理登记等担保物权公示手续，如此，申请人可以据此主张优先受偿。

申请依据证据和线索材料：用作担保的实物的购买发票、产权证等证明该实物所有权的材料。保证人担保的担保书、营业执照副本的复印件、资产负债表、损益表，并应加盖保证人的单位公章。

救济措施之三：申请恢复执行原生效法律文书

在执行案件中，经常会出现执行法院穷尽执行措施后仍未能执行到被执行人财产或者双方达成执行和解协议等情况，作出终结本次执行程序的裁定。

此时，如被执行人未依据执行和解协议履行，或者执行申请人发现新的可供执行的财产线索的，随时都可以向原执行法院提出恢复执行原生效法律文书的申请。

本书介绍的全部查找财产线索的方法，在执行案件中，只要执行申请人发现其中一条线索有效，就可以申请恢复执行原生效法律文书。

申请所需材料及线索：生效法律文书（复印件）、债权凭证（原件）、中止执行裁定书（原件）、终结本次执行程序裁定书（原件）、未履行完毕的和解协议（原件），需要原件但无原件的应附证明材料、继承或承受权利证明（证明必须经过生效裁判文书确认或者经公证机关公证），证明中止、终结本次执行程序事由消除的材料，主要包括被执行人有财产供执行的线索和其他中止、终结本次执行程序事由消除的证明。

救济措施之四：就履行执行和解协议向执行法院提起诉讼

1. 就履行和解协议提出诉讼

执行申请人因被执行人未能履行执行和解协议，除向原执行法院提出恢复执行原生效法律文书的申请外，还可以向原执行法院就履行和解协议提出诉讼。当然，这两种措施只能择一而行。

2. 执行和解协议履行完毕后另行起诉

实践中，有时会遇到就执行和解协议被执行人虽然已经履行完毕，但是执行申请人却因被执行人的迟延履行、瑕疵履行遭受损害的情况。比如，因被执行人迟延履行而导致执行申请人未能向客户按时交付商品，或者因被执行人瑕疵履行而自身受到损失等。

此时，执行申请人就可以向执行法院另行提起诉讼。

3. 请求确认执行和解协议无效或撤销执行和解协议

无论是对执行申请人来说，还是对被执行人来说，达成执行和解协议后并不能高枕无忧，可能在履行过程中出现各种各样的情况。

（1）执行申请人认为被执行人与他人恶意串通，损害了自己的利益；

（2）其他利害关系人认为执行和解协议中处分了自己的财产等。

如遇到上述情况，执行申请人或者利害关系人都可以向执行法院提起诉讼，请求确认执行和解协议无效或撤销执行和解协议。

在执行和解协议被确认无效或者撤销后，执行申请人可据此向执行法院申请恢复执行。

申请所需材料和线索：执行和解协议、被执行人已履行的情况说明、被执行人尚未履行的情况说明、被执行人的下落和财产线索等。

救济措施之五：就法院执行行为提出异议

就如前文所述，执行案件的过程很难做到一帆风顺，除会遇到执行法官怠于执行、消极执行等情况，还可能出现执行法官的执行行为违反法律规定的情形。

（1）认为执行法官的执行行为违法，妨碍其轮候查封、扣押、冻结的债权受偿的；

（2）认为执行法官的拍卖、变卖或者以物抵债措施违法，侵害其对执行标的的优先购买权的；

（3）对执行法官终结本次执行措施不服的；

（4）认为其他合法权益受到执行法官违法执行行为侵害的。

此时，执行申请人就可以依据法律规定向负责执行的人民法院提出书面异议，但异议是否能成立，就需要看异议人提供的证据材料能否通过法院审查了。

如果法院驳回了申请人的异议，异议人对驳回裁定不服的，可以在裁定送达之日起 10 日内向上一级人民法院申请复议。

但在提出异议时要注意：

（1）如果异议人在提出执行异议后 3 日内，执行法院既不立案又不作出不予受理裁定，或者受理后无正当理由超过法定期限不作出异议裁定的，异议人可以向上一级人民法院提出异议。

（2）异议人应当在执行程序终结之前提出，但对终结执行措施提出异议的除外。

（3）异议人或者复议申请人经合法传唤，无正当理由拒不参加听证，或者未经法庭许可中途退出听证，致使人民法院无法查清相关事实的，由其自行承担不利后果。

（4）异议人对同一执行行为有多个异议事由，但未在异议审查过程中一并提出，撤回异议或者被裁定驳回异议后，再次就该执行行为提出异议的，人民法院不予受理。

当然，异议人如果对上一级人民法院作出的执行复议裁定不服，还可以向上一级人民法院申诉信访，此时上一级人民法院应当作为执行监督案件立案审查，以裁定的方式作出结论。

申请所需主要材料和证据：申请书、申请人身份证明、有关证据材料等。申请书中应当写明具体的异议请求、事实、理由等。

救济措施之六：提起执行申请人执行异议之诉

依据法律规定，案外第三人有权对执行的标的提出书面异议。如果执行申请人对法院据此作出的裁定不服，认为裁定错误的，依据审判监督程序处理。

例如，法院裁定中止对该标的的执行，执行申请人不服的，就应当提起执行异议之诉，以诉讼的方式解除该执行标的的实际归属问题，实现对该标的的继续执行的目的。

此时就要注意时间问题，应当在裁定送达之日起 15 日内向法院提起诉讼。

申请所需主要材料和证据：申请书、申请人身份证明、有关证据材料等。申请书中应当写明具体的异议请求、事实、理由等内容。

救济措施之七：变更、追加被执行人

依据法律规定，在执行案件过程中，执行申请人或其继承人、权利承受人可以向人民法院申请变更、追加当事人。申请符合法定条件的，人民法院应予支持。

具体在哪些情形下可以提起变更或追加被执行人请求呢？

（1）作为被执行人的自然人死亡或者被宣告死亡后的遗产管理人、继承人、受遗赠人等；

（2）作为被执行人的自然人被宣告失踪后的财产代管人；

（3）未成年侵权引起的民事责任，而执行依据将该未成年的监护人确定为被执行人，且监护人没有履行完毕生效法律文书确定的义务的，在该未成年人成年后可以追加其为被执行人；

（4）法人或非法人组织因合并而终止，合并后存续或新设的法人、非法人组织；

（5）法人或非法人组织因分立而终止，依分立协议约定承受生效法律文书确定权利的新设法人或非法人组织；

（6）不能清偿生效法律文书确定债务的个人独资企业的出资人；

（7）个体工商户的字号为被执行人的，人民法院可以直接执行该字号经营者的财产；

（8）合伙企业的普通合伙人；

（9）合伙企业中未按期足额缴纳出资的有限合伙人；

（10）分支机构的法人及法人的其他分支机构；

（11）执行直接法人分支机构的财产；

（12）对非法人组织的债务承担责任的主体；

（13）未缴纳或未足额缴纳出资的股东、出资人等；

（14）抽逃出资的股东、出资人；

（15）未履行出资义务即转让股权的原股东；

（16）不能证明公司财产独立于自己的财产的一人有限责任公司的股东；

（17）未清算即注销公司的股东；

（18）被注销或出现被吊销营业执照、被撤销、被责令关闭、歇业等的法人的股东、出资人或主管部门；

（19）未经依法清算即办理注销登记，在登记机关办理注销登记时，作出书面承诺承担责任的第三人；

（20）接受行政无偿调拨、划转财产的第三人。

除追加、变更上述主体为被执行人外，执行申请人还可以申请被执行企业的下列人员承担连带责任：

（1）滥用公司法人独立地位和股东、出资人有限责任的股东、出资人；

（2）因未尽忠实、勤勉义务而使出资未缴足的董事、高级管理人员；

（3）协助抽逃出资的股东、董事等；

（4）因出具不实的评估结果、验资报告或验证证明，而给被执行公司的债权人造成损失的机构；

（5）股东人格与公司人格混同时的被执行公司股东；

（6）过度支配与控制公司的股东；

（7）利用较少资本从事力所不及经营的股东；

（8）恶意处置公司财产的股东、实际控制人等；

（9）因故意或重大过失给债权人造成损失的清算组成员；

（10）未履行通知和公告义务的清算组成员；

（11）因执行未经确认的清算方案，给债权人造成损失的清算组成员；

（12）未在法定期限内成立清算组开始清算的有限公司股东、股份公司董事、控股股东；

（13）怠于履行义务而导致公司无法进行清算的有限公司股东、股份公司董事、控股股东；

（14）未在法定期限内成立清算组清算导致公司财产损失的实际控制人；

（15）导致公司无法进行清算的实际控制人；

（16）以虚假的清算报告骗取公司登记机关办理法人注销登记的股东等；

（17）违反法律、行政法规或者公司章程，给公司或者债权人造成损失的清算组成员。

当然，如果在执行过程中作为执行申请人的自然人死亡或者被宣告死亡，或作为执行申请人的法人、非法人组织被破产清算、终止等，下列主体同样可以提出变更、追加执行申请人的请求：

（1）自然人的遗产管理人、继承人、受遗赠人等；

（2）自然人被宣告失踪后的财产代管人；

（3）自然人的配偶，即使执行申请人未死亡，但因与配偶离婚，将生效法律文书确定的权利全部或部分分割给其配偶时，那么配偶就有权向法院提出变更、追加其为执行申请人的请求；

（4）法人或非法人组织终止后，依法承受生效法律文书确定权利的主体；

（5）法人或非法人组织因合并而终止，合并后存续或新设的法人、非法人组织；

（6）法人或非法人组织因分立而终止，依分立协议约定承受生效法律文书确定权利的新设法人或非法人组织；

（7）作为执行申请人的法人或非法人组织清算或破产时，生效法律文书确定的权利依法分配给第三人，该第三人有权申请变更、追加其为执行申请人；

（8）作为执行申请人的机关法人被撤销，继续履行其职能的主体有权申请变更、追加其为执行申请人，但生效法律文书确定的权利依法应由其他主体承受的除外，没有继续履行其职能的主体，且生效法律文书确定权利的承受主体不明确，作出撤销决定的主体有权申请变更、追加其为执行申请人；

（9）执行申请人将生效法律文书确定的债权依法转让给第三人，且书面认可第三人取得该债权，该第三人有权申请变更、追加其为执行申请人。

读者请注意，该条救济措施在实践中被有经验的执行申请人及代理人经常性地使用，大家可以多找找这方面的案例来看看。

申请所需材料及线索：申请变更、追加被执行人申请书、变更、追加被执行人的证据、终结本次执行程序裁定书或被执行人的财产不足以清偿所有债权的证明。

救济措施之八：提起追加、变更被执行人异议之诉

在执行案件中，执行申请人如果对执行法院作出的变更、追加裁定或驳回申请裁定不服的，可以自裁定书送达之日起 10 日内向上一级人民法院申请复议。

但是，对执行法院因下列情形驳回追加执行申请人或被执行人裁定不服的，可以不经过复议程序直接在驳回裁定送达之日起 15 日内向执行法院提起执行异议之诉：

（1）作为被执行人的有限合伙企业，财产不足以清偿生效法律文书确定的债务，执行申请人申请变更、追加未按期足额缴纳出资的有限合伙人为被执行人，在未足额缴纳出资的范围内承担责任的；

（2）作为被执行人的营利法人，财产不足以清偿生效法律文书确定的债务，执行申请人申请变更、追加未缴纳或未足额缴纳出资的股东、出资人或依公司法规定对该出资承担连带责任的发起人为被执行人，在尚未缴纳出资的范围内依法承担责任的；

（3）作为被执行人的营利法人，财产不足以清偿生效法律文书确定的债务，执行申请人申请变更、追加抽逃出资的股东、出资人为被执行人，在抽逃出资的范围内承担责任的；

（4）作为被执行人的公司，财产不足以清偿生效法律文书确定的债务，其股东未依法履行出资义务即转让股权，执行申请人申请变更、追加该原股东或依公司法规定对该出资承担连带责任的发起人为被执行人，在未依法出资的范围内承担责任的；

（5）作为被执行人的一人有限责任公司，财产不足以清偿生效法律文书确定的债务，股东不能证明公司财产独立于自己的财产，执行申请人申请变更、追加该股东为被执行人，对公司债务承担连带责任的；

（6）作为被执行人的公司，未经清算即办理注销登记，导致公司无法进行清算，执行申请人申请变更、追加有限责任公司的股东、股份有限公司的董事和控股股东为被执行人，对公司债务承担连带清偿责任的。

其余情况，向上一级法院申请复议。

申请所需证据与材料：执行行为违法和合法权益受侵害的证据材料。

救济措施之九：执行申请人因受欺诈、胁迫与被执行人达成和解协议

执行申请人依据《民事诉讼法》第 241 条的规定：在执行中，双方当事人自行和解达成协议的，执行员应当将协议内容记入笔录，由双方当事人签名或者盖章。申请执行人因受欺诈、胁迫与被执行人达成和解协议，或者当

事人不履行和解协议的，人民法院可以根据当事人的申请，恢复对原生效法律文书的执行。

申请所需材料与证据：执行申请人因受欺诈、胁迫与被执行人达成和解协议的主要证据。

救济措施之十：债权人提起第三人撤销之诉与提起债权人撤销权之诉

在实践中，由于债权人提起第三人撤销之诉与提起债权人撤销权之诉的名称相近，很容易被混为一谈。下面就两个诉的区别做个简单的介绍。

1. 债权人提起第三人撤销之诉

第三人撤销之诉是原被告之外的案外第三人（非因自身原因没有参加到他人之间的审判程序）对原被告争议的标的有独立请求权，要求法院撤销原被告的合同。

债权人因为属于原案应当参加诉讼的第三人，原则上不得提起第三人撤销之诉，但是为了保护债权人的合法权益，债权人在下列情况下可以提起第三人撤销之诉：

（1）该债权是法律明确给予特殊保护的债权，如《民法典》第 807 条规定的建设工程价款优先受偿权；

（2）因债务人与他人的权利义务被生效裁判文书确定，导致债权人本来可以对《民法典》第 539 条和《企业破产法》第 31 条规定的债务人的行为享有撤销权而不能行使的；

（3）债权人有证据证明，裁判文书主文确定的债权内容部分或者全部虚假的。

债权人提起第三人撤销之诉还要符合法律和司法解释规定的其他条件。

申请所需主要证据和材料：申请撤销的判决书、裁定书、调解书原件或者复印件。

2. 提起债权人撤销权之诉

债权人撤销权，是指债权人对于债务人所实施的危害债权的行为，可请求法院予以撤销的权利。

撤销权自债权人知道或者应当知道撤销事由之日起 1 年内行使。自债务人的行为发生之日起 5 年内没有行使撤销权的，该撤销权消灭。

那么，在什么情况下可以提起债权人撤销权之诉呢？

- 债务人无偿赠与或遗赠财产的；
- 债务人放弃到期或未到期债权的；
- 债务人与次债务人恶意延长履行期限或者对未到期的债务提前清偿的；
- 债务人在法院受理破产申请前 6 个月内对个别债权人进行清偿的；
- 债务人放弃担保物权的；
- 债务人以明显不合理的价格进行交易的；
- 债务人以自己的财产设置抵押权、质权的。

申请所需材料与证据：可以证明债权债务关系的证据以及对方转移财产的行为危害自己实现债权的证据。

救济措施之十一：提起代位权之诉

根据我国法律规定，因债务人怠于行使其债权或者与该债权有关的从权利，影响债权人的到期债权实现的，债权人可以向人民法院请求以自己的名义代位行使债务人对相对人的权利，但是该权利专属于债务人自身的除外。

因此在执行过程中，债权人作为执行申请人在遇到上述情况时，可以积极主动地代替被执行人向法院提起代位权之诉，以求获得债权的实现。

但是，在提起此诉时要注意以下几个问题：

1. 债权人对债务人的债权合法，且次债务已到期；

2. 次债务不具有人身专属性，不涉及赡养费、人身损害赔偿金等；

3. 代位权之诉只能以诉讼的方式进行，不能申请仲裁；

4. 诉讼中债权人为原告，次债务人列为被告，债务人列为第三人。

除此之外，如果被执行人和他人共同拥有某一财产，在该财产被法院查封、扣押、冻结后，被执行人迟迟不行使自己的权利提起析产诉讼，此时申请执行的债权人为确保自己债权的实现，同样可以向法院提起代位析产诉讼。

例如，当债务人处于已婚状态时，可以重点查询其配偶名下的财产，判断哪些财产属于夫妻共有财产，可以针对此种情况提起代位析产诉讼。

本条措施在执行过程中也经常被执行人所运用。

申请所需主要证据和材料：有债权债务关系，比如借条、合同、债权已经到期的证明、债务人和其他人的债权关系、不行使到期权利的证明。

救济措施之十二：提起确认合同无效之诉

在实践中，债务人为逃避债务所实施的危害债权人债权的行为多种多样，有时债权人仅仅只提起撤销权之诉并不能解决此问题。这时就需要采取其他的救济措施。

提起确认合同无效之诉就属于比较常见的一种，但此类案件在实践中很难获得法院的支持。其胜诉的前提是债务人与第三人在签订合同时有相互串通的恶意，且损害了债权人的利益。

而作为提起此诉的债权人想要获取债务人与第三人存在恶意串通的证据十分困难，因此在提起确认合同无效之诉的时候，要仔细考虑己方的证据是否充分。

申请所需证据和材料：合同关系以及从属的担保合同关系的证据、合同履行情况的证据、其他证明案件事实的证据。

救济措施之十三：申请参与分配

执行申请人及其代理律师如果发现，债务人已被其他的债权人申请强制执行，且其财产不足以清偿多个债权人的债权，此时债权人就可以凭借有效的执行依据向正在执行的法院提出参与分配的申请，与其他债权人平等受偿债务人的可执行财产。

但此时被执行的债务人的身份只能为公民或者其他组织，如果债务人为法人则不适用此措施。

具体参与分配的步骤如下：

1. 向执行法院提出参与分配的申请，并附执行证据。

2. 确定参与分配清偿的先后顺序：

（1）执行所得价款先扣除执行费用；

（2）其后清偿应当优先受偿的债权；

（3）普通债权按照债权人占全部申请参与分配债权数额的比例受偿。

3. 执行法院制作被执行人财产分配方案，并送达各债权人和被执行人。

4. 如债权人或被执行人对分配方案有异议，可在收到分配方案后的 15 日内向执行法院提出书面异议，执行法院应当通知未提出异议的债权人、被执行人。

5. 针对书面异议的处置：

（1）如未提出异议的债权人、被执行人在收到通知的 15 日内未提出反对意见的，执行法院依异议人的意见对分配方案审查修正后进行分配；

（2）如未提出异议的债权人、被执行人提出反对意见的，执行法院应当通知异议人；

（3）异议人可以在收到通知的15日内，以提出反对意见的债权人、被执行人为被告向执行法院提起诉讼，未在期限内提起诉讼的，执行法院按照原分配方案进行分配。

申请所需材料与证据：生效法律文书、被执行人的财产在另案处置的依据。

救济措施之十四：申请执行转破产

虽然企业法人不能采取上述救济措施参与分配，但是执行申请人可以采取另外一种方式实现权利的救济：申请执行转破产。

1. 执行案件移送破产审查，应同时符合下列条件：

（1）被执行人为企业法人；

（2）被执行人或者有关被执行人的任何一个执行案件的执行申请人书面同意将执行案件移送破产审查；

（3）被执行人不能清偿到期债务，并且资产不足以清偿全部债务或者明显缺乏清偿能力。

2. 管辖法院：由被执行人住所地人民法院管辖。

（1）在级别管辖上，实行以中级人民法院管辖为原则、基层人民法院管辖为例外的管辖制度；

（2）中级人民法院经高级人民法院批准，也可以将案件交由具备审理条件的基层人民法院审理。

申请所需材料和证据：书面破产申请、企业主体资格证明、企业法定代表人与主要负责人名单、企业职工情况和安置预案、企业亏损情况的书面说明并附审计报告、企业至破产申请日的资产状况明细表包括有形资产、无形资产和企业投资情况等、企业在金融机构开设账户的详细情况包括开户审批材料、账号、资金等、列明企业的债务人名称、住所、债务数额、发生时间和催讨偿还情况的企业债权情况表、列明企业的债权人名称、住所、债权数额、发生时间、企业涉及的担保情况的企业债务情况表、企业已发生的诉讼情况、人民法院认为应当提交的其他材料。

救济措施之十五：申请执行债务人到期债权

在实践中，如果被执行人不能清偿生效法律文书确定的义务，那么，执行申请人可以换个角度考虑，调查一下被执行人是否对案外的第三人享有到期的债权。

此时，执行申请人可以向执行法院提出申请，向第三人发出履行到期债务的通知书，强制执行第三人的财产。

但是，第三人对该笔债务提出异议，法院就不得对异议部分债务强制执行，且对异议不进行审查，执行申请人只能通过提起代位权诉讼主张权利。

根据法律规定符合以下情形的，法院可以对第三人的财产强制执行：

1. 第三人对债务部分承认、部分有异议的，可以对其承认的部分强制执行；

2. 第三人在履行通知指定的期限内没有提出异议，而又不履行的，执行法院有权裁定对其强制执行；

3. 被执行人收到人民法院履行通知后，放弃其对第三人的债权或延缓第三人履行期限的行为无效，人民法院仍可在第三人无异议又不履行的情况下予以强制执行；

4. 第三人收到人民法院要求其履行到期债务的通知后，擅自向被执行人履行，造成已向被执行人履行的财产不能追回的，除在已履行的财产范围内与被执行人承担连带清偿责任外，可以追究其妨害执行的责任。

申请所需材料和证据：申请书、债权债务关系成立证明、债务人怠于行使债权的证据等材料。

救济措施之十六：申请执行监督及民事执行检查监督

目前来说，我们国家执行方面的相关法律还不够完善，“执行难”“执行乱”“执行法官忙”等现象长久困扰着众多的债权人。往往一起案件向法院申请强制执行后，最终债权人都只能得到一个被执行人名下无任何财产的终本裁定，执行到最后所有的损失只能由债权人来承担。

面对此种情况，除向法院提出执行异议和复议外，其实债权人还可以采取以下的救济措施：

1. 向上一级法院申诉信访，请求督促执行或者纠正执行错误的案件。

前提：执行法院出现消极执行或者错误执行的情况。

2. 向上一级法院提起执行监督，上一级人民法院应当作为执行监督案件立案审查。

主要情形有以下几点。

（1）执行申请人不服《民事诉讼法》第236条所规定执行复议裁定，向上一级人民法院申诉信访，上一级人民法院应当作为执行监督案件立案审查，以裁定方式作出结论。

（2）执行申请人在异议期限之内已经提出异议，但是执行法院未予立案审查，如果执行申请人在异议期限之后继续申诉信访，执行法院应当作为执行监督案件立案审查，以裁定方式作出结论。

（3）执行申请人不服前款所规定执行监督裁定，向上一级人民法院继续申诉信访，上一级人民法院应当作为执行监督案件立案审查，以裁定方式作出结论。

需要注意的是，在提起执行监督时可以同时向法院提出“一案双查”的申请，要求上级法院执行机构和监察机构协调配合，统筹督查下级法院执行案件办理、执行工作管理问题和干警违规违法违纪问题，依照法律、司法解释及有关规定作出处理。

3. 向检察院申请执行检察监督

主要情形有以下几点。

（1）决定是否受理、执行管辖权的移转以及审查和处理执行异议、复议、申诉等执行审查活动存在违法、错误情形的；

（2）实施财产调查、控制、处分、交付等执行实施活动存在违法、错误的；

（3）存在消极执行、拖延执行等情形，及其他违法、错误行为的。

如果执行法院确实在执行过程中实施了违法、错误的行为，并给执行申请人的合法权益造成损害的，执行申请人可以依照国家赔偿法申请国家赔偿。

具体情形有以下几点。

（1）发现被执行人有可供执行的财产，但故意拖延执行、不执行，或者应当依法恢复执行而不恢复的；

（2）违法将案件执行款物交付给其他当事人、案外人的；

（3）对抵押、质押、留置、保留所有权等财产采取执行措施，未依法保护上述权利人优先受偿权等合法权益的；

（4）对其他人民法院已经依法采取保全或者执行措施的财产违法执行的；

（5）对执行中查封、扣押、冻结的财产故意不履行或者怠于履行监管职责的；

（6）对不宜长期保存或者易贬值的财产采取执行措施，未及时处理或者违法处理的；

（7）违法拍卖、变卖、以物抵债，或者依法应当评估而未评估，依法应当拍卖而未拍卖的；

（8）违法撤销拍卖、变卖或者以物抵债的；

（9）因违法或者过错采取执行措施或者强制措施的其他行为。

申请所需的材料和证据：申请人和其他当事人基本信息、监督请求、申请依据的事实与理由、申请人通信地址、联系方式、民事判决书、裁定书、调解书、证据材料、证据清单。

救济措施之十七：申请起诉被执行人、案外人，要求其赔偿损失

执行申请人遇到被执行人与案外人恶意串通，通过执行异议、执行异议之诉妨害执行的情形时，可以依据《民事诉讼法》第116条的规定，被执行人与他人恶意串通，通过诉讼、仲裁、调解等方式逃避履行法律文书确定的义务的，人民法院应当根据情节轻重予以罚款、拘留；构成犯罪的，依法追究刑事责任。

《最高人民法院关于适用〈中华人民共和国民事诉讼法〉的解释》第313条规定，案外人执行异议之诉审理期间，人民法院不得对执行标的进行处分。申请执行人请求人民法院继续执行并提供相应担保的，人民法院可以准许。被执行人与案外人恶意串通，通过执行异议、执行异议之诉妨害执行的，人民法院应当依照《民事诉讼法》第116条规定处理。申请执行人因此受到损害的，可以提起诉讼要求被执行人、案外人赔偿。

申请所需的证据和材料：证明被执行人隐藏、转移、故意损毁财产或者无偿转让财产、以明显不合理的低价转让财产的证据材料或担保人隐藏、转移、故意损毁或者转让已向执行法院提供担保的财产的证据材料，包括相关的笔录、证人证言、银行存款查询记录、担保函、转让合同、交易记录、财产过户登记等。

证明协助执行义务人接到执行法院协助执行通知书后拒不协助执行的证据，包括相关协助执行通知书、送达回证、调查笔录、证人证言及证明协助执行义务人拒不协助执行的其他证据材料。

救济措施之十八：申请解除第三人的占有或排除其妨害

当执行申请人遇到第三人未经准许占有已被查封、扣押、冻结的财产或实施其他有碍执行的行为时，执行申请人可以依据《最高人民法院关于人民法院民事执行中查封、扣押、冻结财产的规定》第24条的规定，被执行人就已经查封、扣押、冻结的财产所作的移转、设定权利负担或者其他有碍执行的行为，不得对抗申请执行人。第三人未经人民法院准许占有查封、扣押、冻结的财产或者实施其他有碍执行的行为的，人民法院可以依据申请执行人的申请或者依职权解除其占有或者排除其妨害。人民法院的查封、扣押、冻结没有公示的，其效力不得对抗善意第三人。

申请所需证据和材料：证明其享有物权的特定的物被他人妨害或遭受危险的证据材料。

救济措施之十九：申请对折价赔偿另行起诉

执行回转时，双方当事人对折价赔偿不能协商一致的，执行申请人可以依据《最高人民法院关于人民法院执行工作若干问题的规定（试行）》第66

条的规定，执行回转时，已执行的标的物系特定物的，应当退还原物。不能退还原物的，经双方当事人同意，可以折价赔偿。双方当事人对折价赔偿不能协商一致的，人民法院应当终结执行回转程序。执行申请人可以另行起诉。

申请所需证据和材料：评估机构出具的执行标的物的价值评估报告。

二、关于惩戒措施

在执行案件中，如果被执行人不能按期履行生效法律文书确定的义务，除对被执行人的财产等权利作出强制执行措施外，还可以对其采取信用惩戒或特定行为限制，更甚者还可以追究行为人的刑事法律责任。

惩戒措施之一：列入被执行人

请求人民法院将债务人列入被执行人，登录“中国执行信息公开网”可查询。

惩戒措施之二：列入失信被执行人

被执行人具有下列情形之一的，人民法院应当将其纳入失信被执行人名单，依法对其进行信用惩戒：

（1）有履行能力而拒不履行生效法律文书确定的义务的；

（2）以伪造证据、暴力、威胁等方法妨碍、抗拒执行的；

（3）以虚假诉讼、虚假仲裁或者以隐匿、转移财产等方法规避执行的；

（4）违反财产报告制度的；

（5）违反限制消费令的；

（6）无正当理由拒不履行执行和解协议的。

惩戒措施之三：限制高消费

限制消费措施，一般由执行申请人向法院提出申请，必要时人民法院可以依职权决定。

惩戒措施之四：限制出境

对于可能会转移财产、携款潜逃，或在境外可能有财产、工作、家庭的，执行申请人可以向人民法院提出申请，限制其出境，督促其尽快履行法律文书确定的义务。

惩戒措施之五：通过媒体公布不履行义务信息

必要时，人民法院可以依职权或者执行申请人的申请，在征信系统记录、通过报纸、广播、电视、互联网等媒体，公布被执行人不履行义务的信息。由此产生的费用由被执行人负担。

惩戒措施之六：发布公告或者公布生效裁判文书

对于被执行人应当承担消除影响、恢复名誉、赔礼道歉等民事责任而拒不履行的，人民法院可以采取在报刊、网络等媒体上发布公告或者公布生效裁判文书等方式执行，产生的费用由被执行人负担。

惩戒措施之七：传唤、拘传被执行人

执行申请人在获得被执行人相关财产线索后，可以和法官进行沟通，争取获得法官的认同。必要时还可以向法院提交请求传唤被执行人接受调查询问申请书，要求被执行人到法院说明自己的财产情况。被执行人拒不到场的，人民法院可以拘传其到场。

但需要注意的是，执行申请人及其代理律师在提出申请时，应当尽量列明财产线索及请求，并提交相关证明文件以备执行法官审核。

惩戒措施之八：罚款、拘留

当被执行人与他人恶意串通，通过诉讼、仲裁、调解等方式逃避履行法律文书确定的义务的，法院视情节轻重予以罚款或拘留；构成犯罪的，依法追究刑事责任。

除被执行人外，有义务协助调查、执行的单位有下列行为之一的，人民法院除责令其履行协助义务外，并可以予以罚款：

（1）有关单位拒绝或者妨碍人民法院调查取证的；

（2）有关单位接到人民法院协助执行通知书后，拒不协助查询、扣押、冻结、划拨、变价财产的；

（3）有关单位接到人民法院协助执行通知书后，拒不协助扣留被执行人的收入、办理有关财产权证照转移手续、转交有关票证、证照或者其他财产的；

（4）其他拒绝协助执行的。

人民法院对有前款规定的行为之一的单位，可以对其主要负责人或者直接责任人员予以罚款；对仍不履行协助义务的，可以予以拘留；并可以向监察机关或者有关机关提出予以纪律处分的司法建议。

惩戒措施之九：追究被执行人虚假诉讼罪

虚假诉讼，主要指诉讼案件的双方当事人通过恶意串通，采取伪造证据、虚假陈述等手段，捏造民事法律关系，虚构民事纠纷，向人民法院提起民事诉讼，通过法院和法官之手，获得民事裁判文书支持，实现侵害国家、集体或者第三人合法权益的诉讼目的。

那么，哪些情形可以认定为“以捏造的事实提起民事诉讼”呢?

（1）与夫妻一方恶意串通，捏造夫妻共同债务的；

（2）与他人恶意串通，捏造债权债务关系和以物抵债协议的；

（3）与公司、企业的法定代表人、董事、监事、经理或者其他管理人员恶意串通，捏造公司、企业债务或者担保义务的；

（4）捏造知识产权侵权关系或者不正当竞争关系的；

（5）在破产案件审理过程中申报捏造的债权的；

（6）与被执行人恶意串通，捏造债权或者捏造对查封、扣押、冻结财产的优先权、担保物权的；

（7）单方或者与他人恶意串通，捏造身份、合同、侵权、继承等民事法律关系的其他行为；

（8）另外，隐瞒债务已经全部清偿的事实，向人民法院提起民事诉讼，要求他人履行债务的，以“以捏造的事实提起民事诉讼”论；

（9）向人民法院申请执行基于捏造的事实作出的仲裁裁决、公证债权文书的；

（10）在民事执行过程中以捏造的事实对执行标的提出异议、申请参与执行财产分配的。

在执行案件中，申请执行的债权人如果遇到被执行人虚假诉讼的情形，可以向检察院书面提出调查申请，由检察院采取询问、查询、调取相关证据材料、查阅案卷材料、勘验、鉴定等方式调查核实该案件是否属于虚假诉讼。

检察院可以通过向法院提出抗诉、检察建议等方式，推动执行过程中虚假诉讼的解决。如果情节严重，构成犯罪的，可以依法追究被执行人的虚假诉讼罪。

惩戒措施之十：追究被执行人妨害公务罪

妨害公务罪，又称“阻碍执行公务罪”，是指以暴力、威胁方法阻碍国家机关工作人员依法执行职务的行为。

在民事执行案件中，通常表现为被执行人不但不履行生效法律文书确定的义务，更甚者利用暴力、威胁等手段，抗拒执行法官的执行工作，此时应当追究被执行人妨害公务罪。

惩戒措施之十一：追究被执行人拒不执行判决、裁定罪

拒不执行判决、裁定罪，是指对人民法院的判决裁定有能力执行而拒不执行，情节严重的行为。

哪些行为可以认定为“有能力执行而拒不执行，情节严重”的情形呢?

（1）被执行人、协助执行义务人、担保人等负有执行义务的人对人民法院的判决、裁定有能力执行而拒不执行，情节严重的；

（2）具有拒绝报告或者虚假报告财产情况、违反人民法院限制高消费及有关消费令等拒不执行行为，经采取罚款或者拘留等强制措施后仍拒不执行的；

（3）伪造、毁灭有关被执行人履行能力的重要证据，以暴力、威胁、贿买方法阻止他人作证或者指使、贿买、胁迫他人作伪证，妨碍人民法院查明被执行人财产情况，致使判决、裁定无法执行的；

（4）拒不交付法律文书指定交付的财物、票证或者拒不迁出房屋、退出土地，致使判决、裁定无法执行的；

（5）与他人串通，通过虚假诉讼、虚假仲裁、虚假和解等方式妨害执行，致使判决、裁定无法执行的；

（6）以暴力、威胁方法阻碍执行人员进入执行现场或者聚众哄闹、冲击执行现场，致使执行工作无法进行的；

（7）对执行人员进行侮辱、围攻、扣押、殴打，致使执行工作无法进行的；

（8）毁损、抢夺执行案件材料、执行公务车辆和其他执行器械、执行人员服装以及执行公务证件，致使执行工作无法进行的；

（9）拒不执行法院判决、裁定，致使债权人遭受重大损失的。

当然，除以上属于公诉的情形外，具有下列情形的，申请执行的债权人可以向法院提出自诉，追究被执行人的拒不执行判决、裁定罪：

（1）负有执行义务的人拒不执行判决、裁定，侵犯了执行申请人的人身、财产权利，应当依法追究刑事责任的；

（2）执行申请人曾经提出控告，而公安机关或者人民检察院对负有执行义务的人不予追究刑事责任的。

惩戒措施之十二：追究被执行人非法处置查封、扣押、冻结的财产罪

非法处置查封、扣押、冻结的财产罪，主要是指行为人明知自己处分的财产已被司法机关查封、扣押、冻结，并且司法机关已向被执行人发放了通知书，被执行人已丧失了部分处分权，但仍采取隐藏、转移、变卖、故意毁损的手段处分已被司法机关查封、扣押、冻结的财产，情节严重的行为。

那么，哪些情形可以认定为“情节严重”呢？

（1）由于行为人的妨害行为致使判决、裁定的财产部分无法执行的；

（2）严重干扰了案件的侦查、起诉活动的；

（3）隐藏、转移、变卖、故意毁坏的财产数量巨大的。

惩戒措施之十三：追究执行法官执行判决、裁定失职罪和执行判决、裁定滥用职权罪

执行判决、裁定失职罪和执行判决、裁定滥用职权罪，主要是指在执行判决、裁定活动中，司法工作人员严重不负责任或者滥用职权，不依法采取诉讼保全措施、不履行法定执行职责，或者违法采取诉讼保全措施、强制执行措施，致使当事人或者其他人的利益遭受重大损失的。

本章小结

对于执行案件中的部分被执行人，在进入执行程序甚至进入诉讼之前就已经预测并设计完成了“逃狱”计划。以财产转移为例，在过去笔者经历过的案件中，债务人从安排技术性离婚，高价拍卖古董、故意赌博输钱、捐赠慈善基金会、故意输官司、买卖加密货币、离岸家族信托、内保外贷、大额保单、海外买房、地下钱庄等各种手段层出不穷，从某种意义上讲，在商事和民间借贷类争议案件中，有恶意逃债计划的债务人对于缺乏思想准备的债权人来说，其实是具备首先优势的，这类债务人就像电影中的“智体”一样，对于未来在法院执行过程对抗执行的手段有自己明确的计划，且计划的实施源于国内目前司法透明的环境，这些债务人也熟知法院的执行流程、执行方法以及法院的查询系统。

对于办理执行案件的代理人而言，“逻辑至上”是查找财产线索的唯一指导思想，按照中国一句俗语就是“顺藤摸瓜”，利用获得的线索和证据，再加上对救济和惩戒措施的深度了解，进而对债务人能实施切实有效的执行

措施。

办案法则：速度决定优势、角度决定策略、态度决定变量

执行案件中，执行申请人及代理人无论是挖掘被执行人的财产线索还是制定救济措施，第一要务就是在最短时间内完成，不给被执行人转移财产以及销毁证据甚至是联络第三人预留时间，不按常理出牌是在选择救济方案的一个指导思想，出其不意攻其不备，而持之以恒的精神是执行申请人及代理人做执行案件的必备武器，做好一个执行案件要有经历 10 年或更长时间的思想准备。

附属操作 a：赔率思维　概率思维

执行申请人及代理人对于查找财产线索的质量要有赔率思维，对于一个 2000 万元执行案款的案件，可能查到被执行人有中标信息进而判断被执行人有 300 万元的到期债权，显然该笔到期债权更值得深挖证据和组织执行处置。

附属操作 b：机会通常在常规认知以外

不断学习，不断地与前辈交流是一位有志于在执行领域深耕发展的法律服务工作者的基础修养。本书笔者的案例依然有局限性，笔者在和很多包括在公安系统、法院系统、审计、财务等领域行业专家的每一次深度交流中，都能收获很多有帮助的知识点。做执行案件是一个执行申请人和被执行人斗智斗勇斗信念的游戏，在这个游戏中，执行申请人的知识结构、知识体系、知识的宽度才是开启制胜大门的唯一钥匙。

后　记

民营法律援助基金的探讨

实践中产生的思考

本书写作期间，正好遇到“中植系”深陷兑付违约，笔者认识的几个朋友因为投资了“中植系”不能得到兑付，家里又面临各类贷款压力，不得已甚至考虑卖掉自己的唯一住房缓解财务压力。后来通过多方了解，发现这种情况并不在少数，同样陷入困境的除了这些投资人，还包括“中植系”内部的募集团队和外部的经纪公司，他们背负了更多的压力，压力的来源不仅包括营销周边亲朋好友最后导致投资失误的责备，还有自己对公司长期信任而用全部积蓄都购买了公司理财产品形成的事实违约，至于能够兑付，现在看来也是遥遥无期的等待和焦虑。

问他们，为什么不走法律程序呢?

回答都是基本惊人的相似，“都投进去这么多钱了，哪里还有钱付诉讼费和律师费”；“没有任何财产线索呀”；“打官司，不一定胜诉，就算赢了，一审二审若干年过去了，什么结果还不知道?如果能申报债权，先申报债权吧，其他的听天由命了”。

这可能是各类金融纠纷中，作为弱势一方普遍的心理吧。

此后很长一段时间，笔者和很多法律工作者数次展开了是否有必要成立一个法律援助基金来帮助经验和时间都缺乏的债权人进行专业援助，这个基金除了来自民营资产管理公司的资金支持以外，还应该包括法律专业知识的支持，协助挖掘财产线索、处置方案设计的数据和咨询公司的支持等，当然，该基金还要重点考虑合规性。

2023 年 9 月 23 日，霍尔果斯中新国信资产运营管理有限公司的付总和上海一家律师事务所的主任与笔者交流，律所的马主任说他们最近代理了一家陷入困境的金融机构的执行案件，案款倒是顺利回来了，但是却拿不到律师费，因为回款账户已经被债权委员会接管了，接下来的案子就没办法做了，其他案件的代理就此卡住。这时候付总说，律师费可以由资产管理公司借款给金融机构来进行支付，还款对应相应的债权即可，或者有大家对价格协商一致的债权，资产运营管理公司也可以议价受偿债权。这个思路一出，大家都很激动，顺着这个思路大家再一次深度细致地讨论了法律援助基金的可行性。

据最高人民法院统计，目前我国每年诉讼标的额超过 6 万亿元，且每年持续增加，其中民商事诉讼超过 3 万亿元，而有融资需求案件的市场份额至少达 1 万亿元。95% 的诉讼一方需要有专业法律工作者的协助。就这个简单的数据来看，这难道不是一个需要专业服务的广大群体吗？

法律援助基金的民营版：垫资诉讼

在百度上搜索的法律援助基金的官方解释为：法律援助是指由政府设立的法律援助机构或者非政府设立的合法律所组织法律援助的律师，为经济困难或特殊案件的人无偿提供法律服务的一项法律保障制度。

这个解释显然和笔者以及朋友们的能力和资质不能相匹配，根据笔者和众多意向参与者的讨论，未来该“基金组织”向市场提供的服务形式具有垫资诉讼的特征，但基于资产管理机构和数据提供商以及法务咨询公司的共同参与，具备了有多元化服务的功能。

对基金设想进行介绍之前，先让读者对垫资诉讼基金有个简单了解。

诉讼投资具体是指在诉讼中，诉讼一方当事人因为暂时不能完全支付或者无法支付诉讼所需的有关诉讼费、律师费、评估费、公证费、鉴定费等费用，由第三方公司先行垫付，等待案件胜诉后，投资人或投资机构再收回其所垫付的款项，并获取一定比例的收益，是一种结果付费的形式，即针对原告自身资金紧张、无法匹配专业律师，或无能力通过司法程序完成执行回款等情况，在传统风险代理的基础上，第三方机构再进一步追加部分投资的行为。

在15世纪基于贸易与海运发达的大背景，大宗商品贸易中一旦交易失败买卖双方可能面临巨大的风险，商业保险和诉讼投资业务开始在英国兴起，并迅速由海事商事扩展到破产案件中。这类投资中，专业的法律界人士的眼光和对法律的深刻理解，是投资者决定多大程度参与或者是否参与诉讼投资的关键指标之一。

澳大利亚政府于1990年明确同意第三方垫资进行民事诉讼。

1995年，诉讼垫资模式进入美国市场，美国是一个法律较为完善的国家，相应的诉讼赔款、诉讼补偿金额位于世界前列，一旦胜诉，往往赔款很可观。因此大量对冲基金参与其中，基于资本逐利的强大推力，在美国，诉讼垫资开始进入一系列“失误赔偿”行业，包括医疗、建筑、运输、交通等领域，在基金获得高额回报的同时，这个模式开始被传统社会广泛的道德层面质疑，业务开始收窄。

本书在第三章第二节介绍了2016年华裔女孩尚颖翀通过硅谷最有名的创业加速器Y Combinator成功筹集了第一笔150万美元投资，创办了Legalist基金，Legalist基金的商业逻辑非常简单：诸多没有资金实力的原告难以支付诉讼的前期费用，而Legalist给原告提供选择，由它们先垫付诉讼的费用，待胜诉后客户收回赔款后，Legalist从中获得25%—30%的收益。

Legalist的独到之处是利用AI驱动的数据分析，相比之前全凭人工经验的对冲基金有了更大的优势，Legalist也不再将眼光聚焦在失误赔偿行业，而是将重点对象放在了那些只需要得到一些帮助就会赢得诉讼的小型原告，通过大数据算法读取数千万份法庭记录，更加准确地预测诉讼结果的导向，识别案例成功率。

值得一提的是，Legalist基金的定义是一只对冲基金，即承担高风险、获得高收益的投资基金。

1998年，第三方诉讼垫资在德国的法律上获得批准。

全球范围内，垫资诉讼当前越发流行，并以实际有效的高效运作方式越来越被传统诉讼当中的弱势一方，特别是中小企业追捧，因为案件的门类繁多，垫资诉讼的方式也多种多样，但主流商业模式主要包括以下三种。

1. 消费性法律基金

投资机构给诉讼案件当事人提供无追索权贷款，作为回报，原告要偿还贷款并支付双方在合同中约定的费用，而该费用不会超过原告在诉讼中所得的收益。

2. 抵押贷款

投资机构给原告律师事务所提供抵押贷款，而贷款费用通常表现为一定的利率，律师事务所申请这种贷款的主要目的是维持偿付能力或者缓解现金流动压力。

在中国的长三角和珠三角地区有不少资产管理公司近年来开始介入该业务模式，但操作上并没有相对标准的模式。

3. 投资商事

投资公司直接给企业或者企业的律师提供资金，用以支付提起商事诉讼的费用，从而取得与企业共享诉讼赔偿所得的权利。

在中国，由律师垫付诉讼费和保全费评估费等相关费用应属于违规范畴，但是由第三方垫付诉讼费用，帮助诉讼的一方主要是弱势的一方，降低诉讼风险目前属于法律允许的范畴。

在以和解为目标的案件中加入投资银行、资产管理、数据查询分析的多行业资源组合的新组织架构，将是未来若干年中资产管理细分业务中的一股新兴力量。但就运营模式和组织形式来讲，无论该基金是以虚拟的形式存在还是以联合体的形式存在，笔者认为将其定义为法律援助基金或垫资诉讼基金均不够准确，因为当前几个发起机构的负责人共同提议，将要成立的该基金还应该向广大被恶意逃废债的弱势债权人提供免费查找财产线索；免费法律咨询、公开课等公益服务，在当下以趋利为主基调的商业环境中该基金应肩负起协助弱小债权人的社会责任，这是当前拟发起人的一致意见。

因此，笔者姑且将其先临时命名为“法律服务基金”。

法律服务基金的设立构想

在发起人的一致推选下，笔者简单起草了基金的大致模式和思路建议稿，基金在还没有形成任何正式文件以前，已经有包括三家地方持牌资产管理公司、三家全国性律师事务所和一位全国顶级的破产案件律师表示，无论基金以何种方式设立，都坚定地参与其中，这种积极的态度让当初即兴提议的发起人备受鼓舞。

对于基金的理念设计，笔者首先考虑法律服务基金的设立可以解决弱势当事人在诉讼环节中的那些实际问题。当然，最直接的还是解决当事人诉讼成本压力以及被告财产线索缺失的问题。由外部投资者先行为当事人垫付诉讼费用，并在胜诉后获取一定比例的收益，从而降低诉讼当事人的申诉成本目前是一个主要思路。

法律服务基金的主要功能就是降低原告败诉风险，针对不同案件有不同的擅长领域的专业律师，服务基金的参与者之一的司法数据分析机构可以通过算法匹配过往案件中胜诉率排名靠前的法律服务工作者，再计算管辖权因素、案件复杂程度，以及当事人在诉讼活动中可能遇到的一些争议事实以外的因素、影响案件审理和执行的因素，充分考虑当事人合法权益无法实现的风险，进而匹配包括法律服务在内的相关资源。

法律服务基金的其次功能就是降低执行困难的风险，律师事务所普遍局限于律所所在地案源和沟通渠道，但是针对跨地区办案需多方合作的特点，特别是办理执行案件，需要律师开具大量调查令到被告住所或经营地现场实地勘察，询问走访被执行人周边群众以获得充足的财产线索，这就需要联合律所，资源共享，合作共赢，通过当地律师的协助，节约司法成本，降低当事人执行风险。

法律服务基金的相关投资要素则主要会考虑：

1. 投资金额：投资金额主要由投资方与受资方依据案件的具体情况进行协商并确定。一般来说，案情越复杂，诉讼标的额越大，投资金额也会越高，但就务实的角度上来讨论，站在原告的立场上，根据数据分析，服务基金也可以根据诉讼请求制定策略，优化并降低诉讼成本。

2. 资金用途：法律服务基金的资金用途原则上就是支付诉讼开支，包括法院收取的诉讼费和执行费等法定费用、律师费（具体项目由原告方与律师约定）、第三方收取的鉴定费和评估费等与诉讼有关的费用。根据约定，数据服务公司和法律服务咨询公司为当事人提供免费处置方案和线索数据查询服务，涉及债权的转让的，则由资产管理公司与诉讼一方协商，因为特殊资产的非标化特征需要更复杂的评估维度，法律服务基金可向意向债权人推荐不同类别的资产管理公司和评估公司作估值服务。

3. 还款条件：还款条件应是受资方胜诉并取得全额或一部分赔偿金，当然，投资方与受资方可以约定其他还款条件。参照过去实务的经验，律师事务所的风险代理标准是一个计算的方法，但正如前文所述，对于好的案件管理结果，胜诉并非目的，回款才是目的，因此选择正确并有效的和解方案，鼓励办案律师利用过往经验推动诉前调解是本法律服务基金设立的基本指导思想。

4. 诉讼过程的监控：在研讨中，潜在的诉讼垫资投资者提出关于诉讼过程监控的问题，发起人的观点是，对于投资方来说，可以选择投资并监控也可以选择投资但不监控。如果投资方想要对诉讼过程实行监控，可以指定除主办律所以外的其他律师参与案件推动。

如果投资者是熟悉特殊资产运作的专业机构，可能对于案件的关键点和突破口有一定的了解并已有处置方案，因此，投资机构推荐律师也可能是选择之一。

5. 还款额：基金对还款额的计算可以采取两种方式，一是绝对值，即无论诉讼收益多少，基金均按照投资额收取本金与利息；二是比率值，即基金按照一定比率从诉讼收益中提取，将收益比例与执行效果直接关联。发起者认为，对于自信的诉讼一方而言，可能会选择前者；但从过去实务的经验而言，一个民商事案件之所以未能达成和解进而进入诉讼环节，很可能是当事的双方均有“足够的自信”且对于司法流程的陌生以及对于未知因素缺乏判断等因素叠加，加大了对于案件推动结果的误判。就笔者个人观点而言，在未来基金参与的案件推动中的策略和诉讼技巧，笔者会更多相信数据分析，进一步降低对经验的依赖。

法律服务基金定位及风险

基本定位：

1. 通过互联网科技的力量提供司法增值服务的投资基金；
2. 通过科技工具查找被执行人财产线索作为实现债权回收的主要任务；
3. 基于利用数据库底层数据加入算法测算案件胜诉率后为弱势方原告提供垫资服务；
4. 为诉讼当事人提供专业的金融和法律及投资服务；
5. 为诉讼当事人提供债权转让服务；
6. 通过案件数据积累增加案件计算的准确率；
7. 提供公益普法教育。

法律服务基金的或有风险

之所以在海外垫资诉讼基金被定义为对冲基金，恰恰是因为其高风险高收益的激进投资理念以及超高的专业度而被少数富人和业内专业人士追捧，即使本法律服务基金在策略和理念以及参与者上与海外垫资诉讼基金有很大的不同，但对于投资于诉讼，在全球范围内，在任何一个法治国家，投资者面临的风险基本相同，主要风险来自以下四个方面。

1. 案件胜诉率过低带来的风险：案件在审判的过程中，难免出现意料之外的情况，诉讼融资与贷款不同，当代理案件败诉，垫付的费用将无法收回。

2. 当事人诚信度较低导致的判断失误风险：我国自2013年3月15日实施的《征信业管理条例》明确了企业及个人征信系统作为金融信用信息基本数据库的重要地位，但截至目前，该征信系统仍不完善，比如在金融借款中，除了商业银行的贷款以外，小贷公司、典当行、民间借贷对借款人的借款均在征信系统中无法查询。

3. 诉讼量及筛选难度增加同样也是重要风险：垫资诉讼会扩大当事人可使用资本的范围，且一定程度上没有成本风险，这将导致申请使用法律服务基金的当事人数量快速增加，法律服务基金对于案件质量过滤和筛选的难度也会增加。在2021年，某法律服务科技公司的系统就在批量计算一家消费金融公司的700多个案子的线索时发生了系统崩溃，更何况现在即将面对的是案情案由各不相同的独立个案，且在系统识别的基础上还需要资深律师进行深度二次识别。

4. 胜诉但不能执行可能是本法律服务基金最大的风险：虽然顺利取得胜诉，但在执行过程中，由于被执行人名下无财产或财产已被转移，这种情况下，投资人也会面临无法收回投资的风险，作为基金发起人，大家当前的共识是法律永远在完善的过程中，且债务人永远比债权人更花费精力钻研各类逃废债的方法，对这一点，执业10年以上的律师和还在催收欠款路上的当事人都深有体会。

风险相应的解决措施

笔者认为针对胜诉率的风险，一方面，目前行之有效的解决方案就是科技和数据公司在系统开发中增加更多的查询字段以及购买更多合法数据以保障财产线索广泛，对案件的判决结果预测更加有效；另一方面，本基金将聚集更多有经验的、有跨界思辨能力的专业律师和专家组成决策委员会，共判案件质量。

针对目前部分涉案人诚信度较低的情况，笔者认为，在基金投资之前，除对案件进行评估外，还会合理利用中国人民银行的征信系统和工商局企业登记的有关信息。对接受投资的企业或个人进行全面的审查以及尽职调查，针对企业会包括对企业注册信息、股东信息、现有资金、对外债权债务、对外担保、抵押、履约能力等进行调查，对个人则会从其身份信息、财产状况、是否有违法犯罪记录各方面进行审查。当然，进行调查、审查工作时都会获得对方的许可。

加强诉讼监控：基金通过投资而取得对案件全权代理，并使原告成为名义上的“原告”，但无法行使实体或诉讼权利，这是投资机构理想的监控诉讼的模式，这种模式可以使基金收益最大且风险最小。

而为了保证胜诉且实现裁判，法律服务基金在选择案件时会作以下调整：

一是会选择有过合作经验的且具有审判、执行资源的法律服务工作者，他们需要既熟悉业务流程及法律知识，也要熟悉案件推动过程中对各种人为干扰因素的化解，实现对诉讼过程的全面掌控。

二是会选择与基金投资能力相适应且原告具有较强资金需要、易于由基金掌握诉讼策略与方法的案件。

以上是笔者粗浅的法律服务基金的设立思路，笔者在撰写本书的过程中以尝试并获得实践结果的思路，已经开始了对十几件进入执行程序案件的投资模式进行测试。截至本书出版，笔者将会有更多心得与经验以及相对更完整的基金方案。